Frison-Roche

Le rapt

Éditions J'ai lu

Nuit blanche de glaçons et de neige cruelle.
MALLARMÉ.

Tous les personnages de ce livre sont imaginaires. Quand on rencontre le nom d'une organisation ou d'une collectivité ethnique ou sociale, qui existe en réalité, c'est uniquement pour la vraisemblance et cela n'implique nullement que les personnages qui y sont associés aient le moindre rapport avec des personnes réelles.

PREMIÈRE PARTIE

I

L'HOMME et son renne s'immobilisèrent sur le point culminant.

L'inconnu venait du sud. Peut-être de Finlande, peut-être de Norvège. Il s'était arrêté au sommet de la colline dénudée où les vents avaient ciselé la neige en vagues courtes et brisées. Son attelage soufflait et le grand renne gris, assoiffé, broutait tête basse la neige poudreuse. Il avait les flancs couverts de sueur. La fatigue avait eu raison de sa combativité naturelle et il ne cherchait plus à s'échapper des traits souples qui le reliaient au long traîneau, lourdement chargé; sa soif étanchée, l'animal releva l'encolure et ses bois magnifiques se découpèrent sur le fond lumineux de la nuit arctique.

Les étoiles étaient si nombreuses dans le ciel qu'on pouvait distinguer à plusieurs milles de distance les formes douces d'autres collines enneigées, vêtues de la moire changeante des bouleaux nains, et plus loin vers le nord une haute montagne, ceinturée par une barre rocheuse, couverte de glace qui reflétait la lueur des étoiles et scintillait mystérieusement. Cette chauve calotte de glace était pour l'homme le repère qu'il cherchait. Il marchait depuis trois jours à travers la taïga sans cesse recommencée, évitant les postes frontière, les comptoirs, les huttes d'hivernage. Il n'était jamais venu aussi loin vers l'ouest et, du Vestfjellet où il se rendait, il ne connaissait que les légendes et les mystères.

La nuit ne laissait voir qu'une fraction du paysage immense. Le vent qui ne s'arrête jamais soufflait sur le désert de neige. Il se coulait dans les ramures dépouillées des bouleaux et il produisait comme un bruit de ressac. Cette bise glaciale qui mordait âprement tout ce qu'elle touchait venait de très loin, de l'autre bout de la terre; elle avait balayé les toundras de Sibérie, figé les eaux de la mer Blanche, courbé les saules polaires de la péninsule de Kola, soulevé la neige, des lacs finlandais, et maintenant le vent qui pourchassait l'homme sans répit depuis son départ l'enrobait, le soumettait à sa puissance, car c'était un vent passionné, toujours perceptible à l'être humain, même quand il ne soufflait que modérément, comme en cette fraction de la longue nuit lumineuse.

L'homme respira profondément.

Insensible au froid, il restait là, planté sur ses skis, épaulé amicalement par son renne.

La contrée où il allait vivre gardait pour lui tout son mystère. Il ne la verrait dans son ensemble que trois mois plus tard quand il serait sur le point de reprendre la piste de l'est et que la nuit de l'Arctique aurait basculé pour faire place au jour. D'ici là il lui faudrait piéger dans ces ténèbres permanentes les grosses poules des neiges, dégager des collets les bêtes à fourrures précieuses, les sauvagines aux robes délicates : hermines, martres, putois, renards bleus, renards blancs, visons... A force de rôder ainsi dans la nuit d'hiver, le trappeur avait acquis le sixième sens des nyctalopes. Si les lointains du paysage ne lui apparaissaient pas autrement qu'en silhouettes, il pouvait par contre détailler tout ce qui était proche, et il se déplaçait dans la nuit interminable avec la même rapidité que les autres dans le jour unique de l'été.

Son voyage avait été long, pénible, par moments dangereux. Alors qu'il traversait un lac au plus court, avant la frontière finno-norvégienne, un redoux inexplicable en cette saison avait failli causer sa perte. La glace avait fléchi sous le poids du traîneau, puis cédé partiellement, mais le renne, d'instinct, s'étant dégagé d'un bond, avait gagné une glace plus sûre. L'homme avait encore dans les oreilles le craquement sinistre qui se prolongeait, se ramifiait, faisait vibrer la surface du lac sous ses skis. Il avait laissé galoper le renne, puis une fois en sûreté, il avait remis de l'ordre dans la cargaison. Plusieurs bouteilles d'alcool avaient été brisées; Simon Sokki ne serait pas content. Jamais Mikkel Mikkelsen Sara n'avait perdu de cargaison, et lui qui prétendait le remplacer ! Vérification faite, le mal n'était pas trop grand : il endosserait la perte et ne dirait rien. Et puis l'alcool clandestin qu'il transportait était de qualité, un Suédois le lui avait fourni. Ils avaient fait l'échange de traîneau à traîneau, profitant de la longue enclave que la Finlande prolonge entre Suède et Norvège et qui semble avoir été dessinée par les politiciens pour favoriser la contrebande.

Le renne était reposé. Il était temps de repartir. La montée avait été rude, au sortir des gorges; il avait fallu traverser les halliers de bouleaux nains qui obstruaient la vallée, se hisser au faîte des collines qui séparaient celle-ci du cours de l'Elv. Sa bête et lui avaient brassé la neige poudreuse jusqu'au ventre et il avait dû tirer avec le renne pour que le précieux chargement arrive au sommet sans casse. Maintenant il s'orientait.

Le pays qu'il abordait était semblable à celui d'où il

venait, et il en était ainsi bien plus loin vers l'ouest, jusqu'aux montagnes de la côte. Ce nouveau pays, il ne pouvait que le deviner, car la clarté des étoiles avait brusquement diminué d'intensité. On aurait dit qu'à travers la permanence des ténèbres, une autre nuit plus sombre venait de s'étaler. C'était par cette seule diversification dans les gris et les noirs qu'on pouvait différencier les jours des nuits comme le font les autres peuples qui vivent plus au sud de la terre.

La montagne chauve et glacée qu'il devinait, c'était l'Agjiet, le Trône des Dieux où règnent les stallos [1]. Il haussa les épaules. Il ne croyait pas à ces légendes et son scepticisme le faisait mal voir des Lapons de Kaamanen. Certaines femmes même, plus subtiles, prétendaient qu'il était un chaman [2], ce dont il se défendait. Mais l'homme d'Isaksen lui avait voué une haine implacable qu'il lui rendait bien. S'il avait entrepris ce voyage, c'était moins pour échapper à cette haine, que pour chercher, au bout, sa vengeance !

C'était pour cela qu'il skiait depuis deux fois vingt-quatre heures, zigzaguant dans la grisaille des neiges et des arbres dépouillés, allant d'un repère à un autre, d'une colline à un lac, d'une clairière à une gorge, ne distinguant que le détail, saisi, happé par l'éternité de la taïga, étourdi par ce renouvellement incessant des collines et des vallonnements. Le ciel constellé paraissait se déplacer sur sa tête, et il lui semblait marcher depuis toujours et tourner sans fin sous ce même ciel, et parfois il se disait que c'était la terre qui lentement tournait sous ses skis, qu'il piétinait sur place sans le savoir, toujours au même endroit, comme les écureuils en cage.

1. *Stallo* : mauvais génie.
2. *Chaman* : sorcier d'Asie et d'Europe septentrionales.

Ce désert immense où le vent gémissait, hurlait, chantait, susurrait sans jamais se lasser, c'était le pays des Samisks [1]. Il en venait, il en était et il y allait, car les Samisks vont et viennent sans fin sur leur vieille terre plus ancienne que les autres continents, et tellement usée, rabotée, nivelée, qu'elle semble avoir retrouvé l'équilibre paisible d'un dormeur allongé dans le repos. L'homme prit ses repères. Les glaces de l'Aggjiet étaient au nord et la polaire semblait posée comme une veilleuse sur sa cime. Suojaurre était donc au nord-est. Il ne restait plus qu'à descendre. Comment l'accueillerait Simon Sokki ?

Il venait en ami, mais serait-il bien reçu ? Les Lapons sont soupçonneux et versatiles, et sa mère lui avait dépeint le maître de la cita [2] comme un être coléreux, changeant, indécis, disant oui un jour et non le lendemain, fataliste au possible et pourtant méfiant à l'extrême, d'une méfiance exacerbée par le souvenir de vilaines histoires. Et c'était chez cet homme qu'allait l'inconnu. Il chasserait selon les conventions en usage pour Simon Sokki et partagerait avec lui par moitié le produit de la vente des perdrix et des peaux. Simon ouvrirait son vaste territoire giboyeux, lui poserait les trappes ! Et avec la vente de l'alcool clandestin, il amasserait un pécule qui, à Pâques, à la grande foire du printemps, lui permettrait peut-être d'envisager d'une autre manière sa vie d'homme pauvre et menacé.

Pâques était au bout de l'année, mais à l'évoquer, à revivre en pensée les fêtes joyeuses qui marquent cette solennité, c'était pour l'inconnu comme si le voile noir de l'obscurité se déchirait. Déjà les étoiles pâlissaient dans le ciel blême du printemps et se levait le soleil. Il

1. *Samisk* : nom que se donnent les Lapons.
2. *Cita* : village où hivernent les Lapons nomades.

réchauffait la taïga, dévoilait les formes, révélait les creux, les buissons, les forêts, les rivières, les lacs et encore des lacs et des collines. Et le même paysage s'étendait à perte de vue au nord, au sud, à l'est, à l'ouest, par-dessus les trois pays scandinaves. La Laponie était un grand pays : elle permettait aux hommes du renne de vivre dans une absolue liberté et de maintenir leurs coutumes au-delà des frontières et des lois.

Il était ébloui de soleil et de rêve. Il ferma les yeux, lorsqu'il les ouvrit, la nuit régnait à nouveau sur les neiges, où seule luisait par instants la trace mobile du vent.

Quand ses yeux furent à nouveau habitués à la lueur douce de la nuit polaire, quand il put sans faillir regarder trembler les étoiles dans le froid du ciel et scintiller leur reflet sur la glace des lacs, l'homme scruta l'ombre qui s'accumulait en contrebas.

Dans un repli de l'Elv, un petit point lumineux, indécis, sans éclat, perçait les ténèbres. On eût dit l'un de ces reflets imperceptibles qui parfois s'allument aux élytres des insectes dans les crépuscules interminables de l'été.

Cet éclair minuscule, c'était la lumière des hommes.

L'étranger sut qu'il était arrivé. Il ne restait plus qu'à descendre.

Il claqua sa langue. Le renne frémit d'intelligence, banda son avant-train et déhala le traîneau. L'attelage et l'homme glissèrent dans la pente et leurs silhouettes s'effacèrent à l'horizon.

Kristina tressaillit. Un crissement griffait la nuit.

C'était un bruit insolite, par là même inquiétant car il ne s'apparentait à aucun événement familier. Elle écouta, mi-dressée sur ses genoux enfouis dans la neige poudreuse. Mais rien d'autre ne lui parvint que le susurrement très doux du vent qui, dans la gorge de l'Elv, se coulait entre les branches fines des bouleaux nains, formés en bouquets comme des cordes de harpe au-dessus des rives escarpées de la rivière. Pourtant ! Elle en était certaine, ce n'était pas le bruit du vent, encore moins le jappement bref du renard bleu, ni le cliquetis des articulations d'un renne égaré, ni le passage d'un loup silencieux sur la trace d'un lièvre.

La jeune fille écouta longtemps, car elle redoutait le mystère, et si elle n'avait pas peur de la nuit qui était son domaine, elle craignait les stallos et autres génies qui descendent des calottes chauves des montagnes. La vieille Ira Sokki, sa grand-mère, qui hivernait dans une tente perdue au milieu de la taïga, y croyait fermement et lui avait conté sur eux de terrifiantes histoires. Pourquoi lui aurait-elle menti ? Et voilà que le doute s'infiltrait en elle, attisé tout à coup par la clarté insolite d'une aurore boréale qui avait tendu ses draperies lumineuses à travers le ciel crépitant de constellations.

Kristina écouta, et peu à peu tous les bruits de la vidda [1] lui parvinrent : le souffle du vent, le bruissement sourd de la taïga de bouleaux dans le lointain, l'appel éloigné d'un loup en chasse — mais elle ne craignait pas le loup et saurait s'en défendre à l'occasion, tandis que les stallos ! Vite, elle toucha la croix qui pendait d'une petite chaînette d'argent sur son koufte [2] de travail, élimé et chaud. Il n'y avait pas de stallos, ni de trolls [3] ! Fru Tideman le lui avait dit maintes fois. Elle n'aimait pas Fru Tideman, sans très bien savoir pourquoi. La dame apparaissait régulièrement, même au plus profond de l'hivernage, descendait du snow-car de l'armée qui l'avait amenée jusqu'à la hutte des Sokki, et là discutait, discutait des heures du-

1. *Vidda* : étendue glacée.
2. *Koufte* : sorte de manteau de drap à large col.
3. *Troll* : sorte de gnome chez les Scandinaves.

rant avec son père, avec sa mère. Parfois elle haussait le ton et Ellena Sokki, sa mère, baissait la tête comme sous un reproche et Kristina n'aimait pas que l'on reproche quoi que ce soit à sa mère. Il était question également d'emmener Kristina à la ville. De la mettre à l'école lapone jusqu'à Pâques. C'était peut-être pour cela qu'elle n'aimait pas Fru Tideman.

A Viddakaïno, il lui faudrait rester enfermée dans la grande salle surchauffée; on la laverait, on lui enlèverait ses belingers [1] de peau de renne, si chauds et si pratiques pour se rouler dans la neige, pour lui mettre une longue jupe incommode descendant plus bas que le genou et sans ces larges plis des courtes jupes samisks, qui bien serrés en pouf sur les fesses, vont et viennent agréablement au rythme de la marche et intéressent les jeunes gens. Sa grande cousine Martha Risak lui avait montré une fois comment faire, lorsqu'à Pâques elles étaient allées au mariage d'un cousin de la cita. Il est vrai que Fru Tideman n'aimait pas Martha et disait qu'elle manquait de modestie et n'allait au temple que pour faire étalage de ses toilettes.

Kristina soupira. Toutes ces idées qui la tourmentaient lui faisaient oublier l'heure présente. Il fallait songer à rentrer, la hutte était encore assez éloignée, d'autant qu'elle aurait à tirer un lourd seau d'eau placé en équilibre sur un traîneau plus grand que soi, et à remonter la berge escarpée pour gagner le plateau.

Il fallait rentrer mais auparavant elle voulait achever de placer ses pièges.

Elle s'accroupit à nouveau dans la neige, le long de la rive. Elle délaissa la trace d'un lièvre. C'était à son frère Andis de piéger les lièvres et les renards; elle se contentait des rupés, ces belles perdrix blanches, ces

1. *Belingers* : cuissards de peau de renne.

poules des neiges si nombreuses et si bêtes qu'elles se laissent prendre au collet. A côté d'elle gisait, petite boule déjà raide de froid, une perdrix qui s'était étranglée.

Maintenant la jeune fille tendait entre des rejets de bouleaux deux branchettes flexibles réunies par un invisible fil de laiton, parsemait la neige de bourgeons, cette extrême pointe de la branche dans laquelle se réfugie toute la sève du printemps en attente. Elle avait enlevé ses mitaines qui pendaient le long de sa poitrine, soutenues par un cordonnet, et nouait les fils du piège de ses doigts agiles simplement protégés par des gants de laine très fins. Le froid était si vif que malgré cette première protection elle les sentait s'engourdir rapidement, et à plusieurs reprises elle dut les frotter l'un contre l'autre. Finalement le piège fut prêt, le collet bien tendu. Tout étant terminé, Kristina se releva d'un bond nerveux qui déploya l'ampleur de sa jupe et la fit balayer la touffe de bouleau, détruisant le piège qu'elle venait de disposer avec tant de précautions.

A son exclamation de dépit répondit un rire, qui pétrifia Kristina sur place, à genoux dans la neige, incapable de mouvement. Une ombre humaine gigantesque s'allongeait, très pâle dans la nuit phosphorescente, sur le lit de neige de la rivière. Le cœur de Kristina battit à coups redoublés. Le crissement de tout à l'heure, l'aurore boréale qui, chacun sait, prédispose à la sortie des stallos... Elle pétrit nerveusement sa petite croix, implora le Seigneur, attendit l'inévitable.

« Boriz, boriz... » fit une voix.

Ce n'était personne de la cita, la prononciation était étrangère, l'inconnu prononçait *boriz,* et non *bouriz* comme les Lapons de l'Ouest...

« Boriz, boriz ! reprit l'inconnu. Bonjour, bonjour ! »

Kristina fit taire sa peur, affecta le dédain le plus absolu et, sans se retourner, tout en replaçant son collet, répondit de l'air le plus naturel du monde :

« Bouriz, bouriz ! »

L'ombre bougea, se rapprocha, diminua, et Kristina eut tout à coup à côté d'elle un homme de taille moyenne, plus grand qu'un Lapon, mais beaucoup plus petit qu'un Norvégien...

Il s'agenouilla à ses côtés.

En un tournemain il renoua le collet, planta la baguette de bouleau, et il soupesa la poule des neiges, durcie par le gel, que Kristina avait dégagée du piège précédent.

« Pas très grasse... Tout en jabot et en graines... »

Il parlait naturellement, et, un bon moment, ils discutèrent des mérites de la chair des rupés en cette saison. L'homme travaillait les mains nues, ses moufles suspendues à son cou, ne paraissant pas sentir le froid. Il n'avait pas de pesk [1], pas même un koufte lapon, mais une simple tunique de drap à col fermé et des pantalons de skieur serrés à la cheville par des bandes tricotées. Ces bandes et les skallers [2] de peau de renne qui le chaussaient étaient la seule concession qu'il eût faite au costume lapon; il était coiffé d'une toque de fourrure, et ses oreilles étaient protégées par de petits disques noirs métalliques bourrés de feutre.

A ce détail Kristina sut d'où il venait.

« Finnois ? » demanda-t-elle.

Il grogna quelque chose qui pouvait être un acquiescement. Mais déjà elle était retournée à son indifférence. Qu'un inconnu apparût ainsi en pleine nuit polaire, au cœur de la taïga, n'était pas suffisant pour

1. *Pesk* : sorte de pelisse de fourrure à capuchon.
2. *Skallers* : mocassins en peau de renne, bourrés d'herbe.

l'étonner. Elle le laissa arranger le collet à sa façon et découvrit au même instant sa propre importance : dans la nuit, l'étranger l'avait prise pour une femme, et c'était sa manière à lui de lui faire sa cour. Kristina ne le détrompa pas; à quatorze ans, elle était aussi grande que sa cousine Martha Risak et, dans le clair-obscur de l'aurore boréale, ses traits précocement mûris prêtaient à confusion.

Un coup de vent se leva qui fit frémir la taïga et le froid brusquement devint plus vif. La fillette remit rapidement ses mitaines. L'homme immobile dans la nuit écoutait les bruits, scrutait le ciel.

L'aurore boréale augmentait d'intensité, son écharpe de pierreries tournait à l'orange, ondulait dans le ciel, drapait l'horizon, et projetait sur tout le pays une lumière plus nette que celle de la lune qui accentuait les ombres et les reliefs, et plus mouvante aussi, accordée aux jeux d'orgues de ses tuyaux lumineux, aux reflets scintillants de son écharpe mystérieusement accrochée dans le firmament et qui parfois disparaissait, revenait, s'allongeait, se haussait avec un aspect de chose vivante que n'ont point d'habitude les corps célestes immobiles et brillants dans l'infini cosmique.

Son examen du ciel terminé l'homme dit encore :

« La tourmente soufflera dans deux jours... »

Kristina ne répondit pas, elle se dirigea vers le milieu de la rivière pour accomplir sa besogne de fillette nomade : charrier l'eau au campement. L'inconnu ne l'intéressait plus. Ce fut lui qui dit :

« Attends ! Conduis-moi à la cita des Sokki. Je viens de la part de Mikkel Mikkelsen Sara, de Kaamanen.

— On l'attendait depuis dix jours.

— Il ne viendra plus, fit l'homme, c'est moi qui le remplace.

— Alors, attends que j'aie rempli mon seau.

— Laisse », dit-il.

Dégainant son grand couteau, il piqua la glace neuve qui s'était formée la nuit sur le trou d'eau, puis il laissa Kristina puiser avec sa louche en loupe de bouleau et remplir le seau qu'il plaça lui-même sur le petit traîneau qui servait au charroi.

« Attends », fit-elle.

Rapidement elle ramassa des poignées de neige poudreuse qu'elle jeta sur le seau jusqu'à ce qu'elles y forment un bouchon. De cette façon, pas une goutte de liquide ne sortirait du seau durant le transport. Le Finnois admira en connaisseur. C'était là un geste oublié des femmes des tribus finnoises : peu à peu, là-bas, se perdaient les traditions des grands nomades lapons dont la famille Sokki constituait l'un des plus solides bastions en territoire norvégien.

« C'est loin ? demanda-t-il.

— Un demi-mille...

— Alors je vais chercher mon attelage. »

Il disparut dans la nuit claire aussi mystérieusement qu'il était apparu. Quelques minutes passèrent, puis Kristina perçut le souffle haletant du renne, le crissement alterné des patins du traîneau et des skis de l'homme. Bientôt l'ombre de l'homme précéda celui-ci sur la surface plane et gelée de la rivière.

« Allons-y. »

D'un petit coup sec elle chaussa ses skis, et, tirant derrière elle la luge, s'enfonça dans les buissons par une sente bien frayée, traversa une clairière piquetée de petites branches de bouleau. Ainsi, à force de piétinements, un chemin dur avait fini par se créer dans la neige poudreuse.

La hutte d'hiver apparut, toute neuve, confortable. On eût dit un chalet de plaisance, n'eût été le désordre caractéristique qui l'entourait : dizaines de traîneaux abandonnés, brancards repliés, piles de bois de chauffage en vrac ou scié. Un grand séchoir à viandes sur lequel, hors de portée des fauves, étaient attachés des peaux et des quartiers de renne fumés et gelés, des bois de rennes abandonnés de-ci, de-là complétaient cette vision primitive.

Le Finnois s'arrêta pour mieux examiner la hutte.

« Toute neuve ? fit-il.

— Pour remplacer celle que les Allemands ont brûlée, fit la jeune fille.

— Comme chez nous... »

Mais il n'était pas de bon ton d'être curieux. Qui sait comment l'accueilleraient Ellena Sokki, la maîtresse femme et Simon son mari, grands maîtres d'une cita de quatre foyers et cinq mille rennes ?

Un concert d'aboiements interrompit leur dialogue. Quatre chiens furieux bondirent au-devant d'eux puis les contournèrent à distance respectueuse, découvrant leurs dents de carnassiers sous les babines retroussées.

« Paix ! » fit Kristina sur un ton d'autorité qui surprit l'inconnu.

Les chiens rampèrent, queue basse, sans cesser de gémir. Soudain, plus audacieux ou fou de colère, l'un d'eux sauta sur le Finnois, mais très calmement celui-ci l'arrêta d'un grand coup de bâton de ski.

A la fenêtre de la hutte brillait une chétive lumière.

Ayant ouvert la première porte, l'homme secoua ses skallers avec la lame de son couteau et poussa la seconde porte :

« Mana derivan, dit-il, demeurez en paix.

— Bazza derivan, firent deux ou trois voix dans l'obscurité de la hutte.

— Bouriz, bouriz ! » fit encore une voix de femme.

Kristina présenta le Finnois.

« C'est l'homme de Mikkel Mikkelsen Sara, de Kaamanen ! »

Le silence se fit tout à coup comme si le malheur entrait avec cet homme.

II

« MIKKEL MIKKELSEN SARA est mort », fit l'inconnu.

Le silence qui emplissait la hutte enfumée prit une telle épaisseur que chacun des assistants crut entendre battre son cœur sous les fourrures. Puis la vie reprit, avec ses bruits coutumiers; Elleña Sokki étouffa un gémissement, les hommes gardèrent la pose qu'ils avaient lorsque l'arrivant était entré dans la hutte apportant avec lui le froid de la nuit et le froid de la mort. A les voir dans la pénombre on eût dit des statues de cire; ils étaient tassés par terre un peu dans tous les coins, l'un sculptant une cuiller de bois dans une loupe de bouleau, l'autre rembourrant un collier d'attelage; le maître de la cita, Simon Sokki, était assis, un coude sur la table, adossé à son lit étroit d'où débordaient des peaux de rennes et des couvertures. A cet endroit la patine crasseuse des parois délimitait exactement sa place comme l'aurait fait l'ombre de son corps; c'était comme un poste d'observation d'où il surveillait à la fois les abords de la hutte par la petite fenêtre aux carreaux fleuris de givre, et l'intérieur de la cabane, dont le centre était occupé par un massif poêle de fonte à quatre trous qui ronflait doucement, jetant des éclats de lumière par l'ouverture du tirage.

La hutte préfabriquée, toute neuve, était confortable et divisée en deux pièces. Des couchettes superposées garnissaient les murs. Pier Sokki, l'un des garçons, somnolait dans le noir. Il ne s'était même pas dérangé à l'arrivée de l'étranger, feignant de dormir, le bonnet lapon rabattu sur son visage, mais il ne perdait ni un mot ni un geste de la scène. L'autre, Andis, accroupi dans un coin, trahissait son inquiétude par des gestes brusques, des regards interrogateurs; leur cousine Martha Risak était venue travailler en voisine et tenant compagnie à Ellena elle mâchait des tendons de renne, les adoucissait, puis les effilochait et en obtenait ensuite par torsion et lissage un solide fil, le seul qui supporte le gel et puisse coudre entre elles les peaux formant les vêtements. Depuis trente mille ans les femmes lapones le préparent ainsi et rien n'a pu le remplacer !

Ils regardaient tous l'homme qui était entré. Il apportait avec son costume occidental une note sombre dans les draperies de couleurs vives des pesks, des kouftes et des bonnets lapons. Il avait accepté le bol de café bouillant que lui tendait Ellena et il sirotait lentement, assis à même le sol, contre une des parois.

Les autres le laissèrent faire, mais l'homme comprit que le temps de la politesse était compté :

« Ma mère, Sarah Mikkelsen Sara, sœur du défunt, m'envoie le remplacer, dit-il. Mon nom est Paavi, mon père était finnois, j'en ai gardé la taille ! » Puis, comme s'il avait voulu se justifier, il ajouta : « Mais j'ai gardé l'âme nomade de ma mère ! »

Chacun approuva. Dans le silence revenu, Ellena Sokki se leva, souleva une marmite, jeta une bûche sur le feu et se rassit; elle reprit instantanément sa pose, immobile, mains jointes, le regard perdu. Comme s'il avait voulu mieux connaître les traits du Finsk, Simon Sokki décrocha la lampe à pétrole dont le bec Auer éclairait trop faiblement; il la posa sur la table, pompa quelques petits coups, et les autres le regardaient agir comme si tout l'intérêt de l'heure était concentré dans ce geste familier. D'un coup la lampe éclaira, modela les silhouettes, les visages, les attitudes, et avant que sa flamme ne baisse à nouveau Simon Sokki posa brusquement la question que tout le monde attendait :

« Comment est mort ton oncle ? Le sais-tu ? »

L'interpellé parut s'enfoncer dans le coin le plus sombre de la cabane; sa voix partait de l'obscurité sans qu'on puisse distinguer ses traits; alors peu à peu les autres en firent autant, s'écartèrent du faisceau lumineux qui n'éclaira plus que le poêle central chauffé au rouge, et Ellena Sokki qui, assise sur une chaise, paraissait prier, mains jointes sur son ventre. Parfois, lorsqu'il se penchait en avant on apercevait, pendant un court instant, le visage ridé de Simon Sokki, enfoncé dans le col de son pesk, masqué jusqu'aux sourcils par le bonnet de drap rouge et bleu chamarré de broderies.

« Mikkel Mikkelsen a été assassiné il y a deux lunes, expliqua le Finsk; il a été poignardé dans le dos, puis son meurtrier a traîné son corps jusqu'au lac Enare et l'a jeté dans un trou d'eau. C'est pourquoi je suis ici. »

Mais l'explication ne satisfaisait pas Simon Sokki.

« Pourquoi es-tu venu à sa place ? Crois-tu que je puisse à nouveau engager un chasseur d'une famille aussi menacée ! »

Paavi se leva d'un bond agile et vint se planter tout droit au milieu de la hutte. Il s'était mis cette fois en pleine lumière.

Kristina qui dès leur arrivée s'était glissée sans bruit dans sa couchette et de là surveillait sans être vue, écoutait passionnément le dialogue; elle remarqua que l'homme était beaucoup plus jeune qu'elle ne l'avait cru lors de leur première rencontre; peut-être son ascendance finlandaise lui conférait-elle cette maturité taciturne si différente du caractère primesautier des Lapons.

Lui paraissait indigné.

« Est-ce ainsi que tu accueilles le neveu de celui par qui tu t'es enrichi un certain soir ? »

Un murmure de réprobation couvrit ces paroles; le Finsk comprit et radoucit le ton :

« Pardonne-moi, Simon, mais ma mère a voulu que je vienne; il paraît que j'ai le sang bouillant, et pour moi le sang appelle le sang ! Elle a eu peur que je m'expose, en châtiant le traître. »

Simon fit un geste d'apaisement.

« Et le meurtrier ? questionna-t-il.

— Qui donc autre que le chaman de l'Œstfjellet aurait agi ainsi ? » dit avec dégoût le Finsk.

Un frisson parcourut l'assistance.

Simon Sokki se radoucit. Cet homme avait ses raisons de venir parmi eux.

La première escarmouche était terminée. Ellena comprit qu'ils ne diraient plus rien avant d'avoir mangé. Elle mit un châle sur ses épaules, sortit, alla dans la réserve froide d'où elle revint portant une brassée d'os à moelle qu'elle mit à chauffer dans un chaudron, et comme ce dernier n'était pas assez profond, il faudrait retourner les os régulièrement pour qu'ils cuisent sur toute leur longueur, et cela l'occuperait jusqu'au moment du repas.

Déjà l'odeur douce et écœurante du bouillon de renne emplissait la hutte où renaissaient des bruits familiers. Brusquement, sans raison, la mèche de la lampe à pétrole se mit à fumer et fusa avec un chuintement pénible; on aurait dit dans la pénombre un gémissement de fantôme et Kristina, prise d'angoisse, frissonna sous ses couvertures.

Dehors l'aurore boréale illuminait la taïga, sa lueur cuivrée donnait aux bouleaux nains une apparence fantastique, leurs branches entrelacées formaient comme les plombs d'un vitrail qui captait les étoiles du firmament et celles-ci étaient si nombreuses qu'une lumière céleste pénétrait dans la cabane à travers les vitres givrées que recouvraient de beaux et mystérieux feuillages de froid, nervurés et translucides.

Tout à coup les chiens aboyèrent furieusement.

On entendit les arrivants taper des pieds dans l'antichambre, puis racler leurs skallers avec leurs couteaux pour en détacher les glaçons. Ceux qui venaient savaient qu'Ellena ne tolérait pas qu'on apporte de la neige ou de la glace dans la hutte. La porte s'ouvrit et ils saluèrent en familiers :

« Bouriz, bouriz ! »

Mikael Bongo, Pier Bongo et Karin Bongo étaient les enfants de Martha Sokki-Bongo, sœur de Simon et veuve. Ils habitaient les huttes voisines, à quelques centaines de mètres, dans la boucle de l'Elv; l'ensemble des campements formait l'agglomération permanente de Suojaurre.

Quand ils furent habitués au clair-obscur de la cabane ils dévisagèrent l'inconnu.

« Voilà Paavi Mikkelsen, le neveu de Mikkel », fit Simon.

Ils avaient appris son arrivée par Karin et ne furent pas surpris.

Leur sœur avait lu les traces dans la neige en allant à la corvée d'eau et elle avait tout raconté à ses frères, à sa mère !

Kristina posait des pièges, un inconnu s'était approché lentement, il avait abandonné ses skis quand la neige de la rivière avait porté suffisamment. Tous deux avaient ensuite piétiné autour des pièges, puis l'homme était revenu sur ses pas, il avait repris son renne et son traîneau et guidé par Kristina il était venu droit chez Simon Sokki. Karin avait longuement examiné les traces du renne. C'était un mâle aux larges sabots, beaucoup plus larges que ceux des rennes de montagne, moins coupants, moins usés. Mikael à ce détail lui avait dit qu'il devait sans doute provenir des marécages de Finlande.

On fit place aux arrivants qui se roulèrent sur les peaux de renne et, dans le clair de nuit où parfois la petite flamme du fourneau lançait des éclairs fugitifs, on eût dit une assemblée de loups, tant leurs yeux brillaient d'intérêt et démentaient le silence de leur attitude.

Encore une fois Ellena retourna les longs os qui baignaient dans le bouillon puis elle porta la bassine sur la table, mit des bols, disposa la bouilloire à café. Les gens de la hutte s'approchèrent pour manger mais les nouveaux venus restèrent accroupis sans bouger.

Le temps d'interroger n'était pas encore venu.

Les convives se partagèrent les os que chacun fendit adroitement d'un seul coup du tranchant de son poignard, portant le coup de haut en bas, partageant le tibia dans toute sa longueur et mettant à nu la moelle précieuse et recherchée; on n'entendait plus que le bruit des aspirations goulues des convives suçant les os; quand ils furent repus ils essuyèrent leurs doigts dégoulinants de graisse chaude sur les peaux de leurs cuissards, prirent un morceau de sucre entre les dents et attendirent qu'Ellena fasse circuler les bols à café.

« Raconte maintenant », dit Simon.

Paavi s'exécuta.

« Mikkel Mikkelsen était venu faire ses achats à Karasjok, il se savait menacé depuis l'affaire que tu sais, mais avec son insouciance habituelle il ne prenait aucune précaution; n'était-il pas de la cita d'Isaksen ? Ne portait-il pas le bonnet à quatre pointes de l'Œstfjellet ? Ma mère lui avait conseillé la prudence; son rôle dans l'affaire avait été trop important. « Ne passe pas « la frontière, lui avait-elle dit. Ici en Finlande tu es « en sécurité, mais Isaksen est le maître à Karas- « jok ! » Il n'en avait pas tenu compte. Et puis il lui fallait absolument passer un traîneau d'alcool, ramener des peaux; il ne vivait que de trafic clandestin. Que s'est-il passé ? j'ai pu le reconstituer tout de suite après la découverte du corps. Mikkel Mikkelsen avait un renne solide, mais qui boitait bas de devant, s'étant brisé un sabot dans son jeune âge; sa trace était lisible parmi des milliers d'autres. Par ceux de Karasjok, de Niityvuopio et de Nuoppi, j'ai pu savoir qu'il était revenu de Karasjok où il avait rencontré chez le commerçant le chaman d'Isaksen ! »

Un murmure fait d'effroi et de respect s'éleva à nouveau dans l'assistance, au seul énoncé du nom maudit.

« Le chaman et Mikkel discutèrent très longtemps, continua Paavi; ceux qui les avaient vus ensemble disaient qu'ils paraissaient en bons termes ! Mikkel aurait dû se méfier; toujours son insouciance ! Ils ont bu plus que de coutume, mais chacun sait que le chaman a le privilège de boire sans jamais être ivre. Ils partirent de concert. Le chaman se rendait dans le sud, à Iskuras où il possède une cabane à cheval sur la frontière entre la Finlande et la Norvège; c'est là que Mikkel devait lui livrer son alcool, car finalement le chaman le lui avait acheté. Depuis, plus de nouvelles. Trois semaines plus tard, une femme de Kjala, au nord du lac Enare, allant puiser de l'eau, découvre, à moitié immergé, le corps de mon oncle, dans le trou d'eau dont la glace superficielle avait été récemment brisée. Il portait la trace d'un coup de poignard dans le dos, un seul, qui avait transpercé le cœur ! »

Depuis un moment déjà la porte extérieure claquait sous les rafales de vent, mais attentifs au récit du Finsk, aucun d'eux ne s'était dérangé. L'un des hommes se leva précipitamment pour la consolider. En l'espace de quelques secondes le froid avait empli la pièce avec une telle soudaineté qu'il avait dissipé la chaleur accumulée par le feu et les hommes. Kristina, sautant prestement de sa couchette, se hâta de mettre une nouvelle bûche de bois.

Alors il fit à nouveau très chaud, et comme le poêle chauffé au rouge rayonnait, les Lapons enlevèrent leur pesk, ne gardant que le koufte de drap, sorte de longue redingote à col montant, descendant jusqu'aux genoux sur leurs cuissards de fourrure. Paavi reprit son récit au point où il l'avait laissé. Durant ce répit chacun avait mûri ses paroles, imaginé la scène, et reconstitué le drame, et pour tous la suite était évidente.

« La mort remontait à une vingtaine de jours, peut-être davantage, peut-être un peu moins ! Mais ce qu'on peut affirmer c'est que Mikkel n'a pas été tué au bord de l'Enare. Il n'y avait pas de sang sur la neige, pas de trace de lutte ni de traînage de corps; on l'avait tout simplement déposé, une heure ou deux avant que ne viennent les femmes à la corvée d'eau; comme si on avait voulu en signant le crime donner un avertissement !

« Simon Sokki, conclut Paavi avec gravité, ma mère Sarah Mikkelsen m'envoie te dire que la vengeance ne fait que commencer avec ce crime, Isaksen et son chaman ne te lâcheront plus ! »

Le silence profond qui suivit cette déclaration solennelle fut ponctué par le poing fermé de Simon Sokki qui s'abattit sur la table avec violence et fit sauter les bols qui se trouvaient dessus. Le maître frémissait de rage concentrée, mesurant déjà le danger qui le menaçait.

Puis il se calma et fit signe à l'autre de continuer.

« Le pasteur de Kaamanen ne voulait pas l'enterrer avant de connaître le résultat de l'enquête; il nous conseillait de déposer une plainte devant le lappefogden [1] du territoire, mais nous avons pu prouver que Mikkel avait été assassiné en territoire norvégien; en agissant ainsi nous obtenions un répit, et on nous donna l'autorisation provisoire de l'inhumer. Depuis l'enquête est ouverte, mais avec les complications de frontière cela prendra du temps et ne donnera aucun résultat. Isaksen sait bien ce qu'il fait; il ne risque rien, les Norvégiens ne pourront jamais prouver que Mikkel a été tué en Norvège, et les Finlandais se lasseront vite de cette affaire qui ne les concerne pas; quant au chaman, qui donc oserait le dénoncer ? »

Il était plein d'amertume et comme il dévisageait ses auditeurs il vit leurs visages effrayés et comprit que le prestige du chaman d'Isaksen était aussi grand dans le Verstfjellet que dans l'Œstfjellet.

« J'ai fait ma propre enquête, continua Paavi. Les langues ne voulaient pas se délier, mais en utilisant et en opposant les haines de clans et de familles je suis arrivé à démêler la vérité ! Mikkel Mikkelsen a été assassiné à Iskuras, sur la frontière, son assassin, celui dont on n'ose dire le véritable nom, a conservé le cadavre quelque temps, puis ayant compris qu'on pourrait s'inquiéter à Kaamanen il l'a chargé sur le traîneau de Mikkel attelé à son propre renne. Partout on m'a signalé le passage du renne boiteux, et, chose qui parut

1. *Lappefogden* : magistrat chargé de régler les litiges entre Lapons et Scandinaves.

étrange à l'époque, Mikkel, disait-on, avait évité les huttes et les campements, pris des traverses. Nous savons maintenant que le traîneau était conduit par le chaman, que c'est lui qui jeta le cadavre dans le trou d'eau de l'Enare, puis qui revint sur ses pas. On n'a retrouvé ni le renne ni le traîneau ! Mais si j'avais osé me rendre à Iskuras, j'aurais certainement identifié les bois reconnaissables de la bête, parmi l'amoncellement des bois de rennes, entassés devant la hutte du chaman; quant au traîneau, il l'aura brûlé, solution facile et sûre. »

Cet homme disait vrai. Un murmure approbateur se fit entendre.

« J'aurais voulu venger mon oncle, continua le Finsk, mais là-bas tous sont contre moi, ceux du clan d'Isaksen et les autres; les uns par intérêt, les autres par crainte. Alors je patiente ! Me voici avec toi, Simon Sokki. Prends garde à ton troupeau car ceux qui n'ont pas craint de tuer iront plus loin dans leur vengeance ! »

Aucun des assistants ne réagit à l'évocation de cette menace. Mais tous masquaient un réel désarroi sous une feinte impassibilité; une chose était certaine, avec cet homme le malheur était entré dans la maison. Pourtant, Simon Sokki n'avait fait qu'appliquer les lois du clan, les coutumes lapones ! N'était-ce pas Isaksen qui avait commencé ?

Boire, oublier ! Ils n'avaient pour l'instant pas d'autre réaction, pas d'autre envie.

« Allons décharger ton traîneau », fit Simon.

Paavi acquiesça.

Ils sortirent et dans le bref instant que la porte resta entrouverte la grande clameur du vent emplit la cabane. Dehors des tourbillons de neige poudreuse dansaient comme des fantômes autour des bouleaux. Les chiens n'aboyèrent pas, ils s'étaient laissé recouvrir et on les devinait dans la pénombre, boursouflant la neige de leurs corps allongés à l'abri des traîneaux renversés.

A la vue des deux hommes le grand renne du Finsk s'inquiéta et se mit à bondir à droite et à gauche, tirant de toutes ses forces sur la longue lanière de cuir qui le maintenait solidement attaché au fût d'un bouleau; le Finsk yoka [1] tout doucement entre ses dents serrées, la bête reconnut sa voix, s'apaisa. Alors les deux hommes tirèrent le traîneau derrière la hutte, et là, malgré le froid et la tourmente, dénouèrent les cordes qui liaient la bâche, découvrirent le chargement d'alcool : une cinquantaine de bouteilles précieusement arrimées dans des peaux.

Simon Sokki en souleva une, lut la marque; c'était celle d'une maison suédoise appréciée.

« Bien travaillé, concéda-t-il, et il rit. Ces bouteilles ont déjà traversé deux frontières ! de Suède en Finlande et de Finlande en Norvège, qui sait ? Elles retourneront peut-être en Suède avec bénéfice ! Ces frontières ont à certains égards, bien des avantages. C'est pourquoi ma cabane est bâtie en bordure de la zone frontière. Pratique, hein ! »

Mais le Finsk n'écoutait guère.

Ils transbordèrent rapidement dans l'antichambre la précieuse cargaison, puis la firent passer par une trappe dans la cave. Ce travail accompli ils revinrent dans la salle commune; ils étaient couverts de glace de la tête aux pieds et leur figure rougeaude virait au blanc sur les pommettes.

« Secouez toute cette neige, grogna Ellena Sokki.

— Assez, femme ! dit avec autorité Simon Sokki, aujourd'hui n'est pas un jour comme les autres. »

1. *Yok* : sorte de cri ou de chant guttural.

Cependant le Finsk et lui retournèrent docilement secouer leurs fourrures dans l'antichambre. Ellena était maîtresse à la hutte !

« Voilà ma tournée ! fit Paavi en tendant une bouteille.

— Suédoise ! » s'exclamèrent les autres.

Ils burent à tour de rôle, goulûment, de larges rasades de cet alcool à 97°, aussi aisément que si cela avait été le sirop de myrtilles dont se régalait Kristina. Il leur semblait avaler la chaleur même du soleil et cela décuplait leurs sens, avivait leur inquiétude.

Le Finsk suivait son idée avec obstination.

« Ton troupeau est menacé, Simon Sokki !

— Je sais, fit l'autre, je sais cela depuis la venue de l'homme aux rennes égarés... »

Le Finsk sursauta.

Un berger inconnu venu de Finlande s'était présenté un jour au grand troupeau. Il ne s'était pas caché et il arrivait dans le vent, ce qui fait que les chiens l'avaient repéré d'avance; Anders et Mattis Sokki étaient de garde; il leur dit qu'il avait perdu deux rennes, et qu'ayant suivi leurs traces, celles-ci l'avaient conduit dans le voisinage du grand troupeau.

« Anders et Mattis lui ont alors dit de vérifier avec eux les marques. Tous trois ont parcouru le troupeau. Aucune bête ne portait à l'oreille la marque compliquée d'une cita finlandaise; l'inconnu en convint, s'excusa et repartit à skis comme il était venu. J'ai trouvé cette visite curieuse. Il n'est pas de bon ton de pénétrer ainsi dans le troupeau d'un voisin. Cet homme manquait aux traditions ! Il est vrai qu'un Lapon finlandais ne sait pas grand-chose ! Quand Anders et Mattis m'eurent appris sa visite je compris que l'homme n'était venu que pour compter les bêtes, savoir l'importance du troupeau, ses habitudes, ses terrains de parcours.

— Il y a longtemps de ça ? » fit Paavi.

Simon compta sur ses doigts :

« C'était à peu près l'époque que tu dis être celle de l'assassinat de ton oncle.

— C'était certainement un homme d'Isaksen.

— Ou Isaksen lui-même, dit Simon Sokki. Il a fort bien pu se déguiser en Finlandais, Anders et Mattis ne le connaissaient pas !

— Isaksen est trop couard pour venir se jeter ainsi dans la gueule du loup, il fallait un homme rusé et audacieux.

— Le chaman alors ?... »

C'était comme si la présence du sorcier au sein du troupeau avait subitement porté la malédiction au cœur même du clan.

« Je vais t'aider à monter la garde au troupeau », décida avec autorité Paavi.

Chacun le regarda avec une curiosité teintée d'inquiétude. Cet homme ignorait tout des conventions, ou alors il cherchait à s'imposer au maître de la cita devant ses fils ! Cette insistance était du plus mauvais effet.

Simon Sokki résolut dès cet instant de l'éloigner du grand troupeau.

« Si tu n'étais si jeune et venu de si loin, si tu n'apportais pas en témoignage la mort de ton oncle, je te prendrais pour un espion et je te chasserais », dit-il soudain, durci et mauvais.

L'autre lui tint tête.

« Tu as sans doute raison, Simon Sokki, mais il n'y a pire sourd que celui qui ne veut pas entendre. Je te prouverai que je suis un allié mais n'attends pas que le mal soit fait; d'ici là je ferai ce que tu me commanderas de faire. »

Il haussa les épaules avec un peu de dédain.

Kristina l'admira. Cet homme était un chef qui, ne possédant aucun renne, avait osé tenir tête au puissant et coléreux Simon Sokki.

L'incident était clos mais la méfiance restait entière. Il fallait l'oublier. Une nouvelle bouteille circula à la ronde; le ton s'échauffait, quelques yoks fusèrent de-ci de-là, à mi-voix, plus semblables à des plaintes qu'à des chants, et les Lapons se bercèrent de cette étrange musique. Ils rêvaient maintenant aux paroles de l'homme venu de l'est. Et toute l'histoire très longue de la vengeance d'Isaksen leur revenait en mémoire. Déjà certains chantaient le jour terrible où tout avait commencé. Ellena, prudente, avait refermé la trappe de la cave. Il y avait assez d'alcool pour le moment. Plus tard tout continuerait et elle ne pourrait plus rien empêcher, mais maintenant il fallait que les hommes réfléchissent, que mûrissent doucement les nouvelles apportées comme la tourmente par le vent d'est.

III

La fumée des pipes flottait dans la hutte jusqu'à mi-hauteur des parois. Attisée par les courants d'air, elle s'effilochait, se dissolvait, recouvrait un visage, s'éclairait par en bas des lueurs du poêle, et cette fumée semblait la seule chose vivante dans cette assemblée de figures de cire prostrées un peu partout, écoutant le maître de la cita évoquer les heures tragiques d'autrefois.

Simon Sokki n'était pas d'accord avec certains.

« Tout est venu de la guerre, dites-vous ? »

Il avait déjà absorbé pas mal d'alcool et dodelinait de la tête; son récit était incohérent, mais tous ceux qui étaient réunis l'écoutaient avec ferveur car c'était vraiment l'histoire de leur tribu que le Lapon décrivait, avec ses rivalités, ses luttes et ses drames.

« Tout est venu de la guerre sans doute, mais avant, entre ceux de l'Œstfjellet, les damnés d'Isaksen, et nous autres du Vestfjellet on ne s'aimait guère ! L'éternelle rivalité entre l'est et l'ouest ! Entre ceux de Karasjok et ceux de Kautokaïno ! On se volait des rennes autant qu'on pouvait, c'était de bonne prise. Cela maintenait à vif nos instincts profonds de chasseurs et de nomades, et il en découlait d'éternelles rancunes. Cependant au cours des siècles c'est à peine si on avait enregistré un ou deux meurtres dans les tribus. Et encore, chaque fois la victime avait enfreint les coutumes qui régissent notre peuple depuis que le monde est monde ! Et contre ces coutumes les lois norvégiennes sont impuissantes. »

Simon Sokki ricana; il éprouvait une réelle fierté à se sentir plus fort que les lois, à les braver.

« D'ailleurs, dit-il, les Norvégiens en ont bien convenu puisqu'ils ont dû modifier le code en notre faveur ! Mais le meurtre de Mikkel est une lâcheté; Mikkel Mikkelsen Sara n'avait fait que se venger, reprendre son bien. Son assassinat mérite un châtiment ! »

Dans la pénombre de la hutte, un long gémissement s'éleva qui ne surprit personne. Martha Risak évoquant les crimes d'autrefois et celui d'aujourd'hui improvisait lèvres serrées une complainte; le chant partait de la gorge en accents rauques, passait parfois à l'aigu sans transition. Son yok poignant s'acheva comme il avait commencé par un écart de ton exceptionnel allant de l'aigu le plus pur à une note grave et basse comme un bourdon d'église.

Simon avait laissé chanter la femme et écouté avec attention son improvisation. Quand le silence fut revenu, à peine troublé désormais par le sifflement continu du vent dans les poutres, il tira une bouffée âcre de sa courte pipe, cracha et reprit :

« Mikkel Mikkelsen Sara a été volé, lésé, trahi par les siens, et tout est venu de là. La guerre a fourni le prétexte ! »

Les autres connaissaient l'histoire mais Simon Sokki crut bon de la redire.

« As-tu bien connu ton oncle, Paavi ? »

L'étranger hocha la tête. Certes il l'avait bien connu :

« Il était pour moi comme un père. »

Il se passa un long silence pendant lequel chacun eut loisir d'évoquer le disparu.

« Un fin chasseur ton oncle, reprit Simon Sokki. Le meilleur piégeur de la Laponie, et pour suivre une trace, même sur la neige la plus dure, il n'avait pas son pareil. »

Quelque part dans la hutte, Mikael Bongo, le poète, entonna un yok sur le chasseur. Son couplet improvisé fusa, grandit, s'éteignit, mais en quelques phrases l'homme avait su faire passer toute l'admiration qu'il portait au trappeur.

« Ce que je dis sur lui, reprit Simon Sokki, c'est pour que tous ici le sachent. La filiation de Mikkel Mikkelsen a une grande importance pour la suite de l'histoire. Mikkel Mikkelsen Sara était des nôtres par sa mère, mais par son père il appartenait à la cita d'Isaksen. Un jour il est venu chez nous, pauvre, sa mère devenue veuve avait perdu tous ses rennes et comme elle n'était pas du clan des autres elle vivait misérablement; elle avait compris que Mikkel ne serait qu'un paria chez les siens, voilà pourquoi elle l'envoya chez nous. Mikkel avait une sœur, Sarah, ta mère, Paavi, qui avait épousé un métis finlandais. Lui aussi était un peu contrebandier, un peu chasseur. Un jour qu'il avait franchi le rideau de fer, on ne sait exactement pour quelles raisons, les uns disent pour suivre un ours, les autres pour vendre de l'alcool, bref ce jour-là il avait été tiré par une patrouille russe. Il avait essayé de s'enfuir en traversant le Pasvikelv à la nage. C'était au moment de la débâcle, les eaux étaient grosses et il s'est noyé. Tu étais bien jeune à l'époque, Paavi ! »

Le Finsk approuva. Il restait impassible. Cependant il marquait par sa gravité même le profond intérêt qu'il prenait à entendre raconter sa vie et celle de sa famille par un autre.

« Nous savions tous que Sarah avait un enfant, mais nul ne l'avait jamais vu dans l'ouest. Mikkel Mikkelsen parlait de lui comme d'un fils. J'ai compris que c'était pour toi qu'il travaillait, qu'il chassait, qu'il organisait ses expéditions risquées de contrebande ! Un homme, Mikkel Mikkelsen ! Et pourtant ils l'ont tué. »

Il s'enflammait à son récit, et sa voix aiguë dominait le murmure des chuchotements, des yoks, et même les rires qui parfois fusaient dans un coin d'ombre où garçons et filles enlacés par la taille entendaient sans écouter, comprenaïent sans savoir, devinaient l'essentiel du monologue de Simon Sokki, contenu dans les longs silences qui parfois ponctuaient ses phrases.

Ellena laissa servir une nouvelle rasade d'alcool.

Simon Sokki but goulûment et subitement échauffé revécut la scène tragique ! Il se dressa vivement et là, au milieu de l'assistance, il parla, parla, et plus personne ne l'interrompit.

Etendue dans la couchette supérieure, invisible mais présente, oubliée des grandes personnes, Kristina écoutait avec passion. Cette réunion, pensait-elle, lui apprendrait bien des choses qu'on lui avait tues jusque-là.

Simon Sokki faisait revivre Mikkel Mikkelsen avec enthousiasme.

« Tu étais toute sa vie, Paavi; il s'était juré de faire de toi un nomade puissant et respecté. C'est pour cela qu'il venait régulièrement travailler chez nous, qu'il économisait saison après saison pour s'acheter des rennes, qu'il grossissait peu à peu son petit troupeau; sais-tu qu'au moment de l'affaire il avait chez nous trente rennes vigoureux et jeunes qui lui appartenaient en propre sans compter deux ou trois solides castrats d'attelage ? Il passait dans notre clan et oublait peu à peu ceux d'Isaksen !

« Personne ne connaissait comme lui les contours indécis de la frontière; il savait utiliser le terrain à merveille pour aller d'un pays à l'autre sans éveiller l'attention des patrouilles. C'est par centaines que l'on pourrait compter les bouteilles d'alcool que nous avons fait passer en contrebande. Il ne s'est jamais fait prendre !

« C'est lui qui m'a conseillé de construire ma hutte là où nous sommes — il tapa du pied sur le plancher et rit tout fort — à cheval sur la frontière entre la Finlande et la Norvège ! De telle sorte que personne ne peut perquisitionner chez nous de crainte d'avoir des ennuis avec le pays voisin. Mais s'il était contrebandier par besoin, Mikkel était surtout chasseur. Avant que Sven Haraldsen ne vienne chasser le loup avec son petit avion à skis, Mikkel traquait le fauve partout; c'est lui qui a tué le vieux solitaire de l'Agjiet; il avait eu le courage de tirer la bête monstrueuse à moins de dix mètres, avec son fusil à pierre, après l'avoir acculée dans un fourré !

« La dépouille était si lourde et sentait si fort que le renne qui tirait le traîneau sur lequel elle était chargée tremblait de tous ses membres, avait le poil couvert de sueur et les yeux exorbités ! Il s'abattait tous les cent mètres, et il est mort de sa grande frayeur deux jours plus tard. Mais j'étais d'accord avec Mikkel, il fallait montrer le cadavre du loup à ceux de Suojaurre, sans quoi jamais personne n'aurait cru à sa disparition et la peur aurait continué de régner dans les campements ! »

Un murmure d'admiration courut dans l'assistance et pendant la pause qui suivit, le loup de l'Agjiet apparut à tous comme avait dû le voir Mikkel Mikkelsen Sara, hurlant à la mort, adossé à la montagne, gueule baveuse avant d'être foudroyé par la décharge de chevrotines ! Oui, c'était un homme Mikkel Mikkelsen Sara pour avoir osé affronter un tel fauve. Et pourtant cet homme courageux, adroit et rusé, avait fini dans un trou d'eau avec un couteau planté entre les épaules ! La magie se mêlait à cette histoire et dans l'imagination des Lapons le loup de l'Agjiet se dématérialisait, s'effaçait et renaissait sous une autre forme dans la fumée des pipes : il prenait figure humaine en laquelle chacun reconnaissait sans l'avoir jamais vu, le chaman d'Isaksen, le sorcier de l'Œstfjellet, celui dont on ne prononce jamais le véritable nom.

Simon Sokki tapa avec violence sur la table. Toute sa rancune accumulée remontait en lui.

« Oui, je ne crains pas de l'affirmer, ici tout a été perdu par la faute d'Isaksen et du damné chaman ! »

Alors il commença le long récit, que chacun attendait.

« C'était à l'époque du grand feu qui ravagea le Finmark ! »

Et comme au même instant une bûche du poêle s'enflamma brusquement, jetant une vive lueur qui éclaira en entier le Lapon debout au milieu des siens, chacun pensa qu'il était là comme au premier jour de l'histoire quand il contemplait du haut de la colline le grand feu qui ravageait les côtes de la mer Arctique !

Tout avait commencé à l'est, dans le Varangerfjord, par l'incendie de Kirkenes, de Vadso, de Vardo. Et les Norvégiens avaient dû fuir hâtivement sur leurs barques de pêche, n'emportant que le minimum; la côte s'était vidée de ses habitants, chaque maison, chaque village, chaque église avait été brûlé méthodiquement ! Tandis que le grand feu gagnait chaque jour vers l'ouest, du haut des montagnes les Lapons assistaient à ces flambées convulsives qui réduisaient en cendres les agglomérations et les maisons isolées. Ils crurent qu'on les avait heureusement oubliés dans leurs gammas [1] de terre; ils restaient seuls comme à l'origine, et ils se demandaient quelle folie pouvait bien pousser les hommes à se détruire ainsi sans raison, comme le font parfois les lemmings, lorsque par dizaines de milliers ils vont se jeter dans la mer !

Le jour de l'événement Simon Sokki surveillait son troupeau sur la montagne dominant le fjord.

Tout en bas Nordreisa flambait ! Des hommes casqués couraient à travers l'agglomération dispersée; sautant lourdement les barrières, jetant des grenades incendiaires avec méthode; en moins d'une heure le village était brûlé ! A quelques encablures au large, les dernières barques des réfugiés stationnaient, surchargées à ras-bord de silhouettes engoncées dans les suroîts caoutchoutés. La teinte vif-orange de ces vêtements de mer tranchait joyeusement sur la grisaille du paysage. Le ciel était bas, chargé de nuages annonciateurs du proche automne, et sous la lumière rasante qui s'infiltrait entre les brumes et la mer, l'océan glacial brassait des eaux noires et lugubres, mais le reflet de l'incendie suffisait à chanter dans toute cette tristesse la fusion ardente des maisons et des rocs.

Dans les lointains, les fumées sombres des incendies montaient du fond des fjords et tourbillonnaient sur le paysage marin comme la vapeur d'un chaudron gigantesque. Parfois un coup de vent les écartait et l'éclat insoutenable de blancheur d'un glacier suspendu rayait le ciel. Sur les rivages des îles les estacades de bois flambaient comme des torches.

Simon Sokki surveillait cet exode. Il prenait en pitié ces Norvégiens qui jusqu'alors les dominaient de toute leur civilisation, de leur bien-être, de leur morale et de

1. *Gamma* : hutte de terre du littoral, habitée pendant l'été.

leur religion, et qui brusquement se trouvaient dépouillés de tout.

Tous étaient partis qui vivaient de la mer et du commerce.

Les pêcheurs, les armateurs, les fonctionnaires, les commerçants kvaens... mais sur les montagnes les Lapons impassibles regardaient mourir une civilisation et ne comprenaient pas.

Qu'avaient donc ces hommes qui jusqu'alors prétendaient imposer leurs lois au peuple du renne à s'entretuer ainsi ? De mémoire de chaman, en remontant jusqu'aux temps légendaires, jamais les Samisks ne s'étaient livrés à pareils excès ! Quel besoin de se détruire les poussait à de telles exactions, auprès desquelles quelques meurtres, quelques vols de troupeaux — ces vols généralement justifiés par un impérieux besoin de survivre — apparaissaient dans toute leur banalité quotidienne. Simon Sokki pensait que son peuple était le plus heureux des peuples parce qu'il était resté libre, et il comprit que cette liberté il ne la devait qu'à sa forme de vie millénaire. En même temps une angoisse inexplicable le serrait à la gorge ! Il craignait tout à coup que cette grande tuerie qui ravageait les peuples civilisés aussi bien dans les glaces de l'Arctique que dans la fournaise des déserts et la torpeur de la forêt tropicale n'annonçât également la fin de leur race.

Mais ce sentiment ne fit que l'effleurer, il avait autour de lui son troupeau, par lui il échapperait à la folie collective. Il était fier d'être Lapon.

Ses cinq mille rennes mouchetaient les pentes couvertes de lichen, se perdaient dans les fourrés de saules, broutaient les herbes rases recouvrant les roches polies de la montagne. Ses fils séparaient les mâles des femelles, lançant le lasso avec habileté sur les bêtes choisies, il fallait laisser en paix les jeunes mères et leurs faons.

L'œil exercé du maître distinguait les protubérances herbeuses des gammas, à peine visibles tant elles se confondaient dans le paysage, où les femmes préparaient les peaux; il ricana, nul ne viendrait brûler ces masures basses couvertes de mousse, et si cela était... une gamma est vite reconstruite.

Simon Sokki, parlait, évoquait, se laissait bercer par son rêve.

La douce chaleur de la hutte, la fumée des pipes, le ronronnement du poêle attisaient ses pensées, l'isolaient du présent, le replongeaient dans le temps. Il était là, debout sur la montagne gardant son grand troupeau, il en comptait les têtes, il reconnaissait les marques des oreilles, il s'exaltait, et les autres, muets, subjugués, le laissaient parler.

« Nous on ne craignait rien puisque nous avions nos rennes ! Mais les pauvres Norvégiens ! Qu'auraient-ils pu faire sans maisons, sans ravitaillement venant de la mer, sans moyens de chauffage, alors que déjà se précisait l'ouverture de la grande nuit polaire ! C'était comme si les Allemands les avaient condamnés à mort ! Alors ils partaient, leurs barques se groupaient bord à bord tirant le même cap avec l'homme de barre debout dans le kiosque vitré de l'arrière. Une véritable flottille du désespoir, qui cingla vers le nord, puis vers l'ouest, et m'a-t-on dit vers le sud ! On ne devait plus les revoir de trois ans. Alors nous sommes restés seuls !

« Puis un jour l'émissaire est venu. »

Simon Sokki prit un temps. Les rides mouvantes qui dessinaient sur son visage tanné des jeux multiples de physionomie se figèrent tout à coup, et seuls, les yeux continuèrent à briller comme des gemmes sombres éclairant un masque dur aux traits de bronze.

« J'étais, ce jour-là, de garde au troupeau avec Pier et Andis quand, sur la colline d'en face, deux silhouettes apparurent. La même angoisse qui m'avait serré à la gorge le jour où l'on avait brûlé Nordreisa me saisit. Un pressentiment me dit de me méfier de ces hommes. Que venaient faire ces inconnus sur nos terrains de parcours ? Au-delà des montagnes, dans l'autre vallée, nomadisaient les rennes des Isaksen; nous n'entretenions aucune relation avec leurs gardiens; à peine si de temps en temps on se criait d'une colline à l'autre des renseignements sur des bêtes égarées ! Encore quand on ne pouvait pas faire autrement, car un renne égaré ne se retrouve jamais ! N'est-ce pas, vous autres ? »

Les autres rirent de l'astuce. Allez donc identifier un renne lorsqu'il n'en reste plus qu'une carcasse séchée et qu'on a pris soin d'enterrer la peau et la tête !

« Les deux hommes, dit Simon Sokki, restèrent longtemps à inspecter le paysage.

« Malgré la distance j'avais pu distinguer leurs silhouettes. Il y avait un Lapon qui portait le bonnet à quatre pointes de l'Œstfjellet. Celui-là était le traître, je l'ai su bien plus tard. (Il cracha par terre avec mépris.) L'autre portait l'uniforme des officiers allemands. Ils restèrent un bon moment à nous observer et je bouillais de rage et d'impuissance; puis ils disparurent derrière un repli de terrain. Plus tard un officier allemand vint à moi directement, il était seul, tout au moins depuis le moment où je l'avais découvert remontant la colline. Comme il parlait un norvégien passable nous avons pu nous comprendre. Il me fit force politesses, me dit que les Allemands après le départ des Norvégiens avaient décidé de protéger les Lapons, mais qu'ils devaient auparavant recenser les troupeaux. Notre peuple, disait l'officier nazi, ne risquait rien ! Nous n'étions pas des belligérants, l'évacuation du Finmark par tous les Norvégiens avait été décidée par le haut-commandement en représailles des renseignements que ceux-ci fournissaient aux navires ennemis croisant au nord du Finmark. Tout ceci ne nous concernait pas et j'étais bien d'accord avec lui sur ce point.

« Nous pourrions vivre comme par le passé et pour protéger notre commerce et nos échanges ils avaient préservé deux ou trois boutiques de Kvaens [1], dans les différents secteurs où d'habitude nous traitions nos affaires ! Il m'engageait à renouer les échanges; le Grand Reich, disait-il, paierait très cher la viande ! Bien plus cher que le prix de la taxe.

« Puis il changea de ton brusquement. C'était un homme jeune et décidé; il avait un regard d'acier dans lequel ne passait aucune bonté. Jamais on ne m'avait regardé comme ça !

« — Demain, dit-il, rassemblez tout le troupeau là-
« bas, dans la plaine ! Nous compterons les rennes.
« C'est un ordre ! » dit-il. Il salua et s'éloigna.

« Je crus une heure plus tard le voir passer dans le lointain, accompagné à nouveau du Lapon aux quatre pointes ! Mais je ne pourrais l'affirmer.

« Nous avons longuement discuté entre nous. Certains me conseillaient de rassembler les rennes et de fuir dans l'intérieur. J'aurais dû les écouter, mais d'autre part j'étais attiré par la proposition de l'officier, nous avions des rennes malades et nous les aurions vendus très cher à ces gens qui n'y connaissaient rien ! Et puis l'ordre était impératif.

« L'endroit choisi pour le rassemblement ne me plaisait pas. C'était le bourbier où la rivière rejoint le fjord ! C'était plein de moustiques et les rennes souffriraient, mais d'autre part il était certain qu'il fallait de l'espace pour réunir cinq mille têtes. Le lendemain nous avons poussé le grand troupeau vers la mer, très

1. *Kvaen* : métis de Lapon et de Scandinave.

lentement. En tête marchait Mikkel Mikkelsen Sara qui avait l'habitude de conduire le renne de tête à la clochette; et les bêtes de son petit troupeau privé qui le connaissaient bien marchaient immédiatement derrière; c'était commode car cela incitait les rennes les plus rétifs à suivre. Dès qu'on fut dans l'estuaire, les moustiques harcelèrent les rennes mais, grâce aux chiens et aux bergers, on réussit à les former en un troupeau compact, serré au corps à corps, qui déboucha dans la plaine côtière formée en long triangle.

« A peine étions-nous engagés dans le terrain mouvant et marécageux que des coups de feu partirent, tirés à distance, venant des rochers derrières lesquels s'abritaient les soldats ! Bientôt un ordre bref retentit et une mitrailleuse crépita qui coucha la plupart des rennes de la pointe, et parmi ceux-ci naturellement tous ceux de Mikkel Mikkelsen !

« Je compris trop tard que nous étions tombés dans un piège. Les nazis voulaient détruire nos troupeaux pour nous obliger à fuir à notre tour, car ils se méfiaient de nous. Alors chacun réagit au mieux. Tout d'abord il fallait disperser le troupeau dans toutes les directions pour ne plus offrir de cible aussi importante. Nous avons lâché les chiens au beau milieu des rennes, et ceux-ci affolés par les rafales, par le bruit des détonations, par les cris, harcelés par les moustiques, s'égaillèrent sur une longue distance, refluant au galop vers la montagne. Ils s'engagèrent dans la gorge marécageuse qui sépare les deux collines. Au-delà il y avait des fourrés épais de bouleaux et de saules. Les soldats, qui avaient compris la manœuvre, nous poursuivaient en tirant au hasard, mais il était trop tard. Ils ne pouvaient plus rien contre nous, nous étions servis désormais par le terrain marécageux dans lequel ils s'enlisaient avec leurs lourdes bottes, ou bien ils glissaient sur les roches mouillées couvertes de lichens, alors qu'avec nos skallers nous pouvions sauter légèrement et disparaître hors de leur portée.

« Le troupeau, ce qu'il en restait, était provisoirement sauvé. J'envoyai l'un des fils prévenir les femmes à la gamma, un autre fut dépêché vers l'ouest pour alerter les autres citas.

« Puis nous avons continué à pousser le troupeau vers l'intérieur, vers le grand marécage où les femmes récoltent la senna [1], et où aucun véhicule ne peut se hasarder en été. Tout était préférable au séjour sur la côte. Nous avons marché dix jours et dix nuits dans le grand marécage où beaucoup de rennes périrent des piqûres de moustiques, ou de l'humidité qui ramollissait leurs sabots et les empêchait de marcher; mais bientôt nous gagnions les montagnes du sud ! Nous y étions en sûreté. Aucun Allemand ne s'y aventurerait !

« Nous étions à nouveau les seuls maîtres du Finmark.

« Alors on a fait le compte des pertes ! »

Il y eut un silence général. Puis un brouhaha de voix étouffées s'éleva dans la hutte. Chacun refaisait mentalement le bilan de cette triste équipée !

Puis Simon Sokki reprit le fil de son récit.

« Plus de six cents rennes étaient restés sur le terrain. Et parmi ceux-ci tous les rennes de Mikkel Mikkelsen. Le chasseur était ruiné ! Lui qui avait fait tant d'efforts pour reconstituer un troupeau, sortir de la pauvreté ! Il était ruiné et il maudissait les Allemands.

« Comme lui à l'époque j'avais cru en l'entière responsabilité des soldats nazis. L'été s'acheva tant bien que mal. Puis l'hiver et la nuit polaire arrivèrent qui arrangèrent bien des choses. Il n'y avait presque plus

1. *Senna* : herbe longue des marécages.

d'Allemands dans le Finmark. Pas un seul ne se hasardait dans la vidda.

« La plupart des citas averties à temps avaient pu fuir comme nous et chacun pansait ses blessures. Alors jusqu'à la fin de la guerre, jusqu'au retour des Norvégiens le Finmark est redevenu ce qu'il aurait dû rester, le pays des Samisks.

« A l'entrée de l'hiver, Mikkel regagna Kaamanen.

« Quand il eut conté le drame à sa mère, celle-ci lui dit : « Ne cherche pas si loin les responsables. Com-
« ment expliques-tu que le troupeau des Sokki ait été
« choisi et que celui des Isaksen ait été préservé ?
« N'étaient-ils pas voisins ? — Si ! fit Mikkel, par beau
« temps on pouvait voir les rennes des Isaksen grouil-
« ler sur les lichens et les plaques de neige comme les
« poux sur un vieux pesk crasseux ! » Alors il comprit lui aussi. Nous avions été trahis ! Il soupçonna l'exacte vérité et resta quelque temps dans l'Œstfjellet où les langues se délièrent. Chacun là-bas admirait la ruse d'Isaksen, mais en attribuait tout le mérite au chaman ! C'était diabolique. Lui seul avait pu imaginer pareille ruse ! Chargé de conduire l'officier allemand auprès du troupeau d'Isaksen, qu'on avait vanté aux Allemands comme étant le plus beau de la contrée, il l'avait tout simplement dirigé sur le troupeau des Sokki. Simple, habile ! Que pouvait-on lui reprocher ? Il avait sauvé son troupeau, c'était de bonne guerre, tous les rieurs étaient de son côté ! Que leur importait la ruine d'une cita ennemie ? Avec le temps qui passa, la légende grandit et l'on fit partout des yoks contant l'exploit du chaman d'Isaksen. Son maître et le sorcier les chantaient parfois en public quand ils avaient trop bu. C'était insupportable et la vengeance mûrissait lentement dans l'esprit de Mikkel Mikkelsen. Il avait été trahi par les siens. Il cracha vers l'est et se promit de

passer entièrement avec ceux de l'ouest, avec nous !

« Sa vengeance, je la partageai entièrement, dit brusquement Simon Sokki, qui haussa le ton, parlant avec une gravité qui contrastait avec les sentiments mobiles et fuyants qu'exprimait d'ordinaire son visage un peu chafouin. Sa vengeance était mienne car il fallait récupérer les rennes perdus. Mais si j'avais écouté Mikkel Mikkelsen, on serait parti tout de suite chez les Isaksen. La colère est mauvaise conseillère. Je l'exhortai à maîtriser ses sentiments, je lui recommandai de rester à Kaamanen et d'aller de temps à autre à Karajosk, de vivre dans le clan ennemi comme si rien ne s'était passé, de soulager sa rancune sur le dos des nazis pour donner le change. En agissant ainsi il pourrait étudier les migrations du troupeau, endormir la méfiance du chaman et du maître de la cita, préparer un plan que nous exécuterions un hiver quand les conditions seraient favorables.

« Pendant des années Mikkel a espionné pour nous.

« Chaque hiver il revenait chasser chez moi, mais auparavant il avait suivi, épié les déplacements des autres troupeaux; l'important était de voler les rennes d'Isaksen en territoire norvégien, puis de les faire passer ensuite en territoire finlandais, et enfin d'aller vendre la viande gelée en Suède. Mikkel a étudié les méandres de la frontière, ses particularités, les passages entre les montagnes, et tous les parcours qui permettaient d'éviter la rencontre d'autres campements et d'autres troupeaux. Entre-temps la paix était revenue. Les Norvégiens avaient rebâti leurs villes, et ils nous avaient donné des huttes toutes neuves. Ils avaient réinstallé leurs juges, leurs gendarmes, leurs médecins, leurs instituteurs, leurs pasteurs. Eux qui nous croyaient tous morts avaient été bien étonnés de constater que pendant trois années terribles, livrés à nous-mêmes, nous avions fort convenablement vécu selon nos antiques mœurs et coutumes. Nos troupeaux nous avaient suffi. Les Norvégiens se réorganisèrent très vite et s'efforcèrent de remettre en place rapidement leur système de surveillance des troupeaux, des migrations, des citas. Mais comme tout n'était pas encore en ordre il fallait en profiter pour agir. »

Un murmure d'approbation s'éleva de l'assistance.

Puis, après un temps, une voix dans l'ombre interrogea :

« Comment ceux d'Isaksen ne se sont-ils pas méfiés ? »

C'était Paavi.

Simon Sokki ricana.

« La richesse et l'aisance détruisent bien vite la vigilance. Isaksen, fort de la considération de ceux de l'est, se croyait invulnérable. Il ne se cachait plus, se plaisait même à évoquer devant Mikkel le grand exploit de sa vie. Mikkel l'entretenait dans son erreur, lui représentait la cita des Sokki comme très affaiblie par ses pertes, qu'il exagérait ! Il disait de moi que j'étais un chef sans volonté. Il entrait tout à fait dans le jeu ! Il faisait le benêt, s'apitoyait sur son propre sort et ses rennes perdus et Isaksen gonflé de son importance ne prenait plus aucune précaution. Un jour que Mikkel Mikkelsen sommeillait un peu ivre dans la hutte d'Isaksen au retour d'une expédition de contrebande, ce dernier était entré, accompagné de son fidèle chaman. Le bruit avait réveillé Mikkel mais il n'en avait rien laissé paraître, feignant au contraire de ronfler et il avait pu tout entendre de la conversation des deux hommes.

« Attention, disait le chaman, nous sommes à l'en-
« trée de la nuit de trois mois ! Cinq hivers ont passé.
« Attention, Isaksen, un Lapon n'oublie jamais
« l'offense, tu devrais le savoir ! » Isaksen se moquait :

« Est-ce ma faute si les Allemands, sur tes conseils, « ont préféré les rennes des Sokki ? Ils trouvaient sans « doute les miens trop maigres. — Ne ris pas, Isaksen. « Veille au troupeau ! »

« Il comprit que le chaman était en éveil, qu'il fallait se hâter ! Il avait pris congé d'Isaksen régulièrement, quelques semaines plus tard et Isaksen ne s'était pas méfié. C'était l'habitude de Mikkel d'aller de place en place, suivant l'occasion qui se présentait. La nuit polaire était au plus profond et les tempêtes de décembre menaçaient. Il me rejoignit peu après, muni de précieux renseignements : il savait où trouver le grand troupeau des Isaksen ! Il connaissait les tours de garde des bergers, l'itinéraire qui serait suivi. Tout était parfait. Nous avons attendu encore un mois, puis la grande tempête est arrivée qui devait durer plus d'une semaine. Nous sommes partis à six ! Vous savez tous qui était du voyage ! fit Simon Sokki, en regardant lentement les hommes qui l'écoutaient. Paavi apprendra peut-être leur nom un jour, pour l'instant il est encore trop tôt. »

Ils approuvèrent silencieusement sa sagesse. Le Finnois, malgré la sympathie qu'il leur inspirait, venait quand même de Kaamanen, du clan ennemi. Peut-être en réalité était-il là pour les espionner, peut-être jouait-il le double jeu comme au début Mikkel ? Cette fois la vengeance appartenait aux Isaksen, car depuis le vent avait tourné ! Rentré dans son bien c'était à Simon Sokki de garder désormais ses rennes !

Il avait dit l'essentiel, il s'enfonça au plus profond de son coin d'ombre, écouta avec satisfaction le bruit du vent, puis tout à coup appela :

« Femme, dit-il, monte-nous deux bouteilles. »

Ellena, prévoyant l'orgie qui suivrait, hésita; mais pouvait-elle refuser en cet instant glorieux où allait être évoqué le rapt du troupeau des Isaksen ? N'était-ce pas l'une des grandes aventures de la cita des Sokki ! Elle souleva la trappe, descendit à la cave, remonta les bouteilles demandées qu'elle fit payer séance tenante et enfouit l'argent dans son koufte !

Quand ils eurent tous bu à la ronde, Simon Sokki conta l'histoire.

Il le fit pour le plaisir de raconter car, à l'exception de Paavi, tous la connaissaient pour l'avoir entendue pendant les longues veillées d'hiver et chaque fois de nouvelles variantes étaient apportées qui, transcendant l'exploit, le conduisaient à la légende.

Simon rappela comment, aidé par Mikkelsen, ils avaient rejoint le troupeau qu'ils convoitaient. Ils avaient contourné par le sud les terrains des Isaksen, passant entièrement en territoire finlandais où nul ne se serait avisé de les chercher. Ils avaient surpris le troupeau laissé sans surveillance par des bergers négligents qu'ils connaissaient de réputation, et dont ils avaient patiemment attendu le tour de garde.

« Nous avons séparé au hasard un millier de rennes, le maximum que nous pouvions encadrer et les avons poussés en territoire finlandais tout proche. La rumeur de la tourmente était si forte qu'il n'y eut aucune réaction des bergers, il avait fait un froid glacial depuis plusieurs jours et sans doute s'étaient-ils enivrés dans leurs tentes. La bande de territoire finlandais qui sépare la Norvège de la Suède est fort étroite. C'est là que nous nous sommes arrêtés : à l'entrée du défilé qui conduit en Suède. Nous les avons abattus dans la gorge étroite, entre les deux montagnes couvertes de glace; les avalanches y sont fréquentes, et obstruent complètement le passage. Elles serviraient à masquer jusqu'à l'été le lieu du carnage. Personne ne pourrait retrouver de traces avant la belle saison, et alors il serait trop tard.

« Ç'avait été un grand carnage. La neige était rouge, et nous étions tous occupés à tuer, à dépouiller, à vider, et surtout à enfouir dans la neige les peaux et les têtes portant les marques. On dut faire de nombreux voyages pour transporter toutes les carcasses gelées en Suède où Mikkel Mikkelsen s'était chargé d'écouler la viande. Ce travail nous prit une semaine, puis chacun regagna sa hutte. Nous étions vengés. J'avais refait mon troupeau. Et Mikkel Mikkelsen avait sa part du rapt; il a donc toujours chez nous des rennes; ils sont à toi, Paavi, puisque tu es son héritier ! »

Simon Sokki but au goulot une énorme rasade d'alcool, poussa un yok sauvage, qui chantait la gloire de ceux de Suojaurre. Mikkel y apparaissait comme le héros mystérieux qui avait triomphé du chaman d'Isaksen et une partie du pouvoir de ce dernier rejaillissait sur lui, et peut-être aussi sur son héritier ! Pourtant Paavi ne chantait pas. Il était sombre :

« Veille sur tes rennes, Simon Sokki, le danger change avec le vent. »

Mais personne n'écoutait plus.

IV

L'ALCOOL déjà tournait les têtes. Chacun réclamait avec insistance une bouteille. Ellena n'aimait pas ces beuveries : les hommes y devenaient comme fous et se laissaient aller à leurs mauvais instincts; pourtant elle les savait inévitables.

A tour de rôle, ils burent de larges rasades d'alcool à 97°, Simon Sokki le premier, puis Pier et Mikael et aussi Pier et Andis Sokki, et Karin et Martha. Ellena refusa avec fermeté la première rasade, mais à la troisième, comme déjà s'élevaient les chants rauques des yoks, elle se décida elle aussi à boire.

Elle était partagée entre deux sentiments bien compliqués. Souvent le pasteur lui avait reproché de ne pas empêcher les hommes de boire; il lui avait représenté les méfaits de l'alcool qui détruit peu à peu les derniers Lapons mieux que ne le ferait la plus violente des épidémies, cet alcool introduit par les trappeurs et les pêcheurs scandinaves du XVIe siècle, par ceux-là mêmes qui aujourd'hui leur reprochaient d'en user trop abondamment.

Elle redoutait les occasions de boire qui se présentaient de loin en loin : l'arrivée d'un parent éloigné, la visite d'un voyageur demandant l'hospitalité de la nuit, un séjour à Viddakaïno où la vente des peaux se transformait immédiatement en achat d'alcool de contrebande, un mariage ou un baptême ! Mais elle y avait pris goût elle aussi; elle y avait pris goût pendant les marches terribles de la migration de printemps, quand toute la cita campe dehors, parfois sans avoir eu le temps de dresser la tente à l'approche de la tempête, quand il fait — 40° ou — 50°, quand on n'a pas dormi de plusieurs jours, quand il a fallu marcher, marcher, tirant les rennes fatigués à travers les montagnes chauves et bleues de glace vive. Alors elle avait bu avec les hommes exténués qui revenaient de poursuivre des rennes dispersés pendant des jours entiers à travers la vidda, elle avait bu pour calmer la fringale, les longues attentes des bivouacs à l'abri des traîneaux formés en abri, quand il n'y avait plus de bois pour faire du feu, et que le poisson gelé ne parvenait pas à fondre dans la bouche. Et comme les autres, elle avait alors senti un courant de chaleur la parcourir tout entière, un brasier inextinguible allumé en elle par le liquide ardent, qui peu à peu dissipait le grand froid, la morne fatigue et la faim, et la pénétrait d'un bien-être extraordinaire. Elle pouvait alors écouter avec ravissement les yoks rauques et aigus des hommes qui chantaient la vie libre du peuple samisk dans la vidda, et c'étaient des instants de bonheur.

Mais ce soir, dans la hutte d'hiver, elle était la maîtresse de la cita, et à ce titre, elle avait freiné le plus longtemps possible la beuverie qui s'annonçait, que rien ne pourrait éviter. A l'instant où le Finnois avait franchi la porte de sa hutte elle savait qu'on allait boire et que ceux des huttes voisines viendraient veiller en commun, écouter les histoires et chanter des yoks interminables, baroques, glapissants et finissant brusquement sur des notes graves et brèves succédant aux trilles les plus aigus...

Peu à peu le ton des yoks s'élevait dans la pièce enfumée et chaude, éclairée par la seule lueur de l'aurore boréale qui se maintenait au-dessus de la vague de neige poussée par la tourmente, et pénétrait par les fenêtres sans rideaux, car depuis longtemps la lampe à pétrole s'était éteinte, fumeuse et nauséabonde.

Chacun des participants achetait sa bouteille qu'il payait séance tenante à Ellena Sokki, déjà un peu grise mais encore lucide, et qui pliait soigneusement les billets dans la ceinture de son koufte. Kristina, effrayée et mécontente, s'était réfugiée sur la plus haute des couchettes, et de là, lovée comme un petit animal, elle surveillait la beuverie qui menaçait de tourner en orgie, soucieuse de se faire oublier, furieuse contre le Finnois sur qui elle rejetait toute la faute.

Maintenant les voix devenaient pâteuses, et les hommes plus entreprenants, Pier Bongo et Martha Risak avaient disparu dans la pièce attenante d'où parvenaient par moments de bruyants éclats de rire. Pier Sokki avait pris Karin par la taille et poussait un yok sauvage qui contait ses exploits passés dans la vidda. Peu à peu cependant le ton des voix déclinait, Simon Sokki, allongé à même le plancher, ronflait bruyamment, et sa femme accroupie dans un coin, les yeux vagues, chantonnait doucement. D'autres étaient couchés çà et là, en tas, comme les avait surpris l'ivresse.

Kristina, du haut de sa couchette, continuait de veiller, pleine de colère, et peu rassurée. De l'amas de fourrures, de jambes et de bras d'où s'exhalaient des ronflements, des soupirs, des gémissements et des hoquets, un homme se leva en titubant et s'approcha d'elle, les yeux brillants. Elle reconnut Mikael, son cousin, qui de la main accrocha sa jambe.

« Viens !

— Lâche-moi ! » hurla Kristina.

Il riait de sa crainte, s'arc-boutait, peu solide sur ses jambes, s'obstinait, étonné de la vigueur de l'enfant qui résistait de toutes ses forces, accrochée aux montants de la couchette.

« Viens !... » mais il ne termina pas. D'un violent coup de pied, Kristina venait de se dégager. A moitié assommé et déjà étourdi par l'alcool, Mikael alla s'écrouler sur les corps étendus auxquels il se mêla, avant de sombrer dans un sommeil de brute.

Soulagée, Kristina écouta les bruits de la hutte. Elle percevait les respirations irrégulières, les gémissements des buveurs malades, auxquels se mêlaient par moments les rires étouffés de Pier Bongo et de Martha dans la pièce voisine. Parfois l'un des buveurs secouait sa léthargie, se redressait, poussait un yok pâteux, puis définitivement terrassé s'endormait.

Enfin le silence se fit dans la cabane, et Kristina perçut le grand bruit du vent dans la taïga, écouta l'appel lointain d'un loup qui ne réveilla même pas les chiens ensevelis sous la neige. Le poêle s'éteignit et le froid s'installa dans la maison.

La jeune fille s'enfonça dans ses peaux de rennes et s'endormit paisiblement.

Quelques heures plus tard, Ellena Sokki, ayant bu moins que les autres, s'éveilla et mit de l'ordre. Un peu partout traînaient les bouteilles vides, qu'elle ramassa soigneusement et alla enfouir dehors sous la neige, une patrouille pouvait passer... Puis elle roula les dormeurs à même le plancher dans un coin de la hutte où ils continuèrent leur sommeil agité, réveilla Kristina, qui fut debout séance tenante.

« Allume le feu », dit-elle.

Aucune allusion, entre elles, à la beuverie de la veille.

Ellena savait que Kristina réprouvait profondément.

ces orgies, mais elle n'aurait pas admis un reproche, reproche que l'enfant se fût bien gardée d'ailleurs de formuler, car les Lapons apprennent dès le plus jeune âge à se conduire seuls dans la vie. Peut-être aussi Kristina éprouvait-elle par une sorte d'orgueil, plus que d'autres, le respect filial, dont le sentiment était très atténué en général chez les Samisks. Kristina avait suivi la scène en étrangère, et il ne lui venait pas à l'esprit de critiquer sa mère, pas plus que de se plaindre de la conduite de Mikael. Les hommes sont les hommes, le vent est le vent.

Elle savait fort bien ce qu'avaient fait dans la pièce à côté Pier Bongo et Martha, et elle regrettait presque de ne pas être assez âgée pour les imiter car, bien sûr, Martha se ferait offrir un riche cadeau par son amoureux; sans doute un renne comme c'était l'usage; elle avait déjà passablement agrandi son troupeau par ce moyen.

« Allume le feu », répéta Ellena Sokki avec autorité.

La vie continuait, avec ses devoirs et ses exigences, et cette vie de la hutte, c'était à elle, maîtresse de la cita, de l'organiser.

Kristina obéit, écorça des branches, et avec la fine pelure de la première écorce obtint une flamme vive et claire qui jaillit et chanta instantanément. Le reste n'était plus qu'affaire de patience : ajouter de l'écorce de plus en plus épaisse puis des petites branches, puis des plus grosses. Enfin le feu fut bien en braise et Ellena Sokki mit de la neige à fondre dans le chaudron, tandis que Kristina s'occupait des chiens.

Les chiens se battirent autour de la pâtée et Kristina dut mettre de l'ordre à grands coups de bâton. Habituée aux durs travaux, elle était forte, comme le prouvait le coup de pied en pleine figure qui avait maîtrisé Mikael.

L'aurore boréale avait disparu, le ciel était devenu très sombre. A la rareté des étoiles on devinait que sous des latitudes plus clémentes le jour était près de se lever. Peut-être même le soleil resplendissait-il quelque part au flanc de la terre, ainsi que Fru Tideman le lui avait raconté, mais Kristina ne s'attarda pas à cette pensée. Elle était fille de la nuit et du froid, et elle savait qu'avant la fin de janvier le soleil ne se montrerait pas, fût-il à la limite extrême de la taïga. Seules, d'ici là, des lueurs imprécises comme aujourd'hui différencieraient la nuit de l'obscurité diurne, et cette lueur augmenterait, s'éclaircirait, deviendrait un semblant de jour mais qui s'éteindrait avant d'être une aube, comme dilué par l'immensité.

Effrayé par les aboiements, le renne du Finnois s'était empêtré dans sa longe, et, à moitié étranglé, gisait, langue pendante contre le bouleau auquel il avait été attaché. Kristina l'examina avec curiosité. C'était une très belle bête, haute, portant de longs bois, dont elle compta les andouillers. Huit ans, conclut-elle, c'était un renne de marécage et de forêts, et il avait des sabots nettement plus larges que ceux des bêtes du troupeau. Il aurait le temps de les user ici sur la glace et les rochers.

L'animal émettait un souffle précipité et ses gros yeux globuleux, que ne préserve aucun sourcil, reflétaient une inquiétude panique. Elle approcha, sifflant doucement entre ses dents, mais le renne fit des bonds désordonnés, à bout de corde cette fois. Il allait s'étrangler pour tout de bon. Appeler le Finnois ? Non. Et si elle était seule au cœur de la taïga ? Elle dégaina son couteau et s'apprêta à trancher la longue lanière de cuir souple, mais elle craignit qu'il ne repartît sur ses traces de la veille. Elle rampa vers lui, évitant les coups de tête dangereux, saisit la longe, défit le nœud et les enroulements autour du bouleau. L'animal fit un bond qui projeta la fillette à plusieurs mètres, mais elle n'avait pas lâché la longe. Jamais un Lapon ne lâche la lanière de son renne, il se fera plutôt traîner sur de longues distances... Kristina résistait de toutes ses forces, sifflant, yokant pour calmer l'animal qui ne connaissait pas cette voix et, par de brusques sauts, cherchait à fuir. Il la traîna ainsi pendant une dizaine de mètres, mais elle réussit à s'accrocher à une souche et à y fixer solidement la lanière. Dompté, le renne allait et venait à longueur de corde examinant la fillette, se calmant peu à peu, puis il reprit son immobilité feinte, museau contre la neige, mais tous les sens en éveil et grattant la neige du sabot.

Il avait faim, bien sûr ! Elle aurait dû y penser. Elle se rendit dans l'appentis, y prit une motte de renn-moss séché qu'elle jeta devant la bête qui, délicatement, du bout des lèvres, se mit à trier dans le paquet les mousses argentées du lichen.

La lutte avec le renne avait mis la jeune fille en nage, et elle ne sentait pas le vent froid qui soufflait de la taïga. Des glaçons entouraient son visage, figés aux bords de son bonnet, et collaient ses sourcils et ses cils.

Elle revint à la hutte, se guidant dans la pénombre à travers le bric-à-brac des traîneaux, des tas de bois, et des harnais épars sur le sol, s'arrêta un moment pour écouter encore le bruit sauvage du vent et les cris des loups et des renards, puis entra.

Ellena Sokki avait mis de l'ordre à l'intérieur de la hutte. Elle avait également réveillé Pier et Andis que l'arrivée de Paavi et la beuverie de la nuit avaient empêchés, la veille, d'aller relayer leurs cousins à la garde du grand troupeau.

De cette orgie d'alcool, il ne leur restait rien qu'un imposant mal de tête, et ils préparaient méticuleusement leur départ. Assis à même le plancher au milieu de la hutte, ils bourraient d'herbe séchée leurs skallers légers et chauds sur lesquels ils rabattirent ensuite les extrémités de drap rouge qui continuaient les peaux de renne de leurs belingers; de courtes bandes tressées et multicolores, bien serrées à la cheville, achevèrent la liaison hermétique entre la chaussure et les culottes de fourrure. Et ces culottes étaient si bien moulées qu'on eût dit des hommes velus, des monstres à tête d'homme et à corps d'animaux.

Martha Risak, quittant la pièce voisine, étira soigneusement sa chevelure puis la tressa en deux longues nattes épaisses qui descendaient de chaque côté de son visage sur ses épaules. Elle coiffa son bonnet, enfila ses doubles mitaines et sortit après un « bazza derivan » — demeurez en paix — auquel Ellena répondit par un grognement.

Le Finnois, allongé parmi les fourrures, se leva alors, s'assit sur un tabouret, et toujours silencieux, bourra sa pipe et commença une longue méditation. L'odeur de tabac se mêlait peu à peu à celle du bouillon de renne, et bientôt Ellena Sokki distribua le repas. Du café très léger, puis du renne bouilli que les bergers et le Finnois dévorèrent à belles dents. Dans un havresac la maîtresse de la cita entassa les provisions pour plusieurs jours, puis donna à Andis une marmite et des allumettes.

« Prenez mon renne ! fit Paavi. Attention, il est très fort !

— Le traîneau sera lourd », fit sentencieusement Simon Sokki.

On le croyait encore terrassé par l'ivresse mais le maître de la cita était bien éveillé. Il s'extirpa de ses fourrures, bondit sur ses courtes jambes torses, enleva son bonnet et se gratta le crâne d'une façon si comique

que les autres éclatèrent de rire ! Puis d'un pas saccadé, le bras tendu, il se dirigea droit vers un amas de vêtements, d'où il tira un petit poste radio fonctionnant sur pile. Il tourna le bouton. Un chœur folklorique norvégien se fit entendre, émis sans doute à Tromsö. Simon coupa, la musique ne l'intéressait pas, encore moins les nouvelles du monde. Qu'importait que la guerre ait lieu quelque part, qu'on lançât des satellites vers la Lune, ou que la menace venue de l'est s'étendît à travers les solitudes arctiques pour la grande peur des Scandinaves. Cela ne touchait pas les Lapons. Une fois déjà, la guerre avait saccagé leur pays. Les Lapons s'étaient alors repliés dans la taïga et ils avaient survécu ! Ils pouvaient vivre par eux-mêmes, sur eux-mêmes, sans rien demander au reste du monde. Que Dieu leur donnât seulement le renne qui sert à tout, le bouleau pour faire le feu, la neige et le froid qui tuent les moustiques !... Que Dieu donne surtout le lichen, sans quoi il n'y aurait pas de rennes et partant, pas de Lapons. Mais cela les Scandinaves l'ignoraient ou feignaient de l'ignorer, persuadés que leur civilisation de sédentaires était la seule bonne.

Ce poste de T.S.F., Simon Sokki l'avait échangé un jour contre des fourrures de renards bleus et blancs, à Isaac Haetta, le kvaen de Viddakaïno. Et Fru Tideman l'avait félicité de son achat :

« Ainsi, lui disait-elle, pendant la longue nuit de l'hivernage vous pourrez entendre le monde, et dans votre solitude vivre plus près de nous, écouter l'office du pasteur, les chants et la musique, les nouvelles des autres hommes... »

Simon Sokki avait laissé dire. Ayant chargé le poste sur son traîneau, il l'avait rapporté à la hutte d'hiver. Ellena avait grogné sur la dépense inutile; mieux eût valu acheter de la laine, de la teinture ou du drap.

Mais elle n'avait pas insisté : Simon était libre de dépenser son argent à sa guise, car Ellena, comme Kristina, comme Pier et Andis, possédait son propre budget, son propre argent, ses rennes marqués à son nom, et il en était ainsi pour tout Lapon à qui, dès sa venue au monde, on constituait par dons son premier troupeau de rennes.

Depuis lors, le poste était resté dans un coin de la hutte. En se guidant sur les étoiles l'hiver, sur les signes imperceptibles qui dans la nuit polaire permettent de savoir si ailleurs il fait jour ou s'il fait nuit, en se guidant de fin janvier au mois d'août sur la course interminable du soleil, ils avaient repéré les horaires des émissions de la météo. Ces émissions, les Lapons de la cita les écoutaient avec passion, et pour elles, venaient des huttes les plus lointaines. Car la météo annonçait avec rigueur et précision la venue des tempêtes, les chutes de neige, les vagues de froid intense qui, par moments interdisent toute sortie hors de la hutte. Plus précise que leurs connaissances empiriques, plus utilisable que celles de leurs chamans, la radio leur permettait de se préparer pour la migration de printemps, de renforcer la garde avant les tempêtes favorisant les rapts des troupeaux et la présence des loups en chasse.

« Ce n'est pas l'heure, fit Pier.

— On part ! fit Andis impatient. On est déjà en retard, les autres doivent pester.

— Mieux vaut attendre. La tourmente s'est subitement arrêtée vers le matin, cela ne me dit rien qui vaille. Si cela recommençait plusieurs jours, il serait bon de doubler nos fourrures... »

Un peu plus tard la voix nasillarde de la radio donna les nouvelles. Une violente tempête secouait l'océan Glacial Arctique et les communications entre les îles étaient interrompues. A Mageroy, tout près du cap Nord, le lennsmann [1] de Kjelvik réclamait la venue du médecin.

« Pourquoi les Norvégiens ne font-ils pas comme nous ? dit Kristina. L'hiver est mauvais sur la côte, on le sait depuis toujours... Pourquoi ne viennent-ils pas se réfugier dans la vidda, bien à l'abri des tempêtes, au cœur de la taïga ?...

— Seuls les Samisks savent vivre en ce pays », dit Paavi.

Les autres le regardèrent avec étonnement. Il parlait peu, et semblait d'une autre race.

En prévision du vent qui allait régner pendant les jours suivants, Pier et Andis chargèrent le plus possible de peaux de rennes sur le traîneau et doublèrent la ration de café, malgré les protestations d'Ellena, protestations de pure forme d'ailleurs, car jamais maîtresse de campement ne lésine pour les hommes qui vont à la garde du troupeau dans la nuit d'hiver.

Le traîneau chargé, les deux bergers passèrent en bandoulière sur leur pesk l'indispensable lasso de chanvre fin et goudronné, puis harnachèrent le renne. Ce fut long et difficile car il ne connaissait ni le langage ni l'odeur de ses nouveaux maîtres, et le Finnois les avait laissé faire, sans s'occuper davantage de sa bête, continuant de tirer des bouffées de sa pipe. Ce qui allait se passer ne l'intéressait pas, il était venu ici pour chasser. A chacun son métier, et surtout ne jamais se mêler des affaires des autres, pas même au sein de sa propre tribu !

Finalement, après avoir rué, donné de la tête et des bois, le renne fut maté d'un coup de poing au foie qui l'étendit raide sur la neige, le temps nécessaire au bou-

1. *Lennsmann* : représentant du Gouvernement, administrateur.

clage des harnais; Pier et Andis chaussèrent leurs skis d'un simple coup sec donné avec la pointe du mocassin et s'éloignèrent dans la nuit.

Malgré le vent on entendit un certain temps le crissement des patins du traîneau sur la neige gelée, puis tout se fondit dans le murmure éternel de la nature.

V

COMME elle s'était remplie la veille, la hutte s'était miraculeusement vidée de ses habitants. Pier et Andis étaient partis au troupeau. Ceux de la cita des Bongo avaient repris la piste à peine visible, qui conduisait à leur hutte distante d'un quart de mille, emmenant avec eux Martha Risak qui logeait encore plus loin, au coude de la rivière.

Rageusement, Ellena Sokki effaçait les traces de la beuverie, mais ses imprécations restaient sans effet sur Simon. Vautré près du poêle, il avait engagé une longue conversation avec Paavi. Kristina s'était éclipsée prudemment dans la resserre où, parmi des carcasses gelées de rennes et des monceaux de rupés raides comme des galets, elle préparait de nouveaux collets de laiton.

Simon soupira, puis se leva d'un bond. Il était étonnant de vivacité, malgré son âge. Il pouvait rester de longues heures dans une immobilité totale, et brusquement s'agiter, bondir dans la hutte comme un fauve enfermé. Tantôt il réglait la longueur de la mèche de la lampe à pétrole, disparaissait dans la resserre glacée d'où il revenait aussitôt couvert de givre, portant une brassée de bois qu'il écorçait ensuite lentement, tantôt il revenait à son immobilité, à son silence, laissant à ses pensées le temps de se préciser.

« Simon Sokki, ton troupeau est menacé, dit enfin le Finnois, buté.

— Hum !... » grogna Sokki, qui avait toutes les peines du monde à maîtriser son émotion. Ce Paavi n'était peut-être pas un ennemi, mais un ami qui vous apporte la pire des nouvelles ne vaut guère mieux, songeait-il. Ainsi le Finsk était sûr que les autres n'abandonneraient pas leur vengeance ! Lui l'avait crue éteinte par le meurtre de Mikkel Mikkelsen Sara, homme sans fortune et sans troupeau. Mais voilà que tout était remis en question, les autres n'abandonnaient pas et le Finsk non plus, qui venait pour venger son oncle.

« Le pacte ne continue-t-il pas après la mort ? » avait-il demandé en regardant Simon bien en face.

Simon Sokki se leva, voulut entrouvrir la trappe qui donnait à la cave, mais Ellena, maîtresse femme, qui avait laissé discuter les deux hommes sans intervenir, rabattit le panneau avec une telle violence que, sur la table, les bols à café tressautèrent et s'entrechoquèrent. L'homme n'insista pas. Il n'y aurait pas de nouvelle orgie. Il fallait garder la tête froide.

Impavide, le Finnois tira sur sa pipe. Il était retourné à son silence et laissait s'envoler en volutes ses pensées portées par la fumée noire. Il attendait, il avait tout dit.

« Le pacte continue, la mort ne peut tout payer », conclut sourdement Sokki. Pourquoi douter de cet homme ? Son état était net et son attitude logique. Ils étaient liés par le sang versé. On ne pouvait abandonner Paavi, ni négliger ses avertissements.

« L'homme qui est venu de Finlande, reprit le Finnois, annoncer aux tiens la mort de Mikkel, crois-tu qu'il ne venait que pour cela ? Ne trouves-tu pas cela curieux, ce berger qui surgit brusquement au milieu de ton troupeau, puis repart, annonçant le malheur ? Comment ne vois-tu pas l'avertissement ?

— Tu as raison ! Mais Pier et Andis sont de rudes bergers...

— L'ennemi est plus patient que le loup, Simon. Si cela peut t'aider, je veillerai au troupeau... »

Buté à son tour, repris par la méfiance ancestrale, Simon évita de répondre. Cet homme était trop curieux, il fallait l'éprouver. On verrait plus tard.

D'un ton sec et brusque qui faisait diversion, il dit à sa femme :

« Apporte une bouteille ! »

Ellena descendit à la cave sans ronchonner cette fois et en remonta la précieuse fiole à l'étiquette suédoise, que les deux hommes se passèrent, buvant à même le goulot. Ellena se servit la dernière.

Kristina, qui avait l'oreille collée contre la cloison, sut que l'accord était fait; le Finnois remplacerait désormais comme chasseur d'hiver Mikkel Mikkelsen Sara qu'elle n'avait jamais aimé avec son front bas, ses poils noirs hirsutes et sa crasse qui dépassait tout ce qu'on peut attendre d'un Lapon de basse caste, Mikkel qui plusieurs fois s'était permis à son égard des privautés qu'un homme ne pouvait se permettre — et lui surtout qui ne possédait rien en propre — avec une fille dotée de plus de soixante bêtes ! Elle se dit qu'elle préférait le nouveau. D'abord il était grand et blond, et sans ses yeux légèrement bridés et ses pommettes saillantes, on l'eût pris facilement pour un Scandinave. Ensuite parce qu'il était plutôt taciturne et réfléchi et qu'il lui apparaissait un peu mystérieux, comme le troll qu'elle avait entendu rire là-bas dans la nuit.

« Kristina te montrera les endroits où Mikkel posait

ses pièges », fit Simon Sokki en appelant la fillette.

Elle bondit dans la pièce commune, affectant une attitude humble que démentait un sourire indéfinissable plein de suffisance et de mépris. Car sans qu'on lui eût rien dit, Kristina savait qu'elle était chargée de surveiller le Finnois, de le diriger du côté opposé au vallon perdu où tournait en rond le grand troupeau. Le Finnois était admis dans la cita, certes, mais pour l'instant il devait rester le chasseur de rupés et de sauvagines; seuls les fils de la tribu connaissaient le secret du troupeau. A vrai dire, l'homme aurait vite fait de retrouver les bêtes, car il lisait les traces à livre ouvert; à elle de se montrer la plus rusée, de le tenir à l'écart des traces.

Le Finnois hocha la tête, ôta sa pipe qui semblait vissée au coin de ses lèvres minces. On crut qu'il allait parler mais il se contenta d'approuver du chef. Lui aussi comprenait les vraies raisons de cette méfiance.

Simon Sokki était un vieux renard et sur lui le Finnois savait beaucoup plus de choses qu'il n'en avait laissé paraître durant le lent interrogatoire qui avait précédé son admission. Mais il savait aussi ce qui attend, dans la taïga, celui qui parle trop ou qui paraît trop bien informé. Il crut bon de mettre les choses au point.

« Tu as raison, Simon. Mikkel connaissait son métier, et si Kristina veut me montrer... »

Il s'arrêta, rejeta en arrière sa toque de fourrure, regarda fixement Simon, puis Ellena qui, les mains sur les hanches, assistait à la conclusion du pacte :

« ... Si Kristina veut me montrer, nous prendrons beaucoup de gibier ! »

Il éclata de rire et Kristina effrayée se jeta contre le flanc rebondi et les jupons graisseux de sa mère. Le Finnois pour la seconde fois avait ri comme un stallo.

Pour montrer que l'entretien était terminé, Ellena

but une gorgée d'alcool et passa la bouteille à Simon qui but longuement, puis au Finnois. Celui-ci, essuyant le goulot d'un revers de main, tendit la bouteille à Kristina :

« Bois, pour sceller notre association ! »

Ellena voulut s'interposer, mais, par défi, Kristina saisit la fiole et but sans ménagement. Brusquement, à moitié étouffée, les yeux pleins de larmes et le palais brûlé, elle dut cracher sa gorgée d'alcool.

Le Finnois rit de nouveau. Et ce rire était tellement exceptionnel que même Ellena crut y voir un mauvais présage. Folle de rage, vexée, Kristina jeta la bouteille à la tête du chasseur et celui-ci ne l'évita que de justesse.

« Tu es bien de ta race ! fit-il. Nous sommes faits pour nous entendre, petite fille. Viens ! »

Passant devant elle, il sortit le premier.

L'aurore boréale suspendait au-dessus de la vidda les plis mouvants de sa draperie étincelante, diffusait une pâle lumière orangée sur les collines dénudées, où, par places, brillaient les plaques de glace luisante comme du marbre noir, qui recouvraient les vieilles roches usées de la Laponie. Le vent gémissait, allait et venait dans les méandres de l'Elv, comme une présence vivante, soufflait des tourbillons verticaux de neige pulvérulente, accrochait des frises de poussière glacée sur les croûtes des rives à pic du fleuve, et chassait à ras du sol enneigé un flot continu de fins cristaux qui enrobèrent les jambes du Finnois et de Kristina.

« Serre ton bonnet, petite », fit l'homme.

Il vérifia soigneusement la disposition des oreillères noires qui dépassaient de sa toque de fourrure, ajusta les bretelles de son havresac rudimentaire en peau de renne, enfila d'un coup sec la pointe relevée de son mocassin dans l'étrier souple de ses longs skis de bouleau, saisit l'unique et long bâton qui l'aidait à se déplacer et attendit que la fillette en eût fait autant.

Elle était déjà prête et se poussait à l'aide de la perche, avançant de cette marche glissée, dandinante, spéciale aux skieurs lapons, sorte d'amble qui leur permet de couvrir des distances considérables. La nuit lumineuse les ensevelit dans son mystère, et ils ne furent plus que des silhouettes imprécises, des ombres silencieuses, se confondant dans le désert vallonné avec les masses plus sombres des taillis de bouleaux nains.

Sans hésitation, Kristina entraîna le Finnois dans ce paysage monotone, sans point de repère apparent, présentant partout les mêmes collines doucement arrondies, mollement allongées côte à côte comme des seins de femme. Les chasseurs se faufilaient entre elles par de larges seuils plats qui laissaient deviner sous la neige et la glace les lacs de l'été.

Ils marchèrent longtemps puis brusquement une lumière scintilla très loin, très faible, qui se masquait et réapparaissait au gré de leur aventure nocturne. Intrigué l'homme s'arrêta :

« Le feu de la hutte de Suojaurre ! »

Là-bas vivait Martha Risak, la belle fille facile. Le Finnois comprit que Kristina l'avait fait tourner en rond. Il grogna :

« Montre-moi plutôt tes pièges, ceux de Martha, je les connais. »

Au sourire de la jeune fille, il comprit qu'elle avait voulu l'éprouver; il dissimula sa mauvaise humeur :

« Une vraie Samisk ! songea-t-il. Aussi libre et désinvolte dans ce désert arctique qu'une petite Finlandaise dans les rues d'Helsinki... »

Kristina avait sans doute jugé l'épreuve suffisante, car elle s'arrêta brusquement sur le rebord de la falaise qui dominait la berge de l'Elv.

« Ça descend ! » fit-elle.

Elle piqua droit sur ses skis à travers les fourrés compacts de bouleaux et d'aulnes.

Lui hésita une seconde, peu familier avec le terrain, puis se lança à son tour, appuyé de toutes ses forces sur la longue canne tenue de côté, et, brisant dans sa course plusieurs branches, il rejoignit Kristina. Elle avait déchaussé d'un coup de pied, et, accroupie dans la neige poudreuse, dégageait un passage entre deux arbrisseaux.

Il la regarda faire avec intérêt.

Quand elle eut posé le collet, elle se releva.

« Ne te fatigue pas, dit-il. Continuons ! Pour aujourd'hui, il suffit de reconnaître les passages. »

Cette fois il avait pris la tête et glissait dans la taïga par longs pas coulés et ses skis laissaient derrière eux un sillage bruissant comme de la soie. Il restait silencieux. C'était comme s'il avait oublié la jeune fille et celle-ci, les nerfs tendus, le regardait faire, admirant son sens du terrain, la sûreté de sa progression dans cette nuit. Une sûreté que ne possédaient pas même Pier et Andis.

« Celui-là était un maître, aussi fort que Mikkel Mikkelsen. »

Et elle se jura de se tenir sur ses gardes.

« Un homme qui n'a qu'un renne, aussi grand chasseur soit-il, ne peut lever les yeux sur la fille de la cita... »

Toute à ses pensées, elle vint buter sur Paavi qui s'était arrêté. Il lui saisit brusquement le poignet; elle fit mine de résister, mais il l'obligea à rester immobile et lui mit une main sur la bouche.

Elle comprit qu'il se passait quelque chose de sérieux et ne bougea plus. L'homme la relâcha puis avança avec prudence, avec lenteur, et tout à coup se détendant brusquement, lança son bâton vers un buisson. Les branches s'écartèrent, se refermèrent, laissant tomber des paquets de neige.

Elle avait deviné.

« Un loup ? fit-elle.

— Oui, en train de dévorer une poule des neiges. »

Ils ne trouvèrent plus que quelques plumes ensanglantées et les débris d'un collet.

« Il y en a beaucoup par ici ? questionna le Finnois.

— Sept ou huit couples. Ceux qui ont échappé à la chasse du printemps dernier. »

Elle se souvenait encore du Norvégien qui survolait la taïga en rase-mottes avec son petit avion, muni d'une mitrailleuse légère. Il atterrissait parfois sur la neige glacée de la rivière, à côté de la hutte, et lui montrait les cadavres encore chauds de loups gigantesques qu'il avait abattus.

« J'essaierai demain de suivre sa piste, fit le Finnois, mais d'ici-là le vent risque fort de tout effacer.

— Pier et Andis veillent au troupeau. »

Le Finnois hocha la tête. Le danger n'était pas négligeable et chacun sait que le loup est insaisissable.

« Le loup se vengerait, dit-il, mais s'il n'y avait que les loups pour menacer votre troupeau ! »

Le vent avait pris de la force, et ils avaient peine à lui faire face; Kristina, malgré sa triple épaisseur de vêtements, se sentait transpercée; une frange de givre bordait son visage comme l'aurait fait une délicate fourrure de jeune renne blanc; le Finnois, malgré sa simple vareuse de drap, semblait ne pas souffrir du froid. Ce fut pourtant lui qui décida :

« Ce sera intenable dans quelques heures, rentrons ! »

Il observa le ciel. Il crépitait d'étoiles quelques instants auparavant, et avait pris une teinte laiteuse, et les filaments de l'aurore boréale s'y dispersaient comme des écheveaux de laine rose. D'innombrables galaxies clignotaient de leurs myriades de scintillements, mais la nuit n'avait plus la même épaisseur, les collines se dessinaient un peu à contre-jour, masses rondes et compactes, et de leurs sommets s'élevaient parfois des tornades de neige qui se déplaçaient d'une cime à l'autre, comme des trombes.

Ils écoutèrent un long moment le vent qui grandissait, faisant bruire les branches glacées sur lesquelles des doigts invisibles plaquaient des accords, puis brusquement le pays tout entier fut parcouru par une grande clameur qui semblait être la respiration de la terre.

« Rentrons ! » répéta brusquement Paavi.

Après avoir consulté les étoiles, et délaissant les traces suivies à l'aller, l'homme piqua directement, sans hésitation, à travers la forêt naine et les gorges de l'Elv, faisant sa propre trace aussitôt effacée. Et Kristina constata avec surprise qu'il regagnait la hutte avec le même instinct qui, chaque année, guide l'oie sauvage vers les régions inconnues où elle a fait son nid.

VI

Ils étaient partis de Viddakaïno voici plus de huit heures, songeait le docteur Olafsen, et malgré la tempête ils auraient dû être arrivés à la cita des Sokki. Mais Fru Tideman était entêtée comme une vieille mule; elle s'était arrêtée tout le long du trajet, furetant à travers la taïga comme une taupe, n'hésitant pas à couper à travers la brousse serrée des jeunes bouleaux pour gagner par le travers d'un lac une hutte délabrée où elle savait dénicher quelque couple de Lapons et leur marmaille en cours d'hivernage. Elle était à la fois pour ces nomades rustiques le Bon Dieu et le diable. Il fallait payer de mille bassesses les gentillesses qu'elle apportait sous forme d'oranges, de chocolat aux enfants, de fil et d'aiguilles pour les femmes, de tabac ou d'allumettes pour les hommes; pendant une heure la cabane était sens dessus dessous, balayée, rangée, Fru Tideman faisait fondre de grandes bassines de neige, houspillait la nonchalance de ses hôtes, les envoyait couper du bois, jeter des détritus, quérir de l'eau. Ce qu'elle pouvait en gâcher de l'eau et du combustible, avec sa manie de laver tout et tout le monde ! Il arrivait parfois qu'un enfant lui échappât et se réfugiât dans quelque resserre. Pas pour longtemps, son œil lucide comptait les membres de la cita, consultait son calepin, ordonnait d'une voix brève et tranchante : « Allez me chercher le petit Mikael ! » et il fallait bien lui ramener le petit Mikael hurlant comme un cochon qu'on égorge. Et elle le déshabillait en un tournemain, humait avec dégoût la crasse de ses fourrures, le plongeait dans la bassine d'eau chaude et le frottait... Elle passait comme un tourbillon, crainte, redoutée, bousculant les traditions avec sa phobie des microbes, de la crasse, de la maladie, opposant à l'inertie calculée des femmes lapones sa volonté inexorable, son incroyable entêtement. Et celles-ci calculaient hypocritement ce qu'elles pourraient gagner à ses visites : du café, du chocolat, une coupe de tissu...

Fru Tideman avait échoué sur un point. Malgré une féroce curiosité dont elle se défendait, en arguant qu'elle ne se mêlait de la vie privée de ces pauvres gens que pour leur bien, Fru Tideman n'avait jamais réussi, au cours d'une existence déjà longue passée dans la taïga, à soulever la trappe d'une hutte lapone pour en visiter la cave. Elle enrageait, car elle savait qu'elle y trouverait des bouteilles de cet alcool abhorré avec lequel le peuple samisk se dégradait. Mais elle avait fini par renoncer à affronter la colère des Lapons sur ce point précis. C'était comme une sorte de trêve, un vœu tacite entre elle et eux. « Venez soigner nos gosses si vous le voulez, concédaient les Lapons, faites-nous tous les cadeaux que vous voulez, mais qu'il ne soit jamais question de l'alcool, ni de son transfert en contrebande, ni de sa consommation, ni des échanges qu'il nous permet... » Un véritable pacte.

Aujourd'hui, elle avait épouillé une hutte près des campements du grand Mattis Bira, propriétaire de dix mille rennes. Elle avait trouvé une espèce de sorcière abandonnée des siens, et qu'on nourrissait de carcasses de rennes en échange du fil de tendons qu'elle mastiquait à longueur de journée. La vieille Lapone gisait, encore vive et malicieuse malgré son âge, sur un paquet de fourrures pelées et pleines de vermine qu'elle avait entassées sur un matelas de branches de bouleau. Un mauvais poêle enfumait la pièce comme un terrier bouché par des traqueurs. Elle chiquait un affreux tabac noir, salivait à même le sol, et ne s'était même pas levée lorsque Fru Tideman avait ouvert sa porte.

Le rêve de la directrice des services sociaux du Finmark était de faire transporter la vieille à l'hospice de Viddakaïno avant qu'elle ne mourût de froid dans sa cabane. Le docteur Olafsen, qui aimait tout autant les Lapons, professait des théories assez opposées : il prétendait que la vieille était plus heureuse toute seule au milieu des tourmentes de l'hiver, à écouter hurler les loups — qui peut-être un jour, alors que son feu se serait définitivement éteint, viendraient disperser ses vieux os — que de mourir de bien être et d'ennui à l'hospice. Ils en avaient longuement discuté. Finalement, elle avait persuadé le médecin de venir ausculter la bonne femme. Elle s'attendait de sa part à une certaine répugnance. Aussi avait-elle été émue de voir le jeune praticien écarter avec douceur les fourrures puantes, découvrir une poitrine sèche comme du parchemin, puis coller son oreille à même la peau crasseuse et faire son métier avec autant de soin que s'il se fût agi de la femme du capitaine de la gendarmerie polaire de Viddakaïno, une femme souriante, mais délicate et toujours dolente.

« Alors, docteur ? Intransportable ? avait demandé Fru Tideman.

— Détrompez-vous, elle est plus solide que vous et moi. Si elle meurt, la vieille Marit, ce sera d'usure, comme les bêtes de la forêt, comme il est naturel que meurent les êtres vivants de l'Arctique. Laissons-la. »

Mais Fru Tideman ne s'était pas tenue pour battue, elle avait improvisé un long discours en samisk, vanté les agréments d'une chambre propre et chaude, du café et du lait servis à volonté, de la radio qui berçait les vieillards de la salle commune pendant l'interminable hivernage.

La vieille l'avait repoussée presque rudement.

« Ecoute, avait-elle dit, l'oreille soudain en éveil, l'œil vif et intéressé. Ecoute ! Un loup hurlait dans le lointain, le mufle tendu au vent qui faisait craquer le bois de la cabane. Cette longue nuit où les esprits chantent et pleurent... chantent et pleurent la fin de notre race, la dispersion du peuple samisk, la disparition des rennes, tu voudrais m'en priver Fru Tideman ?... Je n'attends qu'une chose, vivre encore quelques mois, juste assez pour voir luire le soleil derrière la calotte chauve du Likkoa... Alors j'apercevrai le signe vivant, la stèle de pierre de nos anciens chamans qui se détache sur le ciel de la migration de printemps.

— Chut ! » fit avec un léger effroi Fru Tideman.

La vieille Marit, qui avait cependant reçu les leçons du pasteur dès son enfance dans la taïga, mêlait étrangement les anciennes croyances et la religion du Christ. Avec l'âge, elle ne distinguait plus bien entre Thor, le Christ et le Soleil, et elle leur offrait à tous trois, en présents, les viscères des vieux rennes qu'on lui apportait et qu'elle immergeait ensuite, lestés d'une pierre, au plus profond des eaux du lac. C'était un très vieux rite, connu déjà des lointains hommes du renne, il y a trente mille ans...

Fru Tideman était sortie de la hutte les yeux secs, et bouillonnant de colère !

« Je regrette de vous dire que vous ne m'êtes d'aucun secours, docteur Olafsen. Je ne vous demandais pas de me convaincre du parfait état de santé de cette vieille sorcière ! J'attendais de vous autre chose, un acte d'autorité qui aurait motivé son transfert à l'hospice... »

Lui, placide, mettait le moteur du wesel en marche, tendait la main à Fru Tideman qui, avec une souplesse intacte malgré la cinquantaine, se hissait à ses côtés.

« Un instant », fit-elle, boutonnant hermétiquement sa longue pelisse de phoque noir, et masquant son visage sous un foulard de soie qui ne laissait plus paraître que ses yeux entre sa toque de loutre et le col de sa pelisse.

Quand elle fut installée, il embraya et le petit véhicule à chenilles tangua comme une barque sur la houle des congères, prit un cap à travers la forêt et, lentement, chemina dans la nuit, suivant l'espace balayé par le pinceau des phares. Parfois, à la limite de la clarté, des poules des neiges, ou d'énormes lièvres blancs, se réfugiaient, effrayés, dans l'épaisseur de l'ombre.

Après le détour chez la vieille Marit, le wesel suivit plus facilement la grande piste de Viddakaïno à Galanito, qui empruntait le cours de l'Elv, entre deux basses falaises de granit plaquées de glace noire. Parfois, sur les pentes voisines, ils apercevaient le feu discret d'une cabane, l'odeur délicieuse d'un feu de bois leur rappelait le confort et la douceur de leur maison.

Tant qu'ils furent à l'abri de la rivière, le froid fut supportable. Les fourrés des rives coupaient le vent. Et parmi les arbres, des formes jusque-là immobiles comme eux, se mettaient tout à coup en mouvement, et on eût dit des buissons dépouillés qui se seraient déplacés au ras de la neige. C'étaient des rennes troublés dans leur rumination qui s'enfuyaient par bonds lourds, laissant derrière eux une neige labourée, creusée comme par des explosions.

« Les rennes d'Aslak, ceux des Siri... » Le médecin, par phrases laconiques, renseignait Fru Tideman perdue dans sa bouderie. Et comme elle ne répondait pas :

« Pas le grand troupeau, Fru Tideman, non ! Simplement le little flock, les rennes d'attelage, les mâles castrés... »

Elle haussait les épaules, frissonnant de froid, mais dure et tendue.

« Olafsen, fit-elle tout à coup avec un peu moins de raideur dans la voix, pourquoi ne sommes-nous pas des alliés ? Au lieu de cela, nous nous heurtons sans cesse. Vous savez bien pourquoi je veux envoyer la vieille Marit à l'hospice... Sa présence est un défi à notre religion, le pasteur Brombdal s'en attriste. La piété des laps est déjà bien superficielle et si on les laisse encore retourner à leurs stupides pratiques... Il nous faut les soustraire à l'influence de cette vieille sorcière...

— Brombdal et vous, ne pensez qu'à transformer les laps en bons Norvégiens... Vous pensez que votre bonheur est le leur, que votre forme de vie est la seule valable. Je ne suis pas d'accord. Mon rôle est de les soigner, et je le fais bien volontiers, ne serait-ce que pour payer notre dette, pour enrayer le mal que nous avons commis en leur apportant l'alcool... Voilà pourquoi je les soigne, pourquoi j'approuve ces déplacements dangereux dans la nuit d'hiver, les visites de la voiture radio, le transfert des malades à l'hôpital flottant d'Alta si cela est nécessaire... Mais pour ce qui est de modifier leur genre de vie, leur existence, leur nomadisme, je m'y oppose ! Je considère comme un crime de détruire une civilisation aussi ancienne, aussi rudimentaire, aussi opposée soit-elle à la nôtre, même si ceux qui en font partie ne sont plus qu'une poignée, comme le peuple samisk... Le pasteur Brombdal devrait bien penser que s'ils survivent ainsi depuis trente mille ans, c'est que Dieu leur a confié une mission qui nous échappe.

— Sottises ! affreuses sottises ! Vous regimbez contre l'opinion de l'Eglise. Vous êtes perdu par l'orgueil, docteur !

— Fru Tideman, fit le docteur Olafsen, nous ne prenons pas le chemin de la réconciliation. Je crois en Dieu aussi fermement que vous, et cela me suffit. »

Il avait inconsciemment appuyé sur la manette des gaz et l'une des chenilles patina sur une plaque de glace, faisant virevolter à 90° l'engin qui oscilla, faillit se renverser, puis brusquement brisa la glace sous sa chenille gauche et s'enfonça à moitié.

Ils avaient été projetés l'un sur l'autre, et Fru Tideman, se dégageant d'une bourrade, sauta à terre.

« Maladroit ! »

C'eût été risible en toute autre circonstance, mais à peine sortis de la cabine de toile chauffée par le moteur, ils sentirent le froid mordre à travers leurs vêtements et leurs fourrures.

« Encore leurs sacrés trous d'eau ! » grommela le docteur.

Fru Tideman essayait de se repérer dans la demi-obscurité, mais des fourrés masquaient les rives.

« C'est le trou d'eau de ceux de Galanito, fit Olafsen. Voici les traces jalonnées par les branches de bouleau... »

Il empoigna son couteau lapon, cette arme redoutable à large et longue lame qui ne quitte jamais la ceinture des hommes de la taïga et qui vaut la meilleure serpe. Taillant alors dans la masse du fourré, Olafsen en retira des branches qu'il entassa sous la chenille enneigée. C'était bien le trou d'eau de Galanito creusé dans l'Elv par les habitants du relais et des huttes voisines; à chaque corvée d'eau les Lapons le recreusaient avec leur couteau et la glace ne pouvait jamais se former en trop grande épaisseur, ce qui expliquait que le poids du wesel l'eût enfoncée.

Fru Tideman, oubliant ses rancœurs, glissait les branches sous la chenille, sans souci du froid, couchée à plat ventre dans la neige.

Après plusieurs essais, le médecin réussit à se dégager.

« On s'arrête chez Maria Siri ? fit-il.

— A quoi bon ! » dit Fru Tideman.

Maria Siri, fille de nomade, avait épousé un kvaen, ces métis de Lapons et de Finnois qui détiennent le commerce dans la taïga et sur la côte; c'était déchoir et on le lui avait bien prédit. L'homme avait très vite bu les cinq cents rennes de sa dot, puis était mort assez mystérieusement sans qu'on en cherchât la vraie raison, laissant Maria solitaire et dédaignée des siens. Elle avait alors accepté de tenir ce relais de Galanito, sorte d'auberge gouvernementale, de refuge à l'usage des Lapons et des rares voyageurs. L'hiver, on y accédait en traîneaux à rennes par la rivière gelée, l'été en canoë d'écorce par cette même Elv, bourdonnante de moustiques.

Depuis longtemps, Fru Tideman soupçonnait Maria de servir de relais aux contrebandiers d'alcool venus de la toute proche frontière finlandaise.

« Bien sûr Maria a de l'alcool... Elle m'en vend !

— Horrible docteur, fit Fru Tideman, comment osez-vous !...

— Elle vend un peu d'alcool, mais elle n'est pas assez bête pour entreposer dans son auberge les caisses clandestines, dans cette auberge où à longueur d'année, gendarmes polaires, soldats réguliers, pasteurs, lennsmanns et Fru Tideman peuvent surgir à n'importe quelle heure... Allez ! Descendez, Fru Tideman... Un peu de café chaud fera notre affaire. »

Une sorte de parc, clos par des barrières de bois, entourait la vieille hutte, autour de laquelle s'amoncelaient des débris de toutes sortes : boîtes de conserves vides, traîneaux brisés, colliers de harnachement, lanières, bois de rennes.

« On se croirait devant un autel de chamans ! » s'écria Olafsen. Mais Fru Tideman ne releva pas l'allusion.

Une dizaine de rennes effrayés par le bruit du moteur, et par la lumière des phrases, sautaient en bonds désordonnés, tirant sur leur longue lanière de cuir, s'entravant, roulant à terre, à moitié étranglés, ou dispersant à coups de bois furieux les mottes de rennmoss qui leur avaient été distribuées comme nourriture.

Ils entrèrent dans la salle commune. Des Lapons accroupis se pressaient autour du poêle central. Leurs corps et leurs fourrures dégageaient une odeur écœurante. Maria circulait, une cafetière à la main, versant la pâle décoction dans les tasses tendues. Une lourde buée grasse stagnait, mêlée à la vapeur qui s'échappait d'un chaudron où bouillaient des morceaux de chair de renne et des os. Les chiens se faufilaient entre les corps étendus, se glissaient sous les tables et parfois, après un brusque et bref aboiement, se jetaient l'un sur l'autre, pour un os ou un lambeau de peau.

Les Lapons avaient salué Fru Tideman d'un « Bouriz-bouriz » aimable. Mais quand Olafsen était apparu à son tour, ç'avait été une exclamation de joie générale et spontanée. Tous se précipitèrent pour lui serrer les mains, puis, les effusions calmées, les uns et les autres gémirent sur mille maux imaginaires, parmi lesquels le mal de tête était le plus fréquent.

Un adolescent toussa. Olafsen, délaissant les autres, se retourna d'un bloc.

« Viens par ici, toi ! »

L'autre, qui retenait sa toux, chercha à se dissimuler dans la foule, mais le docteur l'avait identifié :

« Aslak Mjenna, pourquoi te cacher ? »

Maria apportait deux bols de café et, sur le bois nu de la table, disposa deux tranches de lavaret gelé et fumé que les nouveaux venus mâchèrent lentement. Olafsen avait retenu Mjenna près de lui et l'observait.

« Ton père est ici ?

— Il est au troupeau !

— Tu m'attendras ici, je reviens dans vingt-quatre heures. Je t'emmènerai à Viddakaïno pour une radio... Ensuite on verra...

— Le père ne voudra pas, il a besoin de moi au grand troupeau.

— Tous les mêmes ! grogna Olafsen. Ça fait des semaines qu'il tousse, et ça veut quand même monter la garde sous la tente, par quarante degrés de froid... Vous croyez, Fru Tideman, qu'on peut les juger comme on jugerait des gens de chez nous ? Tu resteras ici, et j'irai voir ton père, dit avec énergie le docteur, sinon je t'envoie chercher par les gendarmes !... »

Les autres Lapons se taisaient, intimidés, comprenant que le médecin avait raison. Le docteur Olafsen avait toujours raison, et il voulait le bien des Lapons, mais ils imaginaient la colère du vieux Mjenna lorsqu'il apprendrait qu'on lui avait enlevé un berger pour tout l'hiver...

Car ils savaient bien qu'Aslak Mjenna toussait comme cela depuis plus de six mois, et c'était pourquoi justement, son père n'avait pas voulu qu'il aille à Viddakaïno, et il avait fallu cette rencontre fortuite pour découvrir le mal.

Les deux Norvégiens remontèrent en wesel, mais à peine Olafsen eut-il remis le moteur en marche, que les rennes attachés furent à nouveau pris de panique. Deux d'entre eux avaient emmêlé leurs bois de si cruelle manière que le médecin sauta à bas du véhicule pour essayer de les dégager. Mais il ne réussit qu'à recevoir de dangereux coups de tête. Il recula, car l'extrémité des bois est coupante comme un poignard.

« Voilà comment on est récompensé », dit-il, en faisant démarrer son véhicule.

Il entreprit la longue montée qui, du bord de la rivière, par un sentier en corniche dangereux et glacé, conduit cinquante mètres plus haut sur le rebord du grand plateau livide, balayé par le vent.

« Ouf ! » Il saisit sa trousse médicale, en tira un flacon qu'il présenta à Fru Tideman.

« De l'alcool pur ! s'écria-t-elle horrifiée.

— C'est un médicament, tant pis pour vous ! »

Il but à même le goulot, fit claquer sa langue.

« Vous n'avez jamais senti la divine brûlure de l'alcool dans votre corps, Fru Tideman ? C'est comme si on vous dégelait brusquement...

— Divine ! Comment pouvez-vous... ? » releva-t-elle scandalisée.

Olafsen esquissa un sourire, ce qui équivalait, chez ce Norvégien taciturne du Finmark, à une violente crise de fou rire.

Le paysage avait changé. Jusqu'à Galanito ils n'avaient eu qu'à suivre les méandres de la rivière gelée, dont ils ne s'éloignaient jamais de plus d'un mille ou deux, les huttes d'hivernage étant toutes bâties à proximité du fleuve. Mais pour se rendre à la cita des Sokki, il fallait couper directement à travers la taïga, entre les deux masses sombres du Likkoas et du Mollijus, dont les sommets arrondis frangeaient l'horizon vers l'ouest. La route était mal tracée, il y avait des lacs à traverser, des espaces boisés où les bouleaux étaient tellement serrés que les passages existants avaient tout juste la largeur des traîneaux finlandais, beaucoup plus étroits que le wesel, mais Olafsen avait confiance en son ardent petit véhicule. Il fonçait, et sous le poids des chenilles, on entendait craquer les branches de chaque côté de la piste. Parfois, dans la clarté livide de la nuit polaire, ils voyaient briller dans les fourrés des yeux inquiétants, d'autres fois la masse sombre et silencieuse d'un loup surpris dans sa tanière surgissait devant eux, et après quelques bonds se fondait dans la grissaille du paysage.

Ils débouchèrent enfin, hors des taillis, dans une zone dégagée. Olafsen observa sa compagne qui s'était tassée sans mot dire dans l'autre coin de la cabine, supportant vaillamment les cahots et le tangage du petit véhicule, sur ce parcours accidenté. Il regrettait d'avoir taquiné Fru Tideman. N'eût été leurs divergences de vues sur la question lapone, il l'eût admirée sans réserves. Elle était sincère, et son attitude intraitable n'était au fond que le signe, l'expression de son amour exclusif pour les Lapons. Elle était de celles qui veulent à tout prix faire le bonheur des gens. Mais contrairement à beaucoup de fonctionnaires elle n'attendait aucune récompense officielle de son dévouement. Arrivée toute jeune fille à Hammerfest, d'une lointaine province du Sud, pour y travailler dans un comptoir de poissons, elle s'était immédiatement intéressée au sort des nomades. Elle s'était fait affecter à Viddakaïno, comme assistante sociale, par le gouvernement norvégien. Et le pasteur Brombdal avait trouvé aussitôt en elle une alliée dans sa lutte contre l'irréligiosité.

« Il faut détruire le nomadisme, disait le pasteur, le

nomadisme qui maintient les vieilles croyances, qui disperse les populations hors de notre contrôle pendant la majeure partie de l'année... Tout Lapon que nous aurons affranchi du nomadisme deviendra forcément un bon Norvégien... » Et il ajoutait : « Et un bon chrétien... »

Olafsen, qui avait les pieds sur terre et qui, de par sa profession médicale, était à même de suivre la lente agonie du peuple samisk, était d'une opinion contraire. Ils avaient parfois de longues discussions à Viddakaïno, et à diverses reprises, le pasteur Brombdal, accoutumé à régner sans partage sur sa paroisse, avait cherché à éloigner le médecin. Mais le rapport du lennsmann Petersen avait évité le drame. « Car, disait-il, ce serait un drame : les Lapons n'admettraient pas le départ de leur médecin. »

Olafsen, tout en conduisant son wesel, songeait à la cruauté du destin. Il se savait aimé des Lapons, et il comparait son sort à celui de Fru Tideman, dont la mission rencontrait tant d'opposition, et qui pour tout le bien qu'elle faisait ne récoltait que méfiance et obstruction, déclarées ou secrètes...

« Fru Tideman, dit-il d'une voix radoucie, pourriez-vous m'aider à prendre mes repères... Il ne s'agit pas de tourner en rond, regardez le ciel ! »

Il avait arrêté le véhicule au beau milieu d'un lac gelé.

« Nous sommes sur l'étang de Jarvijaurre ! dit-il. D'ici au campement des Sokki, il y a vingt-cinq milles. Comptons trois heures. »

Il éclaira le tableau de bord :

« Onze heures trente du matin ! S'il n'y avait pas eu cette tourmente en préparation, nous aurions bénéficié de deux heures de clarté relative... Tant pis ! »

Il tendit à sa compagne un calepin à grosse couverture entoilée, aux feuillets reliés par une spirale, soigneusement numérotés.

« Page 17, Fru Tideman. »

Elle devait avoir l'habitude. Elle feuilleta, ouvrit à la page indiquée.

« Jarvijaurre... J'y suis, dit-elle. Cap à 9 heures, quatre milles, ensuite 10 heures, deux milles, 8 heures, un mille, 9 heures, un autre mille, ensuite 6 heures pendant dix milles, nous aurons rejoint alors la rivière, ou plutôt son bras nord-ouest, au coude de Suojaurre.

— Après, ça ira tout seul », conclut le docteur.

Il mit à zéro son compteur kilométrique, découvrit le boîtier de la boussole compensée, regarda les étoiles. Elles étaient presque masquées par une sorte de nébuleuse, et l'aurore boréale s'estompait, ne diffusant plus qu'une faible lumière. Malgré le bruit du moteur qui tournait au ralenti, ils écoutaient les bruits de la nuit, de la longue nuit de 90 jours qui n'en était encore qu'à sa moitié. Le vent se levait et déjà se dressait au ras du sol le rideau opaque de la neige en mouvement. Ce n'étaient pour l'instant que de longues fumées qui passaient rapidement et dont les mille cristaux s'écrasaient mollement sur le pare-brise. Peu à peu, les longs écheveaux de la tourmente se rejoignaient, ne formaient plus qu'une nappe mouvante et mugissante, montant à l'assaut des collines, balayant la surface plane du lac. De fait, ils furent bientôt dans leur wesel comme des naufragés dans un canot, avec des flots de neige qui coulaient comme un flux, partagés par l'étrave plate du véhicule.

« Cap à 9 heures », répéta Fru Tideman.

Olafsen fit pivoter sa machine et pointa le capot dans la direction indiquée. La lueur qui montait du tableau de bord éclairait par en dessous leurs visages enfouis dans les fourrures, et les énormes gants en peau de renne donnaient aux avant-bras du docteur, posés sur les manettes, des allures monstrueuses. On eût dit des pattes d'ours.

La tempête arrivait sur eux avec une vitesse foudroyante. Néanmoins, tant qu'ils furent sur le lac ils progressèrent facilement. Mais il leur fallut ensuite contourner les collines ou se faufiler entre elles pour gagner, sur l'autre versant, la large steppe ondulée qui les séparait de Suojaurre. Alors commencèrent les difficultés. Les congères s'étaient accumulées, il fallait chercher un passage, faire une trace, revenir en arrière, foncer à nouveau. Les chenilles patinaient et Olafsen craignait plus que tout autre accident la rupture d'une chenille. Certes, il en possédait une de rechange, mais il savait d'expérience que tout travail est impossible par quarante degrés de froid. C'était une situation dangereuse, grave. Olafsen en avait conscience.

Et cela empira. Ils ne distinguaient plus aucun repère, et si Olafsen n'avait eu la précaution de faire le point avant que la tourmente ne les engloutît, s'il n'avait pas préparé, pendant les heures d'oisiveté interminables de la nuit polaire, passées bien au chaud dans sa hutte préfabriquée de Viddakaïno, tous les itinéraires possibles des tournées de son secteur, avec une minutie de topographe, ils n'eussent pu continuer sans s'exposer à une cruelle aventure.

« Page 17, Fru Tideman, dit Olafsen.

— Cap à 8 heures, un mille. Je surveille.

— Parfait. »

Par une sorte de large col ils débouchèrent sur la grande plaine, et le vent les poursuivit avec une rigueur accrue. Il leur semblait par moments ne plus avancer, tant la résistance de l'air était grande. La tempête plaquait sur le pare-brise de sauvages accords, puis survenait une accalmie et les deux voyageurs pouvaient récupérer un peu, respirer plus librement à travers le foulard noué sur leur visage, sans cette asphyxiante poussière de neige qui s'introduisait sous la capote et y tourbillonnait, les recouvrant d'une fine poudre glacée.

Ils atteignirent les passages en forêt avec soulagement. Le vent y était moins violent, encore que les arbres nains n'offrissent qu'une piètre barrière, à peine plus élevée que la basse ligne de bord de leur chenillette. Olafsen redoutait dans ce relief les plaques de neige amoncelées le long des talus et qui masquaient des failles, des ravinements où il risquait de s'engloutir ou de se retourner. Il sentit tout à coup la fatigue et s'inquiéta :

« On tient le cap, Fru Tideman ?

— O.-K. docteur ! Plus que six milles à travers cette plaine infernale ! »

Il la sentait tendue, volontaire, calculant mentalement leur route, vérifiant au compteur les milles parcourus, rectifiant parfois d'autorité :

« Revenez à 9 heures docteur ! vous êtes à 10 heures ! »

Il vérifiait. Elle avait raison.

« Merci, Fru Tideman ! »

Il actionnait une manette, la chenillette pivotait avec précision, repartait. Il avait adopté pour plus de facilité le système en usage dans la R.A.F., où il avait servi durant la guerre, et qui consiste à transformer en heures et minutes les degrés ou les grades de la boussole. L'image visuelle était instantanée : par exemple 3 heures = 90° Est. A force de bourlinguer en sa compagnie, Fru Tideman était devenue experte en navigation. Curieuse association que celle de ces deux êtres dont les actes et le comportement, pour si différents qu'ils fussent, se rejoignaient dans un même amour de l'être humain, et plus spécialement des Lapons. C'est pourquoi Olafsen emmenait volontiers dans ses tournées Fru Tideman, qui ne disposait d'aucun véhicule personnel et qui était ainsi à la merci du bon vouloir du lieutenant de gendarmerie polaire, peu soucieux de patrouiller dans la nuit de l'Arctique, quand les besoins de sa charge ne l'y appelaient pas.

Aujourd'hui Olafsen avait accepté de conduire Fru Tideman à la lointaine cita des Sokki. Elle désirait persuader les parents de Kristina de lui confier la jeune fille, au moins jusqu'à la migration de printemps, car passé les fêtes de Pâques aucune force humaine ne peut retenir à la ville un Lapon qu'un instinct millénaire pousse à suivre les grands troupeaux nomadisant vers les montagnes de la côte !

« Hell ! » jura Olafsen.

La chenillette venait de déraper brusquement sur une plaque de glace noire dissimulée sous une couche de neige soufflée et basculait dans un ravin peu profond, mais redoutable par l'inconnu qu'il représentait.

Pour une fois, Fru Tideman ne reprit pas le médecin sur son juron. Elle s'arc-boutait avec force pour résister au choc.

Il se produisit avec plus de mollesse qu'elle ne l'attendait. La chenillette s'engloutit presque complètement dans un amas de neige poudreuse apportée par le vent, puis s'immobilisa sur le côté. La tempête soufflait au-dessus de leurs têtes des rafales de neige, mais dans le ravin, ils étaient relativement protégés.

Olafsen sauta du véchicule et s'enfonça jusqu'aux épaules dans la masse molle. Il était inutile d'insister. Un rétablissement énergique le ramena dans la cabine du wesel. Il s'assit sur le marche-pied.

« Je fais une petite reconnaissance et je reviens !

— J'y compte bien », fit Fru Tideman, et il devina qu'elle s'inquiétait pour lui.

Elle écouta le crissement des skis qui diminuait, puis le bruit cessa. Des minutes s'écoulèrent qui parurent des siècles, enfin il revint, fantôme blanc dans tout ce blanc. Elle soupira de soulagement.

« On doit être dans le haut de la rive à pic du Suojaurre, dit-il. Si on peut se dégager par en bas, ça nous mènera directement au lac. C'est notre unique chance de ne pas avoir à creuser un igloo pour nous y abriter jusqu'à ce que ça se tasse là-haut ! »

Il se hissa péniblement sur le rebord du véhicule et se défit de ses skis. Ses gestes étaient lents et gourds. Fru Tideman vit qu'il était épuisé. Des plaques blanches apparaissaient sur son nez, sur ses pommettes.

« Vous gelez, docteur ! »

Elle saisit d'autorité la bouteille d'alcool et, malgré ses protestations, frictionna énergiquement son visage. Il sacrait et jurait :

« Bon Dieu, quelle poigne ! Parlez-moi d'une faible femme ! » Puis, comme il allait mieux, il protesta :

« Perdre un si précieux liquide ! La neige aurait suffi. »

Ravie, Fru Tideman frottait, frottait à faire hurler un loup.

« Ça suffit ! hurla-t-il. Je vais prendre feu ! »

Elle eut un petit rire silencieux, comme une vengeance.

Il fallait repartir. Il bloqua la chenillette inférieure, actionna celle qui se trouvait en surélévation et le wesel se retrouva face à la ligne de pente. Olafsen remarqua que les chenillettes ne reposaient plus sur la glace noire du torrent, mais mordaient désormais sur une couche de neige plus consistante. Sans s'inquiéter de l'amas de neige poudreuse qui recouvrait le véhicule jusqu'à la hauteur du bordage, il embraya très doucement en vitesse réduite et après quelques essais infructueux réussit à démarrer l'engin. Dans l'espace éclairé par les phares il distinguait maintenant l'ensemble du petit ravin qu'il avait reconnu à skis; il s'élargissait et une centaine de mètres à peine le séparait de l'étendue plate du lac. Seul obstacle, un petit ressaut qu'il s'agirait de franchir avec prudence. Comme il emballait son moteur, un vent rabattant plaqua sur eux les hurlements de la tourmente qui reprenait avec violence; les cristaux de neige dansaient devant les phares une éblouissante et tourbillonnante valse.

« On fonce ! Tenez-vous bien. »

Fru Tideman s'accrocha au tableau de bord.

Tout se passa à peu près bien. Olafsen bascula avec maîtrise sa chenillette sur le petit ressaut glacé; elle dévala la pente et s'enfonça jusqu'au capot.

« On recommence la manœuvre », fit le docteur.

Il chaussa ses skis, prit son couteau et revint chargé d'une brassée de branches de bouleau qu'il disposa sous les bandes de roulement que Fru Tideman avait dégagées à coups de pelle.

Il embraya et le véhicule répondit aux commandes. Le vent avait repris toute sa force et ils cahotèrent sur une couche de neige durcie.

« Nous sommes sur le lac, dit Olafsen », et pour s'en assurer, il décrivit un cercle complet qui le ramena à son point de départ.

« Refaisons le point, Fru Tideman.

— Inutile, dit-elle, la tempête est terminée. Regardez le ciel. »

Les étoiles étaient visibles. Ils n'avaient guère dérivé de la bonne direction. Il fallait maintenant longer la rive ouest du lac, puis suivre le cours de l'Elv qui conduirait automatiquement aux huttes d'hivernage de la cita des Sokki. Très loin vers le nord brillait un point lumineux.

Il leur fallut une grande attention pour ne pas le confondre avec une étoile, et ce fut Olafsen qui l'identifia le premier.

« Le feu de Suojaurre, dit-il. La hutte des Risak.

— Ah, celle-là ! grommela Fru Tideman.

— Pourquoi ne l'emmèneriez-vous pas également à l'école ménagère ? » hasarda le docteur, un peu inquiet de sa lourde plaisanterie.

Elle ne releva pas l'impertinence. Maintenant que le danger était passé, une énorme lassitude s'emparait d'elle, comme si peu à peu le froid l'avait imprégnée au plus profond d'elle-même, ralentissant ses réflexes, ses pensées. Plus rien ne retenait sa fatigue. N'ayant plus la responsabilité de la navigation, elle sombra dans une dangereuse somnolence. Olafsen s'en aperçut à temps, lui donna une bourrade.

« Réagissez, Fru Tideman ! Dans une heure nous serons au chaud. »

Il avait lui-même une envie irrésistible de s'abandonner au sommeil, et ses réflexes engourdis par le froid et la fatigue fonctionnaient au ralenti. Il ne prenait même plus la peine de dégager la neige poudreuse soufflée par le vent qui s'infiltrait dans la cabine, s'accumulait sur leurs genoux, glissait jusqu'au plancher du véhicule, commençait à fondre sous l'action de la chaleur du moteur, mais regelait presque aussitôt, formant une plaque de glace luisante sous leurs pieds.

Et Fru Tideman dormait ! Il vérifia qu'aucune partie de son visage n'était exposée au froid, borda les fourrures. Elle ne réagissait plus.

Il sourit vaguement, prit la bouteille d'alcool qui avait servi à le frictionner, grommela un juron en vérifiant le niveau qui était bas :

« Si je ne l'avais pas arrêtée, elle aurait tout versé ! »

Il but goulûment, jeta le flacon, embraya.

Il se sentait bien. On distinguait faiblement les rives du lac comme une couronne plus sombre avec ses taillis de bouleaux. Il longea le bord jusqu'à ce qu'il eut retrouvé l'embouchure de la rivière.

« L'Elv ! » fit-il pour lui-même.

Fru Tideman ronflait sous ses fourrures.

VII

« PAAVI ! »

Il s'arrêta, surpris. Depuis qu'ils piégeaient ensemble et chassaient les rupés dans la taïga, c'était la première fois que Kristina l'appelait par son nom.

« Paavi, viens voir... quelle curieuse poule des neiges. »

Elle riait de toutes ses dents.

Il approcha, de sa longue et souple foulée de skieur et s'abattit à côté d'elle dans un jaillissement de neige poudreuse...

« Regarde ! Une hermine !

— Ça, alors ! »

Le cruel petit carnassier s'était étranglé au collet posé pour attraper les rupés et le fil de laiton avait résisté malgré sa légèreté. Kristina dégagea l'hermine du piège, découvrit ses babines, admira sa fine denture, caressa le petit fuseau blanc déjà raidi par le gel, où seule tranchait la touffe noire de l'extrémité de la queue.

Elle tendit sa prise au Finnois.

« Celle-là n'est pas dans le contrat, dit-il. Garde-la. Pour orner ton pesk de Pâques. »

Elle le regarda, étonnée. C'était la première fois

qu'un homme lui faisait un cadeau, qu'allait-il lui demander en échange ?

Il s'amusait de sa surprise; mais elle, nullement intimidée, le regardait bien en face, et ce fut lui qui finalement parut gêné.

« J'en piégerai d'autres pour terminer le collier, ne dis rien à ta mère ! »

Kristina le regarda avec hauteur.

« Ma mère n'a rien à voir dans mes affaires, dit-elle. Je suis samisk. »

Il comprit qu'il avait commis une faute. Son damné sang finlandais venait sans cesse contrarier l'instinct de sa race lapone. Mais il avait peine à croire que cette fille si menue, si jeune, possédât à ce point, déjà, l'esprit d'émancipation des jeunes Lapons, fût si maîtresse d'elle-même. Pourtant depuis près de trois semaines qu'ils chassaient ensemble, il l'avait vue à l'œuvre : elle faisait face à tout, se comportait en toute occasion en vraie nomade, apte à trouver sa nourriture et son gîte partout. Personne n'égalait Kristina pour poser un collet, relever une trace, s'orienter dans la taïga, dresser des chiens. Il ne lui restait plus qu'à dompter les rennes, mais cela viendrait; un jour, elle irait chercher la viande au troupeau, comme Karin Bongo.

Il se releva, secoua la neige qui saupoudrait son dolman de drap foncé. Ils avaient fait piètre chasse ! Ce coup de vent qui venait subitement de cesser avait vidé la taïga : le gibier était resté caché sous la neige, dans le tapis végétal. Cinq à six perdrix seulement pendaient en bandoulière; il y joignit l'hermine. Maintenant, il fallait rentrer.

« Visitons encore les pièges du tournant de l'Elv, proposa Kristina; la tempête a pu les déranger !

— Allons-y, dit-il. Pourtant j'ai hâte de rentrer. Tes

frères ont dû relever les bergers au troupeau : pourvu que tout se soit bien passé ! »

Elle le regarda, intriguée. De quoi se mêlait-il ?

Il voulut s'expliquer.

« Petite fille... commença-t-il.

— Qu'y a-t-il, Finsk ? fit-elle, méprisante comme toutes les fois qu'il l'appelait « petite fille ».

— Kristina, ton père a tort de ne pas vouloir me faire veiller sur le troupeau. Je sais ce que vous pensez, tous ! Vous me mettez à l'épreuve. Mais prenez garde qu'il ne soit bientôt trop tard. »

Elle était impressionnée. Paavi était visiblement inquiet, et sa sincérité ne faisait pas de doute à ses yeux. S'il n'avait tenu qu'à elle... Mais Kristina était samisk, pure samisk, et la méfiance héréditaire de la race prenait le dessus. Elle se dit même qu'elle avait trop regardé le Finnois ces derniers temps. Il l'impressionnait pas sa stature, par son attitude, par ses cheveux blonds, son teint qui sous le froid ne rougissait pas, mais devenait cuivré, avec un hâle presque doré.

« Simon Sokki est seul maître de la cita, dit-elle.

— Je sais, je sais ! Mais toi, n'as-tu pas confiance en moi ? Voici bientôt une lune que nous chassons ensemble. Les tiens t'ont chargée de m'espionner et je ne leur en veux pas. Mais toi, toi qui me connais maintenant, tu ne devrais plus te méfier de moi.

— Tu viens de l'est, Paavi, et mon père commande. »

Il comprit qu'elle était son alliée, et n'insista pas.

« Allons voir ces pièges et rentrons. »

Il avait repris son assurance. Il passa devant, fit la trace sans hésitation à travers les fourrés et les taillis. Tout lui était devenu familier, jusqu'aux teintes différentes de la nuit, qui variaient imperceptiblement, selon la luminosité plus ou moins forte du ciel et des étoiles. Kristina ne put s'empêcher d'admirer sa silhouette élancée, sa souple et longue foulée, qui faisait osciller son ombre au-dessus des skis crissant sur la neige, et elle s'efforçait de le suivre à cette allure rapide qui réclamait toute son habileté de skieuse, et elle peinait parfois, devait maîtriser sa fatigue, dominer ses nerfs. Et lui, devant, savait bien qu'elle peinait, mais il ne s'arrêtait pas pour autant. Il montrait sa force, qui prouvait sa volonté. Il riait sous cape, et Kristina le devinait, se piquait au jeu, le cœur battant plus vite, poussait sur son unique bâton, le visage ruisselant de sueur, mais heureuse de ce duel dans la nuit, de cette randonnée qui faisait couler plus vite son sang dans ses artères. Le froid était si vif qu'il collait ses cils, bridait ses pommettes, et la buée de sa respiration formait autour de sa tête une auréole imprécise, qui se figeait en une couronne de givre sur la bordure de fourrure de son bonnet.

Tout à coup un vrombissement domina le souffle régulier du vent.

Ils s'arrêtèrent, inquiets. Le bruit augmentait, il venait du lac gelé, au-delà de l'Elv, couvrait par instants le murmure du vent dans les bouleaux, puis s'amenuisait, se confondait avec les rumeurs de la nature.

Comme ils débouchaient d'un bosquet, ils poussèrent en même temps une exclamation. Au loin, du côté de l'est, piquant droit sur eux, deux phares balayaient la nuit !

Par un réflexe instinctif de défense, le Finnois s'était jeté à plat ventre et Kristina l'avait imité. En quelques secondes, ils avaient été si bien recouverts par la neige soufflée, qu'ils devenaient irrepérables depuis le véhicule.

Le wesel passa près d'eux à les écraser; elle serra violemment le bras de son compagnon, elle tremblait de peur.

« Pourquoi t'inquiéter, petite ? Ce sont des militaires, sans doute !

— Non ! fit-elle en secouant la tête. C'est la machine du docteur Olafsen.

— Le bon docteur ? dit le Finnois. On connaît son nom jusque dans l'Œstfjellet. Vous avez bien de la chance. Ce n'est pas le nôtre qui se déplacerait pendant la nuit polaire. Les laps peuvent crever, il s'en fout ! Y a-t-il un malade dans les environs ?

— Non ! fit encore la jeune fille, et sa voix s'étrangla. C'est moi qu'il vient chercher.

— Toi, lui ?

— Oui, il n'est pas seul. Il y avait quelqu'un auprès de lui. N'as-tu pas vu deux bonnets de fourrure ?

— Eh bien, dit Paavi, tous les bonnets se ressemblent !

— Non, s'exclama Kristina, il y a un bonnet qui ne ressemble à aucun autre : c'est celui de Fru Tideman ! Et je le reconnaîtrais entre mille.

— Ah », répondit Paavi laconiquement...

Le wesel avait disparu derrière une ondulation du terrain; ils se relevèrent et firent fonctionner leurs articulations engourdies par le froid. Un vent violent soufflait par courtes rafales qui peu à peu se prolongeaient, laissant présager l'arrivée d'une nouvelle tempête.

« Rentrons, conseilla Paavi, ça devient de plus en plus mauvais. »

Kristina secoua la tête et ne bougea pas. Sa petite silhouette se détachait à peine sur l'écran des bouleaux, et par l'effet de son pesk en fourrure de renne blanc élargi en cône vers le bas, on eût dit d'elle un petit sapin poussé là par miracle, à des centaines de kilomètres plus au nord que tous ses congénères.

« Rentrons », répéta le Finnois. Il avait chaussé ses skis et, appuyé sur le long bâton qu'il tenait à deux mains comme un balancier, attendait une réponse qui tardait à venir.

« Non, dit enfin Kristina. Rentre si tu veux. Tu diras à mon père que je suis partie au grand troupeau rejoindre mes frères. »

Il sursauta.

Il ignorait où se trouvait le grand troupeau, mais il avait suffisamment d'expérience pour savoir qu'avec la tempête qui allait souffler la jeune fille ne pourrait accomplir sans risque un long trajet dans la taïga. Avec un traîneau et un renne, peut-être... et encore ! Mais à skis, c'était impossible.

« Kristina, suis-moi ! »

Elle avait pris brusquement son élan et déjà diminuait le bruissement léger de ses skis ! Il comprit après un court instant qu'elle tournait le dos à la hutte. Encore quelques secondes et elle disparaîtrait, absorbée, intégrée à la nuit parcourue de pâles lueurs mouvantes.

Il la rattrapa en quelques foulées :

« Kristina ! »

Sa voix s'était faite dure. Elle sentit la volonté de l'homme plus forte que la sienne. Il ne la laisserait pas partir.

« Tu choisiras un autre moment, pour échapper à Fru Tideman !

— Il sera trop tard, fit-elle.

— Il n'est jamais trop tard ! »

Elle l'observa en souriant :

« Tu as raison, Finsk ! »

Il s'était penché légèrement sur elle et ils se regardaient bien en face.

« Ce jour-là, je t'aiderai. Mais d'ici là, patiente !

— Ce jour-là, je te donnerai deux rennes, Finsk !

— Si tu veux ! »

Il ne voulait pas la contrarier. Il savait qu'il ne fallait pas heurter sa fierté. C'était sa manière de lui montrer qu'elle était libre et riche. Non, sa mère n'avait rien à voir dans ces affaires, et ni son père ni personne. Pourtant, cette fois, elle ne repoussait pas son aide. Comme il songeait, il s'aperçut qu'elle le regardait toujours et il vit une grande détresse dans ses yeux. Alors il lui sourit et elle fut rassérénée. Cet homme ferait ce qu'elle voudrait.

« Deux rennes, j'ai dit ! » répéta-t-elle, désirant garder l'avantage.

Il acquiesça d'un signe de tête.

Leur pacte conclu, elle suivit docilement le Finnois. Le vent soufflait maintenant sans répit et il peinait pour avancer. Souvent même, il devait s'arrêter et se retourner pour reprendre sa respiration. L'ouragan s'amplifiait de minute en minute et bien qu'ils fussent à moins d'un mille de la hutte, ils mirent très longtemps à l'atteindre. D'épaisses congères barraient par endroits le lit de la rivière; plusieurs fois, surpris par des corniches, ils churent dans des ravins indiscernables; par moments leurs skis s'enfonçaient tellement dans la couche de neige fraîche qu'ils ne pouvaient les dégager qu'en les déchaussant, quitte à les remettre plus loin, sur une neige plus favorable, après de violents efforts. D'autres fois, la glace nue apparaissait, lisse et brillante comme un miroir et il leur fallait marcher à nouveau.

Enfin, derrière un fourré, la lumière de la hutte apparut, tremblante et incertaine. Ils distinguèrent en approchant la masse grise du wesel qui ronronnait doucement tous feux éteints, moteur tournant à l'extrême ralenti. Les chiens aboyèrent, auxquels répondirent ceux des huttes lointaines. Evitant les rennes d'attelage enfouis sous la couche de neige, et dont seuls dépassaient les bois, Kristina et Paavi se dirigèrent vers l'antichambre.

Ils se déchaussèrent devant les deux marches du seuil, entrèrent, et bien qu'il fît à l'intérieur plusieurs degrés au-dessous de zéro, il leur sembla entrer dans une pièce chauffée; l'absence soudaine de vent, et vingt à vingt-cinq degrés d'écart avec la température extérieure les amollirent brusquement; Kristina épuisée s'accroupit à même le plancher pour racler avec la lame de son couteau la neige gelée qui adhérait à ses skallers et à la fourrure de ses belingers. Le Finnois s'ébroua. L'épais masque de givre qui couvrait son visage commençait à fondre lentement, autour des lèvres et des yeux devant lesquels brillaient de longs glaçons accrochés à ses sourcils.

La jeune fille jeta un regard autour d'elle. Le désordre lapon avait entassé là des objets hétéroclites, colliers de rennes, boules de graisse, écheveaux de tendons bruts prêts à être mastiqués, harnachements de traîneaux. Les peaux de têtes de rennes, douces et fines, étaient clouées sur les parois, et séchaient en attendant d'être transformées en mocassins. Du bois, des outils, gisaient pêle-mêle. Un gros tas de poules des neiges gelées s'élevait dans le coin le plus sombre, où pendaient encore des carcasses de rennes tendues par le froid comme des peaux de tambour.

Kristina soupira. Elle était heureuse, elle était chez elle puisqu'elle était au milieu de sa taïga. Pourquoi ne pourrait-elle plus continuer sa vie heureuse de fille lapone ? Est-il plus grand bonheur au monde que d'agrandir peu à peu son troupeau de rennes ? Que de les défendre contre les loups et les voleurs ? Elle voulait demeurer une vraie fille de Samisks, une nomade libre et indépendante !

Dans la pièce commune, on parlait avec animation. On entendait la voix de Fru Tideman, autoritaire et claironnante. Kristina, un instant intimidée, se tourna vers le Finnois :

« Deux rennes, j'ai promis, Finsk. Tu m'aideras !... »

Pour toute réponse, il lui donna une grande bourrade, et ce signe d'accord lui suffit.

Elle ouvrit brusquement la porte et s'arrêta sur le seuil, toute blanche de fourrure, de neige et de gel, habitua ses yeux à la fumée qui emplissait la pièce, mêlée à l'âcre vapeur du bouillon qui cuisait sur le poêle, puis fixa hardiment dans les yeux Fru Tideman, tellement interloquée par cette apparition, qu'elle ne savait plus si elle devait se montrer agressive ou prudente, enjouée ou laconique. Elle paraissait décontenancée devant cette fillette de quatorze ans qui la regardait avec des yeux de loup. Olafsen qui suivait du regard la scène, crut un instant que Fru Tideman allait abandonner sa mission.

Simon Sokki, jusque-là fort agité, prit un air indifférent. Seule Ellena, les yeux rougis, s'affairait dans un coin de la hutte pour masquer son émotion.

La défaillance de Fru Tideman dura très peu.

« Comme tu as dû avoir froid, petite ! Aussi, Simon Sokki, est-ce bien le rôle d'une fillette d'aller poser des pièges par une nuit pareille ? dit-elle de cette voix brusque qui trahissait avec tant de maladresse ses intentions les plus affectueuses.

— Je n'ai jamais froid, Fru Tideman », fit tranquillement Kristina au milieu du silence.

Elle était restée immobile sur le seuil et semblait braver l'assistance. Puis, ayant parlé, elle consentit à fermer la porte par laquelle entrait le froid de l'antichambre. Ensuite elle ôta ses fourrures, délaça les bandes de drap qui retenaient ses skallers, retira ceux-ci, fit jouer ses pieds nus, et, vidant les mocassins de leur herbe, les mit à sécher sur un étendage.

Pendant tout ce temps, elle ne prononça aucune parole et personne n'osa affronter sa colère. Olafsen qui riait d'aise, se dissimulait dans son coin. « Une vraie Lapone ! Fru Tideman se réserve bien du plaisir ! »

Ellena apporta sur la table le bouillon et les os. L'odeur de graisse fondue était écœurante, mais Kristina et le Finnois, l'appétit aiguisé par leur longue randonnée, ne se firent pas prier.

Simon Sokki restait de longs moments immobile et silencieux, assis sur ses talons, puis bondissait, s'affairait dans la hutte, obstruait un joint avec de la mie de pain, reprenait sa pose hiératique, grognait, se relevait, allait à la resserre, revenait puis, passif, laissait à sa femme le soin de ranger et de recevoir ses hôtes, Fru Tideman avait apporté un pot de confiture, et il était impatient de la goûter. Il s'empara du pot, consulta l'étiquette, faillit l'ouvrir, puis le reposa prestement sur un regard foudroyant de Kristina. Alors, renonçant à jouer un rôle dans cette histoire qui l'ennuyait, il s'accroupit dans un coin, le bonnet enfoncé jusqu'aux yeux, fataliste et indifférent à tout ce qui pourrait arriver. Sa fille saurait se défendre toute seule !

Fru Tideman essaya de prendre l'avantage, lança une phrase anodine, s'inquiéta de la santé de Pier et d'Andis, puis, diserte, raconta quelques événements survenus à Viddakaïno. Mais personne ne fit écho. Olafsen, assoupi dans un coin de la hutte, tirait machinalement sur le tuyau de sa pipe. Le Finnois alla s'étendre dans la pièce voisine où sa couche en peaux de rennes était aménagée au milieu d'un bric-à-brac indescriptible. Kristina décida de l'imiter. Elle était réellement épuisée, et puis ainsi, elle couperait court à toute velléité d'interrogatoire. Elle bondit sur sa couchette où, enfouie dans les peaux et les sacs en poils de rennes, elle s'endormit aussitôt, les pieds au chaud sous le poids de son chien préféré.

Fru Tideman comprit qu'il était trop tôt pour discuter.

La nuit se faisait peu à peu dans la hutte où la flamme de la lampe, réduite à son minimum, et le regard du poêle à feu continu constituaient les seuls points lumineux.

Un ronflement s'éleva, puis un autre. Une étrange odeur de sueur, de fourrures, de tabac, à quoi se mêlait encore l'écœurant fumet de la marmite à bouillon, alourdissait l'atmosphère de la pièce. Seuls, le sommeil, la fatigue ou l'alcool pouvaient la rendre supportable. De fait, les uns après les autres, les habitants de la hutte sombrèrent dans une sorte d'engourdissement. Pendant des heures et des heures, Scandinaves ou Lapons pouvaient rester ainsi, plongés dans une rêverie proche du sommeil et qui leur ôtait tout besoin de parler et de se mouvoir. Et Fru Tideman, après avoir longtemps résisté et maudit cette impassibilité lapone qui compliquait tellement sa mission, se laissa aller au fil de ses pensées habituelles, puis sombra à son tour, et ne fut plus qu'un corps las, détendu, heureux, pour ainsi dire de façon animale, parce qu'il faisait chaud, que la faim ne la tenaillait pas, et que la tourmente qui ravageait la vidda, passait au-dessus d'elle, à droite, à gauche, l'enrobait sans l'atteindre, la laissant miraculeusement protégée et vivante.

VIII

PARTOUT ailleurs sur la terre, le jour devait s'achever, embrasant le ciel avant de disparaître dans la calme douceur vespérale, mais personne ici n'aurait pu dire s'il faisait jour ou nuit quand le Finnois, passant sans transition du sommeil à l'éveil, rejeta ses peaux de rennes, se redressa à moitié, bourra lentement sa pipe et l'alluma. La flamme de son briquet éclaira tout entière la petite pièce où il avait dormi. Il tendit l'oreille aux rumeurs de la taïga toujours balayée par les vents d'ouest, et il en déduisit que la tempête faiblissait. Puis passant la porte de la salle voisine, il constata que la famille Sokki et ses visiteurs dormaient.

Il revint alors bourrer ses skallers; c'était une opération très minutieuse si l'on voulait que l'herbe fût également répartie à l'intérieur du mocassin et ne se tasse pas en bourrelets douloureux. Ensuite, les ayant chaussés, il se dressa, décrocha son rucksack et son fusil à broche, ajusta ses oreillères sous sa toque de fourrure, et, silencieux comme une ombre, se glissa doucement dans la pièce commune, où le lumignon de la lampe donnait une faible clarté de ver luisant. Cette lueur lui suffit pour se diriger, sans se heurter au docteur Olafsen qui dormait assis à la place même où il l'avait laissé la veille, ni à Fru Tideman qui respirait fortement, la bouche ouverte, la tête renversée en arrière. Simon Sokki s'était allongé dans une couchette à côté d'Ellena et leurs deux corps emmêlés, recouverts de fourrures, ne formaient qu'un monceau de pelleterie dans le petit lit tellement étroit qu'un Norvégien de taille normale n'aurait pu s'y glisser. Kristina était couchée à l'étage au-dessus et il dut calmer doucement son chien qui, le voyant frôler le corps endormi de sa maîtresse, s'était dressé, sans bruit, oreilles pointées, et les yeux, à vrai dire, plus curieux qu'inquiets.

Paavi s'assura que le feu couvait bien sous la cendre, puis, ouvrant la porte latérale du poêle, jeta dedans une poignée d'écorce et deux bûches de bouleau sec qui s'enflammèrent aussitôt.

Il y avait sur la table une grosse tranche de poisson gelé, qui avait été posée là à son intention. Il l'enfouit dans sa besace et sortit, en refermant rapidement la porte derrière lui, de peur que le froid ne saisisse les dormeurs.

Dehors les chiens ne bronchèrent pas.

Plus tard, beaucoup plus tard, le froid et le bruit réveillèrent Fru Tideman. Elle parut d'abord surprise, puis elle se souvint de sa mission. Elle ne regrettait pas de s'être reposée chez les Sokki. Elle se sentait tout à fait détendue maintenant, et prête à discuter, à enlever la décision : elle repartirait avec Kristina. Elle aperçut Simon Sokki qui, assis sur son tabouret, rembourrait un collier de renne avec des débris de peaux.

« Bouriz, bouriz ! Simon Sokki ! » fit-elle d'un air engageant.

Le Lapon répondit par un grognement qui se voulait aimable. Elle n'insista pas.

Dans la pénombre Ellena mastiquait des tendons de

renne et les torsadait, leur donnait leur longueur utilitaire. Fru Tideman la regardait faire avec une visible répugnance, mais l'autre n'était nullement disposée à interrompre ce travail qui occupe la plus grande partie des femmes lapones durant l'hivernage.

« Pourquoi vous donner tant de mal, Ellena, ne put s'empêcher d'observer Fru Tideman. Où avez-vous mis le solide fil de lin que je vous ai apporté à mon dernier passage ? »

Ellena sourit. A quoi bon répondre ? Fru Tideman semblait d'ailleurs résignée d'avance. Elle n'ignorait pas que seul le fil de tendon de renne ne gèle pas, reste souple et permet de coudre solidement les cuissards de peau, les kouftes ou les pesks. De tous les fils inventés par la technique moderne, aucun n'arrivait à la solidité de celui-ci, vieux de quarante mille ans. Elle savait tout cela, mais ne voulait pas en convenir.

Olafsen, qui s'était réveillé depuis un long moment, mais n'avait pas remué pour autant, ne fût-ce qu'un sourcil, attendait toujours, impassible et amusé, le début de l'entretien. Il y eut d'abord entre les deux femmes un lent et apparemment inoffensif échange de coups d'œil. Ellena regardait avec insistance les mocassins de Fru Tideman, des mocassins lapons et que la Norvégienne avait soigneusement remplis d'herbe sèche, à la manière lapone.

« Fru Tideman, s'exclama brusquement le médecin, toujours immobile comme une statue, comment pouvez-vous supporter sans honte vos misérables mocassins ? Si vous croyez à ce point à la vertu de la technique lapone, en ce qui concerne vos pieds, pourquoi ne pas admettre aussi la vertu du tendon de renne ?

— Vous m'avez fait peur », dit Fru Tideman, qui, réellement effrayée, n'avait guère prêté attention au sens des paroles.

Les autres n'osèrent rire de crainte de la froisser, mais la brusque intervention du médecin, qu'ils avaient tous cru profondément endormi, les réjouissait au plus haut point. Ils se mirent, à défaut d'autre réaction, à s'agiter les uns et les autres au milieu de la pièce. Simon se leva plusieurs fois de son tabouret pour chercher dans l'autre pièce des objets qu'il n'y trouvait pas. Ellena bourra le poêle qui se mit à ronfler avec ardeur. Kristina, enfin, bondit de sa couchette où elle avait dormi tout habillée et sans transition, se mit au travail.

Dans ce silence agité, Fru Tideman semblait reléguée à une brusque solitude. Elle en eut conscience.

« Ellena et Simon Sokki, dit-elle solennellement, vous savez pourquoi je suis ici ? Il y a deux mois, au retour de la côte, vous vous êtes arrêtés à Viddakaïno pour acheter les provisions de l'hivernage, et pendant votre séjour, vous m'avez promis de me laisser Kristina tout l'hiver. Nous sommes au milieu de la nuit arctique et vous n'avez pas tenu votre promesse. »

Ellena baissa la tête. Kristina s'était éclipsée du côté de l'antichambre. Quant à Simon Sokki, il s'installa sans façon à califourchon sur un tabouret, au milieu de la pièce. Il avait posé sur le plancher, devant lui, une petite cuvette en tôle émaillée et il faisait sa toilette devant tout le monde, rééditant sans le savoir l'étiquette de Versailles. Il se brossait énergiquement les dents, crachant et recrachant dans la cuvette, se lavait minutieusement le visage avec le souci évident de stupéfier Fru Tideman, de lui montrer qu'ils n'étaient pas aussi sauvages qu'elle l'imaginait, et qu'ils étaient bien capables d'élever eux-mêmes leurs enfants.

Olafsen cligna de l'œil à Ellena qui sourit. Le docteur conservait sa gravité habituelle, mais sous ce masque, dissimulait une intense jubilation.

« Où donc est Kristina ? demanda tout à coup Fru Tideman, inquiète de ne plus voir la jeune fille.

— Elle est allée donner à manger aux chiens, répondit Ellena.

— Ah ! » fit-elle rassurée. Elle avait craint que la jeune fille fût partie retrouver le trappeur finnois.

« Simon Sokki, je ne repartirai pas d'ici sans emmener Kristina !

— Qui nourrira les chiens, Fru Tideman ? Qui portera le ravitaillement aux bergers du grand troupeau ? Qui relèvera les collets et les pièges ? répondit vivement le Lapon.

— Est-ce là le travail d'une fillette de quatorze ans, qui ne sait encore ni lire ni écrire ?

— Kristina est une femme à présent, trancha Simon, elle sait couper du bois, tirer de l'eau à la rivière gelée, tuer un renne et le dépecer, nourrir les chiens, atteler et conduire un traîneau, mâcher les tendons pour faire le fil, tanner les peaux avec l'écorce du bouleau, les tailler pour en faire des cuissards ou des mocassins... Elle sait même broder les kouftes et les bonnets, et aussi lire les traces sur la neige, ramasser les baies sauvages et les touffes de senna. A quoi lui servira le reste ?... ajouta-t-il en se redressant avec fierté. Une vraie Lapone ne doit penser qu'à ses rennes... »

On entendait au-dehors grogner et aboyer les chiens. Kristina était sortie et flanquée de Chaeppi, son berger préféré qui ne la quittait pas, préparait leur nourriture. Mais les bêtes allaient et venaient comme des fauves en cage, les yeux braqués sur le récipient qu'elle tenait entre ses genoux. Chaeppi montait la garde et, babines retroussées, crocs en avant, interdisait toute approche. Parfois un chien enhardi, exaspéré par l'odeur, essayait de forcer le barrage, mais la jeune fille le faisait bientôt fuir en hurlant, sous le bâton qui s'abattait sur ses reins.

L'entretien dans la hutte avait tourné court. « Décidément, songeait Olafsen, la pauvre Fru Tideman ne saurait jamais s'y prendre avec les Lapons »; elle finissait par les buter. Ce n'étaient ni le ton ni les arguments qu'il fallait employer. Et comme il était venu avec elle pour l'aider, et que les heures passaient sans résultat — car ils étaient bien d'accord en l'occurrence sur la nécessité d'instruire Kristina, ne fût-ce que sommairement — il se décida à voler, enfin, à son secours.

« Essayons autre chose, lui dit-il à l'oreille. Laissez-moi faire. »

Elle comprit qu'elle avait mal manœuvré et lui sut gré de son intention.

« Ellena, insista-t-il doucement, je serais heureux que Kristina vienne à Viddakaïno. Elle pourrait passer chez moi le samedi et le dimanche, et elle apprendrait le samisk à Sigmund et à Olaf, mes deux enfants. Cela me rendrait bien service et en échange de ce service, Simon, je me permettrais de vous offrir un traîneau finlandais tout neuf que j'ai acheté récemment. »

Simon dressa l'oreille, s'arrêta de cracher dans la cuvette, abandonna sa mise en scène et recoiffa brusquement son bonnet. Sa femme l'interrogea du regard.

« Et puis, concéda Fru Tideman qui avait enfin compris ce qui pouvait décider les Lapons à se séparer de leur fille, et puis, jusqu'à Pâques, cela fait bien trois mois pendant lesquels vous n'aurez pas à nourrir Kristina ! Un traîneau en plus, une bouche de moins à nourrir...

— Et vous nous la rendriez pour la migration ?

— Bien sûr !... coupa Olafsen, prévenant la réponse de la Norvégienne. Il n'est pas question de vous priver de Kristina pendant la migration de printemps.

— Mais... mais, lui souffla Fru Tideman, la scolarité se poursuit jusqu'en juin ! Les examens...

— Fru Tideman et moi, reprit-il sans écouter, et il appuya sur le « et moi », nous vous rendrons Kristina à Pâques, à l'époque des mariages... »

Simon Sokki, impassible, s'était remis au travail, fignolait son collier d'attache, le ciselait délicatement de la pointe du couteau. Ellena avait apporté sur la table un énorme pain bis, et faisait circuler la cafetière.

« Je ne dis pas non, conclut Simon Sokki, mais il faudra maintenant décider Kristina, elle est plus sauvage que tous ses chiens, ne l'oubliez pas, Fru Tideman... Une véritable sauvageonne... »

Il se frottait les mains, comme s'il venait de lui jouer un bon tour :

« Nous, on veut bien, dit-il encore, bien que ça ne lui serve pas à grand-chose tout ce que vous lui apprendrez là-bas. Mais reste à savoir si elle voudra...

— Vous êtes le chef de famille, Sokki !

— Je suis le chef de la cita, fit-il orgueilleusement. Je dirige la migration de cinq mille rennes, mais aucun Lapon, si puissant soit-il, ne pourrait contraindre ses enfants... Kristina fait ce qu'elle veut.

— Je vais lui parler », décida Fru Tideman. Et elle se leva.

« Laissez, intervint de nouveau le docteur. Il vaut mieux que ce soit moi.

— Soit, dit-elle, déçue. Vous n'osez pas leur dire que vous m'approuvez !

— Je n'approuve pas tout, Fru Tideman... Pourquoi votre point de vue — mettons même notre point de vue — serait-il le devoir ? Pourquoi imposer les choses ? Je savais que vous ne repartiriez pas d'ici sans Kristina, vous êtes têtue et certaine d'agir pour le bien des Lapons, Fru Tideman, mais vous n'êtes pas persuasive. Et puis, pourquoi ne pas l'avouer, la perspective de savoir, de voir Kristina à l'école ménagère de Viddakaïno m'amuse, au fond, prodigieusement. Je suis curieux, Fru Tideman, ne croyez-vous pas que ce sera une expérience étonnante ? »

Il ouvrit la bouche comme pour éclater de rire, mais se contenta de sourire, à son habitude, et dans la seconde qui suivit, il avait repris son impassibilité et les plis de son visage s'étaient reformés tristement sur ses joues...

Il sortit rejoindre Kristina au milieu de ses chiens. Elle avait délayé dans une grande poêle à frire de la farine mêlée à du sang de renne en poudre qu'elle extrayait par poignées d'un estomac séché où elle le tenait conservé. Aucune enveloppe n'est comparable à l'estomac de renne pour faire un récipient étanche... Le plus difficile était de maintenir les chiens à l'écart. Ceux-ci japaient, aboyaient, sautaient, gémissaient de plaisir anticipé, secouaient leur épaisse fourrure recouverte d'une couche de neige glacée, car ils avaient dormi dehors pendant la tourmente.

« Chaeppi ! disait-elle de temps à autre, Chaeppi, attaque ! »

Il n'avait qu'à montrer ses crocs et les autres chiens s'asseyaient à quelques mètres de distance, formés en cercle, langues pendantes, gémissants et implorants, et dans la pénombre de la nuit arctique leurs yeux étaient autant de braises qui rougeoyaient.

« Assez, Chaeppi ! » dit enfin Kristina, déposant la gamelle.

Olafsen admira l'énergie et la résistance de la petite Samisk. Depuis vingt minutes, elle travaillait par un froid de trente-cinq degrés, sans maugréer, sans la moindre fatigue, sans la moindre gêne, alors que lui, Olafsen, pourtant peu sensible au froid comme tout

Norvégien, et surtout Norvégien du Finmark, frissonnait par instants sous la triple épaisseur de ses vêtements de laine.

Il s'approcha de la jeune fille et la prit affectueusement par les épaules. Elle le dévisageait sans inquiétude. C'était un ami, elle le savait, il ne pourrait pas la trahir !

« Kristina, tu vas repartir avec moi... »

Elle avait fait un véritable bond en arrière, comme un renne surpris par le lasso, et elle le regardait, les yeux agrandis. Etait-ce possible ? Lui aussi... Elle voulut douter !

Il secoua la tête avec tristesse.

« Ton père ne peut plus refuser. Tu sais bien que si le lennsmann et le pasteur s'en mêlent, il te faudra aller à l'école de gré ou de force...

— Je partirai au grand troupeau ! Personne ne pourra me retrouver.

— Je sais que si tu veux disparaître, personne ne pourra te retrouver... à condition toutefois de n'être pas trahie par les tiens ! »

Elle baissa la tête. Pour la première fois, un étranger se montrait plus perspicace qu'elle. Certes, elle ne doutait pas de l'affection de ses parents. N'étaient-ce pas eux qui lui avaient appris à aimer ce paysage de blancheur et de nuit, et cette vie sans cesse assaillie par le vent, par le froid et la faim ? Ce n'était pas un hasard s'ils aimaient tant la vie, tous, s'ils aimaient tant cette richesse vivante, la masse toujours active, pleine de vie et de chaleur des rennes, le grand troupeau vivant dans la taïga déserte. Mais ils avaient appris aussi que les bêtes valaient leur poids d'argent et que dans le reste du monde c'était en argent, non en rennes, que s'estimait la richesse. Simon et Ellena avaient appris à aimer l'argent. Et bien sûr, ils avaient dû monnayer son séjour à Viddakaïno. Les Norvégiens leur avaient promis des cadeaux. A elle aussi d'ailleurs. Et pour elle du moins — car elle avait depuis longtemps son idée en tête — ce serait autant de rennes en plus. Elle agrandirait son troupeau et alors... Alors, pourquoi ne pas accepter ?

« Réfléchis, Kristina ! J'ai obtenu de Fru Tideman que tu n'ailles à l'école que jusqu'à la migration de printemps. Tâche d'apprendre à lire et à écrire et surtout à compter, en samisk et en norvégien. Quand tu sauras compter, tu seras plus forte que tous les autres membres de la cita, on te consultera... »

La jeune fille laissait maintenant les chiens s'ébattre à leur guise, se disputer, affamés, mangeant jusqu'à la neige teintée de rouge par la bouillie de sang chaud et, à voir leurs moustaches rougies, on eût dit qu'ils s'étaient livrés à quelque sinistre carnage !

Kristina réfléchissait.

Olafsen suivait dans la petite tête aux tresses blondes le cheminement des idées qu'il avait déclenchées. Si elle savait lire, compter et peut-être écrire, elle ne se laisserait plus rouler par les kvaens, ces hypocrites qui, en fin de compte, volent aux naïfs Lapons jusqu'à leur dernier kroner.

« Fru Tideman espérait te garder jusqu'en juin, dit Olafsen, mais je n'ai pas voulu. J'ai promis à tes parents de te rendre à Pâques. Ainsi, tu feras la migration avec les tiens. »

La migration de printemps !

Le lent voyage de deux mois vers la côte ! L'arrivée dans les montagnes glacées, la traversée du fjord, avec les milliers de rennes qui nagent, les bergers qui les encouragent, les bruits des clochettes, les aboiements des chiens... Mais avant d'atteindre la mer, il faut accomplir les longues et épuisantes marches dans le jour qui n'en finit plus, supporter la réverbération du soleil des montagnes ou la fureur blanche des grands vents de printemps. La fillette imaginait les campements dressés dans les creux de vallons ignorés, à la merci du maître qui conduit la migration, le voisinage de tente à tente, les rasades d'alcool le matin, les bergers à skis qui cernent le troupeau, les loups qui suivent à la trace et parfois attaquent, et jour après jour le cheminement de tout le peuple samisk vers ses campements d'été au bord de la mer, loin des moustiques et des marécages de la taïga. Alors commencent la pêche, les contacts avec les Norvégiens du Finmark, la visite des touristes aux gammas de terre battue et séchée. L'argent qui rentre !

« Tu me jures que je reviendrai à temps pour ma migration ?

— Olafsen a-t-il jamais menti à un Lapon ? dit-il.

— Alors, c'est tout réfléchi », dit-elle.

Puis, aussitôt, elle se reprit, supplia :

« Tu me laisseras bien encore huit jours ici, le temps de dire au revoir à Suojaurre, à ceux de l'Elv, de relever mes derniers collets, d'aller au grand troupeau compter une dernière fois mes rennes ?

— Ta ta ta ! Tu les compteras à Pâques. Va faire ton balluchon. Profitons de l'accalmie ! Si tout va bien, nous pourrons regagner Viddakaïno en douze ou treize heures. Je vais chauffer le moteur du wesel. Va ! »

Elle rentra dans la hutte. Il la suivit du regard. « Pour le moment, Fru Tideman a gagné, se dit-il. Mais Kristina n'a pas dit son dernier mot... »

Un peu plus tard, Olafsen rentra à son tour.

« Le moteur tourne rond. En route, Fru Tideman. C'est tout ton bagage, Kristina ? »

Il montrait un coffre en écorce de bouleau fermé par un cadenas et agrémenté d'une poignée métallique.

« Son trésor », ironisa l'assistante sociale.

Olafsen fit mine de le soupeser, sourit :

« C'est lourd, que peux-tu bien charrier là-dedans ?

— Elle n'a jamais voulu nous le dire, fit aigrement Fru Tideman.

— Pourquoi l'importuner ? » dit Olafsen.

Kristina restait plantée au milieu de la pièce. Ses yeux secs trahissaient plus de colère que d'émotion. Elle dévisagea ses parents, regarda le médecin avec humeur, puis sans un mot, se baissa et empoigna le coffre.

« Est-elle bien habillée, au moins ? »

Ellena haussa les épaules. Comme si une fillette lapone ne savait pas se préserver du froid !

Fru Tideman prit congé, distribua ses sourires.

« A bientôt, Simon Sokki, à bientôt, Ellena ! On vous la rendra à Pâques, toute transformée !

— Bazza derivan ! » fit Simon Sokki, sans plus d'attendrissement.

Fru Tideman était déjà sur le pas de la porte que Kristina ne bougeait toujours pas. Elle se tenait très droite, engoncée dans son pesk de renne blanc, coiffée du bonnet rouge qui laissait échapper quelques mèches de cheveux blonds, chaussée de skallers tout neufs; ses bas de laine étaient recouverts d'épais cuissards de fourrure, ses mitaines pendaient à son cou et sous sa large ceinture ornée de cabochons, dépassaient, vers le bas la gaine, vers le haut le manche de son couteau. N'eussent été ses bijoux de jeune fille en étain et en cuivre doré rehaussés de verroterie, et la richesse de ses fourrures, on l'eût crue prête pour aller dégager des pièges dans la toundra.

« Nous emmenons une vraie Lapone, quelle femme allons-nous rendre dans quelques mois à la cita », songea Olafsen.

« Kristina, n'embrasses-tu pas tes parents ? » s'étonna Fru Tideman.

La jeune fille secoua la tête, passa devant eux sans un regard et s'engouffra dans la nuit du dehors.

« Donne-moi tes skis », dit Olafsen, tandis qu'elle se hissait dans la chenillette.

XI

ILS sont partis depuis une heure et le bruit du wesel parvient encore à la hutte, mais il est si intimement mêlé à la chanson du vent qu'il faut des oreilles lapones pour l'identifier.

Ellena, soucieuse d'économie, a baissé la mèche de la lampe et, plongée dans l'obscurité quasi totale, accroupie sur un amas de peaux, elle écoute ronronner le poêle, mâche et mastique ses tendons de rennes. Parfois, quand une écorce de bouleau flambe, après un brusque grésillement, elle aperçoit la silhouette de Simon Sokki, le bonnet enfoncé jusqu'au ras des yeux, les mains posées à plat sur ses cuissards. La lueur du foyer n'éclaire qu'une moitié de son visage dont la peau ridée s'est couperosée sous l'effet du froid et du chaud alternés. Ses sourcils de jais se rejoignent, barrant le front d'un trait épais, sa moustache hirsute et tombante masque une denture de fauve, aux canines proéminentes dissimulées sous les lèvres épaisses et bonasses.

Ellena regarde son mari, mais ne voit que le maître des cinq mille rennes. Que le départ de Kristina les ait affectés, ils n'en ont guère conscience. Pour l'instant, ils supputent l'importance des allocations et des cadeaux qu'ils pourront espérer des Norvégiens de Viddakaïno, s'ils savent jouer de la corde sensible, exciper de l'engagement d'un berger pour remplacer la fillette...

Ils sont pourtant persuadés qu'ils ont avantage à laisser Fru Tideman s'occuper de l'avenir de l'enfant. Car le leur peut changer dans ce monde où tout change si vite. Et pendant les années qui vont suivre, nul ne peut prédire ce qui se passera, ni si la cita des Sokki reviendra à l'Elv après la migration !

Une idée trotte dans le crâne de Simon Sokki depuis quelques mois, depuis qu'il a reçu la visite du lennsmann.

Plusieurs citas du Troms ont été dirigées vers les provinces centrales du Trondlag, où de grands avantages sociaux leur ont été offerts par le gouvernement norvégien. Nul ne sait en vérité ce qu'il est advenu des cinq familles et des dix mille rennes qui, un jour, ont pris la piste du Sud. Des bruits courent la vidda que des maisons spacieuses ont été montées à leur intention tout près du fjord, que les Norvégiens de Trondheim et les habitants des florissantes villes de pêcheurs achètent volontiers les rennes. Mais il y a mieux ! On dit que beaucoup de marchés se concluent secrètement par des bouteilles d'alcool !

Alors Simon Sokki réfléchit, réfléchit, et Ellena devine toutes ses pensées ! Les heures s'écoulent, toutes semblables. Ils ne bougent pas. Ils envisagent la possibilité d'un départ qui sera définitif. Et pour leur nouvelle vie, les connaissances qu'acquerra leur fille à l'école seront précieuses.

Leurs pensées voltigent et se rejoignent, et leurs dialogues muets sont intimes.

Parfois, après de longs intervalles, l'un d'eux jette une courte phrase qui retombe, lourde du silence accumulé, et la venue des mots coïncide toujours avec le bref éclat d'une flamme dans le poêle, ou bien le flot de lumière orangée jaillie d'une aurore boréale par une déchirure du ciel.

« On aurait intérêt à vendre avant », lança enfin Ellena.

Elle se voyait déjà s'embarquant sur le petit paquebot à mazout, blanc comme une oie polaire, du fjord d'Elvebakken, elle dissimulerait sous la triple épaisseur de ses kouftes la liasse de billets de cent kroners, si commode à cacher et qui ne la quitterait plus jusqu'à l'arrivée au Trondlag, ce nouvel Eden, où en peu de mois les Lapons deviendraient aussi riches et aussi importants que les pêcheurs norvégiens du fjord...

« Pour racheter ensuite au prix fort des rennes au gouvernement norvégien et reconstituer le troupeau ! » grogna Simon, comme s'il avait suivi la pensée de sa femme.

L'affaire n'était pas mûre.

« On en discutera au rassemblement lapon de Pâques, conclut Simon d'un ton bourru. Jusque-là, continuons à mener la vie de nos ancêtres. La regretterais-tu, femme ? »

Sa pensée ainsi fustigée, Ellena fit un fulgurant retour en arrière. Elle revécut les doubles migrations annuelles de la vidda à la mer et de la mer à la taïga, au rythme des saisons, au chant des tempêtes d'équinoxe !

Elle se revit, jeune femme, marchant derrière le grand troupeau formé en triangle et qui se détachait comme une ombre portée sur la neige lumineuse, aux jours sans fin de mai. La mer, brillante au loin, confondait son éclat avec celui des neiges. Puis elle se revoyait sous le soleil dans sa barque tanguante, tirant le renne de tête qui porte la clochette, et l'animal efflanqué et fidèle nageait sous sa main, entraînant les milliers de rennes sauvages à travers les courants houleux du fjord. Elle recueillait les jeunes faons nés sous un buisson durant l'épuisante randonnée terrestre, s'acharnait à les sauver. Avec ses sœurs, elle montait la tente sous la tourmente... Cette jeune femme qui passait dans ce trou de neige l'interminable garde nocturne du troupeau, c'était elle ! Elle encore, toute jeunette, qui courait l'été sur les montagnes, se gavait de myrtilles et s'allongeait sous les nuages fuyants ! Simon se glissait près d'elle, ils s'aimaient et le soir elle ramenait à la gamma familiale la viande d'un renne qu'il avait tué tout exprès pour elle.

Le printemps suivant ils s'étaient mariés...

« Tu as raison, Simon Sokki, Dieu nous a faits Samisks et Samisks nous devons rester. Tant qu'il y aura des rennes pour nous nourrir, car nous sommes le peuple du renne... »

Et pourtant elle imaginait avec délice les facilités de cette nouvelle vie sédentaire un instant entrevue : la fin des corvées d'eau et des marches épuisantes, la rigueur de l'hivernage atténuée dans de vrais villages... la société !

Bah ! Les Lapons n'étaient pas faits pour cette vie trop facile. Et elle savait qu'elle périrait d'ennui le jour où elle ne tremblerait plus pour son troupeau, l'hiver surtout où il y avait à craindre non seulement les loups, mais les voleurs. Et tout à coup, elle songea à Pier et à Andis, au retour des bergers apportant les nouvelles !

« Attendons les journées de Pâques, répéta Simon, Kristina nous reviendra et nous déciderons... Et nous déciderons aussi pour le Finsk. Pour l'instant, laissons-le faire provision de sauvagines et de rupés.

— Il tourne autour de Kristina ! »

Simon se mit à rire :

« Quand il aura cent rennes... mais il s'interrompit.

— Pâques est encore loin, Simon, dit sa femme en

comptant sur ses doigts, et d'ici là il peut se passer bien des choses ! N'est-ce pas à quoi tu penses à propos du Finsk ? »

Il ne disait rien, à quoi bon parler de cela !

Ils écoutaient, dans le silence, les brefs et légers pétillements du feu de bois. A travers la petite fenêtre une étoile brilla, aussitôt éteinte par un nuage. Il leur sembla que la nuit s'assombrissait, se refermait sur eux.

« Simon, reprit Ellena, j'ai peur... Le Finsk nous a suffisamment avertis, tu aurais dû le laisser aller au troupeau... Il avait sa vengeance à accomplir, un homme qui cherche à planter son couteau dans le dos de l'ennemi ne dort pas, il eût été vigilant...

— Pier et Andis, Thor et Mikael sont de bons bergers, pourquoi voudrais-tu qu'ils relâchent leur garde ? Ils savent le danger qui nous menace, surtout depuis la venue de l'homme...

— L'homme qui cherchait ses rennes dans notre troupeau ! Et si maintenant, ils revenaient en force...

— Qu'ils n'essaient pas !

— Je voudrais être à Pâques, cette longue nuit ne finira-t-elle pas ? » soupira Ellena.

C'était la première fois que Simon entendait pareille plainte dans la bouche de sa femme !

L'idée d'une installation au Trondlag venait de faire en eux, il s'en rendait compte, un bond prodigieux. Déjà Ellena, en femme pratique, devait tourner et retourner dans sa tête, les offres faites par le lennsmann; non seulement il s'agissait de ne rien perdre au change, mais de gagner le plus possible, de profiter au maximum des bonnes dispositions du gouvernement. Bien sûr, il y avait longtemps qu'il avait réfléchi à tout cela, lui, Simon. Il avait plus d'un tour dans son sac. Mais que faire contre l'inconnu ? Ici ils pouvaient se défendre, surveiller les transactions, obtenir le meilleur prix de ce qu'ils vendraient. Mais là-bas ? Tout serait changé et le moindre faux pas dans ce paradis devait coûter cher.

« On pourrait garder quelques rennes... » suggéra Ellena.

L'homme eut un sursaut. C'était comme si brusquement son troupeau avait fondu... Il avait tellement l'habitude de compter en rennes, de tout calculer en rennes ! Et le mieux n'était-il pas de compter ses rennes, de les voir, de les avoir sous les yeux ? Il se sentait plein d'angoisse, tout à coup, à l'idée d'évaluer en acres, en hectares, une terre qu'il ne connaissait pas. Qu'était la terre sans les rennes ? Même couverte de la plus belle herbe ? Il ne savait; tout cela le décontenançait, le troublait, lui donnait le vertige.

Il avait les pommettes rouges, pourtant il n'avait pas bu d'alcool ! Maudit lennsmann, c'était lui qui les tourmentait, les forçait à réfléchir, à imaginer d'autres vies où il n'y avait plus de rennes ni de Lapons !

X

BIEN tassée dans la coque arrière du wesel, préservée du vent debout par les corps emmitouflés du docteur et de Fru Tideman assis aux places avant, Kristina, le col du koufte relevé jusqu'au-dessus de sa tête, ayant longtemps cherché une bonne position et l'ayant enfin trouvée, se laissa bercer par le ronronnement du moteur et le roulis heurté de la chenillette.

Ils avaient remonté la rive de l'Elv, laissé à leur droite les feux de Suojaurre, et avant de s'engager dans la grande plaine, Olafsen, qui avait fait le point avec Fru Tideman, lui confia son carnet de route. Parfois ils hésitaient sur le cap à suivre, arrêtaient le véhicule et, tout en laissant tourner le moteur au ralenti, discutaient. Alors Kristina, qui ne comprenait rien à ces savantes explications, se détournait, découvrant une foule de menus faits qui leur échappaient. Elle seule avait vu fuir dans la nuit laiteuse la silhouette allongée du renard bleu, elle seule pouvait lire les traces inscrites sur la neige et reconstituer la vie secrète de la taïga, comptant les trous d'aération qui menaient sous le tapis végétal aux niches secrètes des rupés, au gîte du lièvre, à la bauge du glouton.

Eux consultaient les étoiles et la boussole, relisaient

la fiche de route établie par Olafsen, alors que l'enfant, d'un seul mot, d'un seul geste eût pu leur indiquer le bon chemin, entre les halliers compacts et les ravins bouchés par les congères. Mais elle ne le fit pas.

Elle avait plus d'une fois accompagné son père à Viddakaïno. Elle se souvenait des maisons qu'habitaient là-bas les kvaens, ces Lapons de villes, métissés de Norvégien, que leurs demi-frères des citas jalousaient et méprisaient à la fois. Certains s'étaient prodigieusement enrichis par le commerce. Mais d'autres comme le mari de la pauvre Maria Siri qu'on plaignait chez les Sokki, bien qu'elle appartînt à une famille jalousée, semblaient avoir accumulé tous les défauts des deux races. Kristina, malgré tout, n'avait pas gardé mauvais souvenir de Viddakaïno, parce que son père était là, qu'elle pouvait se serrer, à la moindre alerte, contre son pesk. Mais cette fois ? Qui la protégerait ? Elle songea brusquement au Finsk, à son rire de stallo. Plusieurs fois, elle l'avait entendu rire, tout seul, derrière elle, tandis qu'il l'avait laissée faire la trace. Mais quand elle s'était retournée, effrayée, elle avait trouvé son visage tout éclairé, d'une joie affectueuse, sans rien d'équivoque ni d'inquiétant, si ce n'était, peut-être, ce sourire un peu moqueur où elle n'avait su reconnaître l'admiration amusée d'un grand camarade. Si c'était un stallo, c'était un bon stallo, elle en était sûre. Et lui l'aiderait : d'ailleurs ils avaient conclu un pacte. Mais il était loin, tout était loin, et elle eut tout à coup l'impression que ce qui avait été sa vie jusque-là, s'éloignait et l'abandonnait.

Elle toucha ses skis posés à côté d'elle le long de la carrosserie; le contact du bois à travers ses mitaines gelées lui fit du bien, et aussi de sentir à ses pieds, caché dans les peaux de rennes que lui avait données sa mère, le coffre de bouleau fermé à cadenas... Non ! Fru Tideman ne saurait jamais ce qu'il contenait. Elle s'attendrit un instant, une larme perla qu'elle essuya furtivement, elle était redevenue une toute petite fille apeurée par l'inconnu vers lequel on l'entraînait.

Le wesel piqua brusquement du nez et dérapa en crabe le long de la pente, écrasant au passage les buissons. Kristina poussa un cri de frayeur et se rattrapa au bras de Fru Tideman.

« N'aie pas peur, petite ! » fit cette dernière, croyant en un geste de confiance, mais déjà Kristina avait retiré son bras, et bien que morte de peur, serrait les dents...

« Il s'arrêtera bien tout seul, fit Olafsen. Tenez, Fru Tideman, voilà le feu de Galanito, nous avons bien marché, il est temps de prendre un peu de repos. »

Le docteur avait repris le contrôle de la chenillette, piquait sur la surface unie de l'Elv enfin retrouvée. Il y soufflait un air glacial, moins fort que le vent du plateau, mais continu, sans ces accalmies salutaires qui permettent de reprendre le souffle. Enfin Galanito était atteint !

Ils escaladèrent la berge, et sous le coup de pinceau des phares, Kristina vit se lever et bondir les rennes d'attelage, attachés par de longues lanières de cuir aux barrières de bois d'un enclos. Des Lapons surpris et aveuglés se faisaient un abat-jour de leur main, d'autres essayaient de calmer les bêtes. Olafsen voulant éviter une plus grande panique arrêta le véhicule et éteignit les phares...

Il y avait toujours autant de monde chez Maria Siri, et il régnait dans l'unique pièce une sorte de brouillard formé de la buée des respirations, de la vapeur d'eau échappée des marmites, et de la lourde fumée du bois vert, lent à s'enflammer. Dans l'auberge, les Lapons, hommes et femmes, s'entassaient. Il y avait même de tout jeunes enfants roulés et ficelés dans le kamse [1] de bouleau porté en bandoulière par leurs mères. Ils avaient l'habitude d'être malmenés et s'endormaient de temps à autre pour un court sommeil, tandis que leurs parents mangeaient du poisson fumé ou buvaient du café. Les chants rauques des yoks qui s'étaient transformés en grognements depuis l'arrivée de Fru Tideman prouvaient assez que les flacons d'alcool avaient longuement circulé.

Maria Siri vint au-devant d'eux.

« Bouriz-bouriz, Kristina ! Ainsi, tu vas à l'école ? »

Mais déjà elle pensait à autre chose, attirée par le magnifique pesk blanc que portait la fillette et qu'elle palpait avec des gloussements admiratifs. Il était fait de fines peaux de jeunes rennes à peine sevrés, et elle le considéra comme l'un des plus beaux qui eussent été taillés dans la vallée de l'Elv. Puis, insensiblement, insidieusement, elle interrogea Kristina sur la cita, sur la vie du campement, sans poser de questions indiscrètes sur le grand troupeau, ce qui eût paru suspect, et Kristina tout heureuse de pouvoir enfin parler de ce qui lui plaisait, raconta ses dernières chasses, la venue du Finnois... Mais comme ce dernier point paraissait intéresser grandement Maria et son entourage, elle se tut brusquement.

Si Olafsen n'avait pas donné le signal du départ, Kristina aurait volontiers prolongé son séjour à Galanito. Elle éprouvait une fierté juvénile à dominer son aînée déchue. Et de fait, Maria l'admirait : cette enfant n'était-elle pas la fille libre d'une puissante cita ? Et elle songeait amèrement à sa propre jeunesse toute semblable, avant qu'elle n'ait épousé le Kvaen...

1. *Kamse* : berceau.

Elle raccompagna les visiteurs jusqu'à la porte de l'auberge :

« Apprends ce que tu veux à l'école... souffla-t-elle à Kristina. Mais, foi de Maria, ne vends jamais tes rennes... Jamais, tu m'entends ! »

Et Kristina, qui n'avait pas embrassé ses parents avant de partir, fut tellement émue, qu'elle revint en arrière, au grand ébahissement de Fru Tideman, pour enlacer la vieille Maria, celle qui avait tout perdu le jour où elle avait troqué son existence de nomade contre la vie paisible des Kvaens.

De Galanito à Viddakaïno le trajet fut long mais sans incident. Le temps s'était mis à la neige, la température s'était adoucie, et Kristina, étonnée, suivait à travers la lueur des phares l'éblouissante danse des flocons qui tissaient devant ses yeux leur tapisserie sans cesse renouvelée. Puis la neige cessa. Les étoiles avaient disparu du ciel, mais il parvenait, à travers les nuages exsangues, une clarté opaline et diluée suffisante pour silhouetter, le long des rives du fleuve gelé, les huttes, les tentes fourchues, les barrières où, l'été, sèche le foin des kvaens. Et à ce dernier détail, Kristina sut qu'ils approchaient de Viddakaïno.

Toute la vallée s'évasa devant eux, et, dans une sorte de large conque dont les premières pentes se creusaient sous eux, une centaine de points lumineux brillèrent, disséminés sans ordre autour du fleuve. Le wesel ronflait maintenant sur la glace et son bruit attirait au bord de la piste des ombres fugitives, européennes ou lapones. Kristina reconnut la flèche massive du temple, la haute maison blanche du pasteur et, passé le pont de bois, la boutique illuminée de Joan Haetta, le plus riche des commerçants de Viddakaïno. Elle aperçut en un éclair, derrière les vitres embuées, des ombres accoudées au comptoir. Elle ferma vivement les yeux pour mieux revoir, sous ses paupières, les richesses étalées dans la boutique merveilleuse, les foulards de soie bariolés et frangés d'or, les robes finement brodées de galons rouges et verts, les petits miroirs, les peignes, les parfums, les savonnettes odorantes, ces étranges fruits d'or venus de pays lointains, chargés de lumière comme les nuages d'été, et pleins d'un jus sucré dont l'odeur restait longtemps aux doigts. Elle se promit de visiter toutes les boutiques un jour qu'elle pourrait s'échapper. Et, rassurée sur son avenir immédiat, Kristina se laissa guider par le destin.

Le sien commençait désormais au seuil de la longue barrière qui limitait, au bord de l'Elv, le large enclos où l'on avait dressé après la guerre le baraquement de bois blanc de l'école ménagère. Tout Viddakaïno avait été brûlé par les Allemands au cours du conflit, et le poste s'était rebâti exactement selon l'ancienne disposition, avec ses maisons isolées les unes des autres, son massif gestgiverei [1] planté sur le flanc de la colline, son hospice, puis les petits bâtiments bas de la gendarmerie polaire, l'école, le presbytère, l'école ménagère des filles, celle des garçons, l'hôpital annexe, la maison du lennsmann, enfin le temple de l'autre côté de la rivière.

Malgré la nuit polaire, l'animation était intense dans la petite cité. Sur des pistes bien frayées et dégagées, des chevaux norvégiens alezans ou à la robe isabelle piquetée de taches blanches, tiraient de lourds charrois : des blocs de granit arrachés aux carrières voisines. Le bruit des grelottières résonnait joyeusement dans cette obscurité familière qui se dissolvait quelquefois pour des instants trop courts, pendant lesquels les nuages, écartés par une rafale de vent, découvraient le ciel pur et merveilleux de l'Arctique où brillaient Vé-

1. *Gestgiverei* : hôtel subventionné par l'Etat.

nus avec une intensité aveuglante, et, droit au zénith, l'Etoile polaire et son chariot pivotant. Par cette trouée du ciel, tombait la clarté des étoiles, mais aussi un froid tout à coup pesant et insupportable, qui paralysait et faisait rentrer chez eux ceux qui imprudemment s'étaient aventurés, de maison à maison, sans s'être suffisamment couverts.

Par les petites traverses, des Lapons, en traîneaux bardés d'énormes fourrures, faisaient galoper leurs rennes, serrant contre eux des jeunes filles gloussant de plaisir. Les rubans multicolores des bonnets flottaient au vent de la course et le crissement des patins s'accompagnait des yoks vibrants des occupants; des chants s'élevaient d'un coup et mouraient sur une note indéfinissable, à la limite de l'aigu, vibrant brusquement au grave comme un gémissement de bête blessée.

Olafsen sauta à bas du véhicule et voulut aider Kristina à descendre, elle avait bondi comme un chat sur la neige, il dut se contenter de lui passer ses skis et son précieux coffre en bouleau à poignée de cuivre.

Fru Tideman boutonna soigneusement sa pelisse de phoque noir, rajusta sa toque de fourrure, saisit son petit fourre-tout en drap brodé et se hâta vers la grande maison blanche où vacillaient des lumières.

Comme Kristina s'attardait auprès du docteur, elle se retourna :

« Allons, Kristina, on nous attend !

— Vous viendrez me chercher à Pâques, docteur ? dit-elle. C'est promis ?

— C'est promis, petite fille, mais d'ici là je passerai te voir et tu viendras à la maison. »

Il remonta sur le wesel, embraya :

« On parlera des rennes, et des rupés, et des loups... »

Elle avait les yeux brillants.

« Oui, oui ! »

Arrêtée au seuil de la porte et visiblement irritée, Fru Tideman appela :

« Alors Kristina ? Il faudra commencer à obéir, mon petit ! »

La fillette haussa imperceptiblement les épaules, et de sa démarche dandinante de fille des neiges, faisant glisser ses mocassins sur la neige gelée, elle rattrapa Fru Tideman.

La porte se referma sur elles, et brusquement tout changea.

Une grosse kvaen, rusée et narquoise, accueillit Fru Tideman avec des « goodag » obséquieux, puis apercevant Kristina, continua par des « bouriz-bouriz » que Fru Tideman coupa net :

« Voici Kristina Sokki, Inga, vous allez la mener au sauna, vous mettrez à part toutes ses affaires à l'exception du pesk et du bonnet, je ne veux plus les revoir avant son départ, surtout ces cuissards qui transforment en bête une créature de Dieu ! Nous allons en faire une bonne petite Norvégienne, n'est-ce pas Inga ?

— Certainement, Fru Tideman, certainement ! répondit la kvaen avec un large sourire. Ici, il faut oublier la vie nomade... » Puis elle ajouta brièvement en lapon à l'intention de Kristina :

« Suis-moi ! »

Dans les sous-sols de la maison, un sauna — ces bains à double salle froide et chaude, propres aux pays scandinaves — avait été installé; Inga entraîna la fillette au vestiaire; c'était le jour des femmes, et il y avait là, intimement mêlées, des épouses de fonctionnaires scandinaves et quelques fillettes lapones de l'école ménagère. En un tournemain, Kristina fut débarrassée de ses fourrures, de ses cuissards en peau de renne, de ses sous-vêtements en laine tricotée, tellement épais qu'ils valaient presque une fourrure, et lorsqu'elle pénétra dans le sauna, elle n'était plus qu'une petite fille mince, presque fluette, et on ne l'eût point distinguée des autres enfants de son âge, n'eussent été les muscles bien marqués de ses bras et de ses jambes qui témoignaient d'une force physique peu en rapport avec sa taille.

Elle s'assit sur une des banquettes étagées le long des murs. La grosse Inga qui s'était déshabillée vint la rejoindre, gros poussah pouffant de rire sans retenue. La kvaen saisit un jet de cuivre et aspergea les murs brûlants du sauna d'une eau froide qui instantanément se changea en vapeur et rendit l'atmosphère irrespirable. Kristina crut mourir !

Deux femmes scandinaves sortirent en maugréant, mais la plupart des baigneuses, insensibles à la suffocation, restèrent prostrées sur les banquettes, transpirant abondamment, retenant leur souffle, ne sortant de la pièce qu'à l'extrême limite de l'asphyxie.

Les rires, les cris de joie ou de surprise des fillettes dominaient le bavardage des femmes. Les petites élèves lapones entouraient Kristina d'une curiosité intempestive, mais devinaient en elle les traits résolus d'une fille du froid et de la steppe. Elle était des leurs !

« Tu verras, disait l'une, on s'amuse bien ici.

— Fru Tideman est sévère, mais elle nous gâte.

— On sait déjà coudre...

— ... Et compter...

— ... Et lire en norvégien... »

Mais Kristina ne répondait pas à leurs avances, elle se recroquevillait sur sa nudité, et ses formes estompées par la vapeur la faisaient paraître délicate, irréelle, comme la petite mermaid [1] des sagas scandinaves.

1. *Mermaid* : sirène.

Après l'énervement du départ puis les fatigues du voyage, un étrange sentiment fait de lassitude, de paix et de résignation l'envahissait.

Elle suivit ses compagnes qui étaient passées dans la salle de transition où Inga les douchait sans ménagement avec un jet glacé qui les faisait sursauter, suffoquer, hurler de surprise, mais qui les délivrait comme par enchantement de la congestion du sauna.

Kristina songeait à d'autres bains plus joyeux !

C'était, entre Elv et Suojaurre, une hutte spéciale avec four, qui servait de sauna aux membres de la cita ! Une ou deux fois par quinzaine ils s'y rendaient en petits groupes. On allumait un feu de bouleau sous les larges dalles de granit, et c'était généralement la vieille Bongo qui alimentait le brasier et surveillait le chauffage des pierres. Ils se déshabillaient ensemble, garçons et filles, dans une pièce qui précédait la hutte circulaire, pleine de fumée de bois et de vapeur d'eau, puis s'asseyaient en rond devant les dalles brûlantes et leurs figures rouges ainsi que leurs mains, patinées par le froid, contrastaient avec la blancheur des corps, comme s'ils avaient porté masques et gants !

La vieille Bongo, toute nue, maigre, ses seins plats ballant sur sa poitrine, charriait des seaux de neige poudreuse qu'elle jetait sur les pierres chauffées à blanc, et la vapeur fusait aussitôt avec des sons aigus. On eût dit que les pierres étaient vivantes et criaient, et pris comme elles dans la chaleur intenable, chacun criait, riait, gesticulait; les corps nus se frôlaient sans équivoque, puis, habitués à la chaleur humide, les baigneurs, ayant choisi leurs places demeuraient sans bouger, ruisselants. La vieille Bongo jetait de nouvelles poignées de neige, activait le feu, riait de toute sa bouche édentée, puis laissait quelque répit, pendant lequel chacun évoquait des souvenirs, tandis que la sueur coulait lentement le long des corps, creusant des sillons dans la crasse qui se décapait sur les peaux nues. Les adolescents se plaisantaient lourdement sur leurs anatomies respectives qu'ils comparaient, en vrais Lapons, sans pudeur et sans gêne.

Cependant, depuis quelques années, chez les filles élevées à Viddakaïno, on devinait la honte naissante, une vague pudeur qui les faisait hésiter à se montrer ainsi toutes nues devant les garçons, pudeur vite relâchée devant les moqueries de ceux-ci. Parfois, attendris par la chaleur et la relaxation du sauna, des couples se formaient, mais la vieille Bongo veillait, mettait tout le monde dehors. Alors on se bousculait pour sortir et il y avait une mêlée de corps nus et joyeux devant l'étroite porte de la hutte. Chacun s'emparait de baguettes de bouleau et flagellait violemment son voisin qui lui rendait le même service, puis ils se roulaient dans la neige et, bien qu'il fît vingt-cinq ou trente degrés de froid, ils ressentaient en eux une douce et bienfaisante chaleur. Ils se rhabillaient lentement, en groupe, revêtant leurs cuissards, leurs kouftes, reprenant leur allure d'hommes-bêtes. Et il leur semblait en vérité s'être un instant comme dépouillés de leurs pelages, car le costume lapon, partie intégrante de son propriétaire, fait corps avec lui, ne le quitte jamais, ni pour travailler, ni pour manger, ni pour dormir.

Kristina évoquait l'atmosphère joyeuse de la hutte aux pierres brûlantes et examinait avec stupéfaction cette cave triste aux murs cimentés, avec ses canalisations savantes d'eau chaude et d'eau froide, ses jets de vapeur et ses vestiaires où étaient accrochés en ordre les vêtements des baigneurs. Une prison ou un hôpital, peut-être, mais pas le lieu de réunions joyeuses des saunas lapons !

Fru Tideman attendait dans l'antichambre. Elle apportait à Kristina son nouveau trousseau : de longs bas de laine formant cuissards, un tricot de peau et une lourde robe en drap bleu qui se prétendait taillée sur le modèle des robes lapones, mais qui n'en était qu'une copie sévère, terne et sans plis !

« Voici tes vêtements, Kristina, habille-toi ! »

La jeune fille tourna et retourna entre ses mains les différentes pièces de son costume.

« Je n'en veux pas ! Fru Tideman. Rendez-moi mes habits, dit-elle avec fermeté.

— Tu ne les retrouveras qu'à ton départ ! Ici, tu es une petite Norvégienne. N'est-elle pas plus jolie, cette belle et longue robe, que cette espèce de ridicule et immodeste jupe courte boursouflée de plis sur le derrière et qui ne descend même pas jusqu'aux genoux ? »

Boudeuse, l'enfant secoua la tête. Les autres filles suivaient la scène, curieuses de savoir comment elle finirait.

« Habillez-vous, petites effrontées ! » gronda Fru Tideman.

Elles se hâtèrent d'enfiler leurs robes et disparurent comme par enchantement. Kristina restait seule, toute nue et toute frêle devant ses bourreaux.

« Habille-toi, Kristina, lui dit à l'oreille Inga. Avec Fru Tideman, il ne faut jamais discuter.

— Je ne me reconnais pas dans cet accoutrement », fit Kristina, mesurant d'un œil désespéré la robe qui descendait jusqu'à mi-mollet, et qu'elle essayait vainement de faire osciller, par de brefs mouvements déhanchés, comme le font les vraies jeunes filles lapones, quand elles veulent attirer le regard des garçons.

Elle se sentait si ridicule, si déconsidérée à ses propres yeux comme à ceux de ces étrangères qui l'observaient, qu'elle ne savait plus quelle contenance prendre. Elle se mit à pleurer doucement, sans contrainte.

Fru Tideman attendait cette défaillance. Elle l'avait espérée. Désormais elle serait obéie ! Elle disparut, laissant à Inga le soin de consoler la fillette. La kvaen savait s'y prendre !

Mais Kristina inconsolable sanglotait !

« Comment veux-tu conduire un traîneau avec ça !... » Elle relevait le bas de sa jupe comme un défi : « ... Et courir après un renne ! Et te vois-tu piégeant une rupé avec cette traîne qui charrie la neige, dis, Inga... Comment ferai-je pour passer à travers les halliers ! Et comment...

— Kristina, dit doucement Inga, tu n'es pas ici pour piéger ou chasser, mais pour apprendre à lire, à compter, à écrire, à tailler une robe... »

Kristina se redressa avec dédain.

« J'ai suffisamment de rennes pour m'acheter le plus beau drap et faire coudre par les kvaens les robes que je désire... Et je sais les broder ! » dit-elle fièrement...

La métisse encaissa l'affront. Elle baissa la tête sous les reproches de Kristina. Comme si elle avait trahi leur cause ! Car bien qu'elle se défendît d'être une nomade et se vantât devant le pasteur de sa moitié de sang norvégien, l'autre moitié, le sang samisk, bouillonnait en elle et souvent elle devait se faire violence pour contenir sa vraie nature sauvage !

« Non, non et non ! » fit tout à coup Kristina exaspérée. Elle arracha sa robe, la jeta par terre, et la piétina. Puis, vêtue de ses seuls sous-vêtements, elle remonta en courant l'escalier, se heurtant à toutes les portes, criant de rage et de désespoir.

« Mes vêtements ! Je veux mes vêtements !... Fru Tideman, rendez-moi mon koufte ! Fru Tideman !...

— Qu'y a-t-il, mon petit ? »

Fru Tideman, sortie de sa chambre au premier étage, se tenait debout dans le couloir. Elle était vêtue d'une stricte mais élégante robe noire à col montant, parée de quelques bijoux, bien coiffée et elle regardait calmement la fillette affolée qui, la voix pleine de sanglots, frappait de ses poings les portes closes.

« Qu'y a-t-il, mon petit ? » répéta Fru Tideman, toujours immobile et calme.

Kristina s'était tue, médusée. La Fru Tideman qui était devant elle n'avait rien à voir avec la femme en pantalon de skieur, en toque de fourrure et en pelisse de phoque noir, à l'allure presque masculine, qui venait inspecter les campements. C'était une espèce de femme que Kristina n'avait jamais vue ! Une femme longue et fine, au visage austère et régulier, aux lèvres minces, mais qui lui apparaissait tout à coup belle, très belle, comme ces silhouettes féminines qu'elle avait admirées sur des gravures, ou sur des photos, montrées par des touristes qui visitaient les campements au bord de la mer en été.

Il n'y avait plus de Fru Tideman !

Kristina ne pouvait contrarier cette grande et belle dame; c'était un personnage lointain et irréel !

« Qu'y a-t-il, Inga ? interrogea l'apparition.

— Rien, Fru Tideman, rien ! C'est fini ! » dit Inga en entraînant Kristina.

Fru Ingrid, l'assistante de Fru Tideman, régentait le réfectoire où une vingtaine de petites Lapones bien peignées, uniformément habillées de longues robes bleues, attendaient la nouvelle venue, chuchotant entre elles en samisk malgré l'interdiction qui leur était faite d'employer cette langue.

Quand Kristina parut, intimidée, serrant avec force la grosse main rouge d'Inga, il y eut des murmures, des rires, des exclamations. Toutes étaient curieuses de retrouver la fière Kristina Sokki, l'un des plus beaux partis de la vidda lapone. La plupart d'entre elles venaient de citas très éloignées et ne la connaissaient que de nom.

Fru Ingrid vint à sa rencontre. Elle était beaucoup plus jeune que Fru Tideman, et il y avait beaucoup de douceur dans son regard.

« Laissez, Inga, vous pourrez servir. Mesdemoiselles, dit-elle en norvégien, voici votre nouvelle amie, Kristina Sokki.

— Bouriz, bouriz, firent de toute part les jeunes filles.

— Bazza derivan ! répondit avec noblesse Kristina.

— Allons ! réprimanda Fru Ingrid, vous savez que Fru Tideman ne peut pas entendre d'autre langue que le norvégien. Vous aurez le temps de parler samisk quand vous serez chez vous, et pendant les cours consacrés à ce dialecte... Viens, Kristina... »

Elle la fit asseoir près d'elle, caressa la chevelure blonde qui s'échappait du bonnet rouge brodé.

« Tu ne seras pas malheureuse ici, tu sais... Une fois habituée... »

Fru Tideman avait certainement donné des ordres car le repas qui suivit fut très soigné : café au lait, poisson séché et fumé, fromage fort, un œuf, margarine et confiture à volonté, et, friandise rare, une orange que les petites convives accueillirent par des murmures flatteurs et gourmands.

Kristina mangea du bout des lèvres et comme avec dégoût ces mets dont elle rêvait parfois dans la nuit des campements. En cet instant elle eût souhaité un gras et noir bouillon de renne, des os fumants... Elle pensa à ses frères et à ses cousins, qui fendaient si bien les os d'un coup sec du couteau à large lame, en suçaient la moelle, et, repus, essuyaient leurs doigts gras sur leurs cuissards luisants.

On dit ensuite en commun la prière du soir qu'elle

répéta machinalement, les yeux rougis de fatigue, puis elle suivit les autres au dortoir. Elles chantaient et riaient, car Fru Ingrid autorisait toujours un petit quart d'heure de détente, bien que cela n'eût pas l'heur de plaire à Fru Tideman. Mais Kristina n'était pas à l'unisson. Et ce fut avec gêne, une gêne étrange et inconnue, qu'elle se déshabilla plus tard devant ses compagnes.

Fru Ingrid lui ayant passé sa longue chemise de nuit, elle se faufila dans les draps du petit lit, et l'assistante déposa un baiser affectueux sur son front.

« Dors ! » dit-elle sur une dernière caresse.

Habituée à dormir toute vêtue de lourdes peaux, Kristina se sentait nue, et frileuse se pelotonnait, cherchant la bonne place dans les draps glacés, et ne trouvant pas le sommeil ! Pouvait-on dormir ainsi sans même garder ses bas ? Où était son petit nid de fourrure et de laine de renne, dans lequel elle se blottissait sur la couchette supérieure de la hutte, bercée par le pétillement du feu, par le vent qui soufflait sur la vidda, et par les ronflements des hommes étendus un peu partout sur le plancher de la hutte ?...

La grosse Inga, chargée de garder leur dortoir, n'y exerçait en réalité qu'une surveillance tout illusoire car, à peine étendue sur sa couche, elle s'endormait et ronflait pesamment.

Quand la lumière fut éteinte, les stores de papier goudronné tirés sur les doubles fenêtres sans volets, le silence se fit peu à peu, mêlé par instants de chuchotements et de rires étouffés.

Kristina put laisser échapper sa peine, contenue jusqu'alors. Elle pleurait silencieusement, cherchant les raisons de sa tristesse, découvrant tout à coup l'angoisse, l'incertitude, la peur du lendemain, l'inconnu; elle maudit sa faiblesse incompréhensible, sa lâcheté !

Elle aurait dû fuir ! Fru Tideman était une sorcière plus forte que les chamans, elle qui avait fait en si peu de temps, de la fille libre de la taïga, que n'effrayait même pas un loup, cette pauvre chose amollie, obéissante et captive...

Une forme blanche se glissa dans son lit; une voix enfantine murmurait en samisk :

« C'est moi, Mikkela, de Karasjok... ne pleure pas... Tu sais, on s'amuse quand même ici ! Quand tu seras habituée, je te montrerai dans la neige le chemin qui mène chez ma cousine Sara... La nuit, de temps en temps, quand Inga dort, je vais la retrouver, tu viendras avec moi, si tu veux être mon amie. Il y a toujours du monde chez Sara ! C'est elle qui m'a dit que tu es riche. Moi aussi, j'ai des rennes ! A Pâques, je te montrerai mon grand renne blanc de cinq ans... Il est beau, tu sais, et c'est le plus rapide de tous ceux de Karasjok !

— Moi aussi, j'ai un beau renne blanc, fit Kristina apaisée. Et on le dit aussi le plus rapide de Suojaurre ! A cette heure il doit creuser la neige de ses sabots et grogner pour chasser les jeunes des trous à lichen...

— Tu es riche ? fit Mikkela.

— J'ai suffisamment de rennes pour me marier quand je voudrai ! fit avec orgueil Kristina. Mais je n'ai que quatorze ans ! »

Elle soupira. Mikkela n'insista pas, car il est désobligeant de chercher à connaître le nombre réel de rennes que possède un voisin...

« Ce soir je te laisse dormir, dit encore Mikkela. Mais quand tu seras reposée nous reprendrons notre bavardage. »

La fillette se glissa hors du lit, regagna sa couchette sans qu'aucun craquement du plancher ne trahît sa présence, marchant en véritable fille de la steppe, habituée à traquer le gibier...

Kristina s'endormit enfin et rêva d'une longue, longue course en traîneau sur le lac interminable, tout étincelant des feux qu'une aurore boréale projetait sur la glace, et elle hurlait de joie, car son grand renne blanc venait de dépasser celui de Mikkela.

XI

QUELQUES jours plus tard, Tchoumbo, le chien de Simon, qui dormait enroulé dans la hutte, grogna sourdement, l'oreille dressée, un œil ouvert, l'autre fermé, puis brusquement se mit sur son séant, aboya et se jeta sur la porte.

On entendit un bruit feutré de mocassins sur le plancher de l'antichambre, suivi des coups de talons habituels : quelqu'un secouait la neige de ses bottes avant d'entrer. C'étaient les bruits familiers qui annoncent chaque visiteur. Enfin parut Karin Bongo, souriante malgré la dentelle de givre et de neige qui ourlait son bonnet et faisait paraître plus rouges ses pommettes. Elle avait la peau fraîche et tendue, légèrement bridée autour de ses yeux bleus qui témoignaient de quelques gouttes de sang scandinave mêlées au vieux sang samisk.

« Bouriz ! bouriz ! fit-elle.

— Tu vas à la viande ? » dit Simon. Mais c'était plutôt une façon de répondre, car il savait bien où elle allait. Elle fit de son côté un petit signe de tête.

Chacun des membres de la cita devait fournir sa contribution à la nourriture du clan. Après Simon et Ellena, Kristina, Pier et Andis, Martha Risak et ceux de Suojaurre, c'était au tour des Bongo de ravitailler les huttes en viande de renne. Et chez les Bongo, à Karin de ramener l'une de ses bêtes. Elle devait donc se rendre au grand troupeau et, selon la coutume, de passage chez les uns et les autres, prendre le café, la margarine et le sucre destinés au ravitaillement des bergers.

Ellena posa sur la table le sac préparé d'avance, et invita la jeune fille à s'approcher du poêle.

« Le vent a cessé, mais il fera un froid terrible. Et tu trouveras des congères. As-tu un bon renne ?

— Le plus fort et le plus doux de nos attelages, fit-elle avec fierté. Et j'ai pris le pulka !

— Tu as bien fait, nièce, dit Sokki. Quand on est peu chargé, ça vaut mieux que le traîneau finlandais, on passe partout.

— Et puis on dit qu'il n'y a pas de meilleur cercueil, ajouta en riant Karin, faisant allusion à la vieille coutume lapone qui voulait que les morts de la migration fussent ensevelis sous leur traîneau personnel, cette sorte de barquette en bouleau, ultra-légère, maintenant remplacée un peu partout par le confortable traîneau finlandais plus stable et portant davantage de charge.

— Ne plaisante pas avec la mort ! fit gravement Ellena.

— Surtout quand tu passeras au pied de l'Agjiet ! » ajouta Simon.

Il y eut un silence un peu gêné.

A force de se moquer ainsi des vieilles traditions lapones, Karin attirerait un jour le malheur. Et dire qu'elle allait passer dans le froid et la nuit au pied de l'Agjiet !... Pourvu qu'elle ne réveille pas la colère du stallo qui habitait là-haut !

Karin toucha sous son pesk la croix de cuivre que lui avait offerte le pasteur Brombdal : « Seigneur, protégez-moi du stallo d'Agjiet », dit-elle mentalement, mais au même instant sa pensée divergeait. Elle se surprenait à converser avec ce même stallo. « Laisse-moi franchir les collines et, le septième jour après la naissance du soleil, je monterai là-haut t'apporter des bois de rennes, les plus beaux de la cita... »

Comme le silence se prolongeait et que la chaleur engourdissait les esprits, Simon poussa un yok bref et aigu, puis sautant sur place il empoigna un bois de renne et se mit à tailler un coulant de lasso, à la pointe du couteau. Ellena versa le café dans les bols et chacun aspira lentement avec des chuintements de lèvres la décoction très chaude. Ils appréciaient ces minutes comme de vrais instants de bonheur.

« Et le Finnois ? fit Karin après avoir reposé son bol.

— Bon chasseur... Il est parti poser ses pièges.

— Pour le reste ?

— Je crois qu'on pourra lui faire confiance.

— Garder le troupeau ?

— Pourquoi pas ?

— Prends garde, Simon Sokki. Je ne dors plus depuis la visite du berger finlandais. »

Ellena était sortie chercher du bois, et Karin, profitant de l'instant, ajouta en hâte :

« Vends-moi une bouteille, Simon ! »

Il grogna, s'assura que sa femme était bien au bûcher, puis souleva rapidement la trappe de la cave, s'y engouffra et réapparut un instant plus tard avec une fiole d'alcool que Karin enfouit prestement sous son koufte.

Elle avait préparé un billet de dix kroners que Simon fit disparaître sous ses vêtements, à l'abri des regards indiscrets de sa femme.

Quand Ellena revint, ils étaient l'un et l'autre immobiles et silencieux comme avant. Karin se leva :

« Il est temps de partir !

— Mana derivan ! fit le couple.

— Bazza derivan ! »

Déjà elle était dehors, livrée au froid et au vent qui mordaient cruellement son visage; mais elle ne bronchait pas, en vraie fille de la taïga. Le renne d'attelage l'attendait, entravé à son traîneau, éternellement inquiet, roulant ses gros yeux globuleux sans sourcils, cabochons fixés à même la fourrure, triant du bout des lèvres des brindilles de lichen disposées devant lui.

Elle s'approcha de lui avec précaution, marchant lentement, lui parlant doucement, yokant comme roucoulerait une tourterelle, et le renne qui bondissait à droite et à gauche, retenu par la longue courroie de cuir passée dans ses bois, se calma peu à peu, reconnaissant la voix de sa maîtresse.

Mais quand elle défit la courroie, il fut surpris par son geste trop brusque et fit un bond de côté, si violent qu'il souleva de terre la jeune fille et l'envoya rouler dans la neige poudreuse.

Elle se releva aussitôt, sans lâcher prise, et dégagea la longue courroie ventrale où s'étaient entravées les pattes de l'animal.

« Paix, paix ! »

Le renne était attelé au pulka par une forte courroie qui partait de la proue relevée, et, passant sous le ventre de l'animal et entre ses pattes, allait rejoindre devant le léger collier matelassé de fourrure. En temps normal Karin dirigeait sa bête à l'aide d'une unique lanière fixée aux bois et qu'elle rejetait habilement, selon la direction où elle voulait virer, sur le flanc droit ou gauche du renne; mais pour ce voyage solitaire pendant lequel elle ne pourrait compter sur aucune aide, elle avait doublé la guide d'une cordelette, en chanvre poissé, comme celle qui sert à fabriquer les lassos et qu'elle s'était attachée au poignet. Ainsi ne risquait-elle pas d'être séparée de son attelage.

Elle arrima au creux du traîneau le sac de provisions, se ménagea une place à côté et, assise sur le rebord du pulka, une jambe traînant sur la neige et faisant office de frein, elle libéra le renne et lui appliqua un solide coup sur les reins.

Elle se retrouva instantanément couchée à plat ventre dans la neige poudreuse et traînée à toute vitesse par l'animal qui, bondissant de peur, s'était emballé et avait retourné le traîneau. Cela n'était pas pour émouvoir la jeune Lapone. Sans lâcher prise, et sans appeler, encore qu'elle ne fût qu'à quelques dizaines de mètres de la hutte des Sokki, elle se laissa tirer comme un poids mort, attendant que le renne fatigué s'arrêtât de lui-même.

Dès qu'il fut un peu calmé, elle le contraignit à tourner en rond sur la glace de l'Elv. Il traînait toujours à vive allure Karin, protégée par ses épaisses fourrures, et le pulka qui roulait bord sur bord entre les touffes de bouleaux dans un fracas sourd de branches brisées.

Comme l'avait prévu Karin, le renne s'arrêta enfin, épuisé, la langue pendante et la tête basse, le souffle irrégulier creusant et gonflant ses flancs, ses larges sabots couverts de poils bien appliqués sur la glace vive du fleuve.

« Paix ! paix ! dit triomphalement Karin, qui avait prix goût au jeu. Paix, tu n'es pas le maître. »

Simon et Ellena qui avaient tout vu par la fenêtre, n'avaient pas bondi. C'était un incident banal et qui, d'ailleurs, ne les regardait pas ! Il est rare qu'un Lapon vienne en aide à un autre Lapon en difficulté, tout au moins s'il n'y a pas danger sérieux et immédiat; ce serait lui faire une cruelle impolitesse, car un Samisk, homme ou femme, doit être maître de ses rennes et savoir les dompter.

Profitant de la trêve, Karin s'était glissée dans le traîneau et elle s'était allongée sous les peaux qui le matelassaient. Elle aussi reprenait lentement sa respiration, tâtait ses membres endoloris, mais elle était heureuse, le vent libre des grands espaces sifflait sur sa tête, et des milliers de cristaux de givre rasaient la surface du fleuve.

Pourtant, comme elle sentait le froid lui piquer le bout des doigts, elle vérifia son équipement et s'aperçut que, dans la lutte, elle avait perdu les grosses moufles de laine qu'elle portait constamment attachées par de solides cordonnets au col de son pesk, ces moufles dont ne se sépare jamais un Lapon lorsqu'il est hors de sa tente ou de sa hutte. Elle avait, à même la peau, des gants de laine finement tricotés qui lui permettaient l'usage des doigts, mais qui n'auraient pas suffi à la garantir du gel. Elle remit soigneusement par-dessus les lourdes mitaines, ajusta les guides et fit repartir le renne. Epuisé par la lutte, il se contenta de trotter un amble rapide et bientôt Karin, rassurée, put se laisser aller à la rêverie magique des voyages en traîneau, bercée par le crissement du pulka sur la neige et le tambourinement des sabots résonnant au loin entre les monts assoupis.

Elle était maintenant seule au milieu de l'étendue blanche, suivant une trace jalonnée par des brindilles et dont il ne fallait pas trop s'écarter, car à droite et à gauche, la neige ne portait plus. Le renne suivait d'instinct le meilleur passage, s'arrêtant lorsque la piste devenait trop accidentée. Alors Karin sautait à bas du pulka, chaussait ses skis d'un coup sec et glissait au flanc du traîneau, allongeant ses foulées à se déhancher, pendant que l'animal tirait par à-coups, s'arrêtait, s'enlisait jusqu'à mi-corps, puis arrachait de son trou le pulka d'une détente farouche qui n'appartient à aucune autre bête de trait. L'animal procédait par bonds d'une violence terrible, s'éjectant de la neige profonde d'un coup de reins presque monstrueux, les pattes de devant écartées, les sabots disjoints pour avoir plus d'appui; quelquefois il devait progresser ainsi pendant plusieurs centaines de mètres.

Après ces passages épuisants, Karin laissait reposer sa bête. Elle-même s'asseyait sur le traîneau, ses bottes fourrées plongeant dans la neige, reprenait des forces, puis repartait quand elle sentait le froid pénétrer sous ses fourrures et geler la sueur sur son corps.

C'était toujours le même paysage, sans cesse recommencé. Au fond plat d'un lac, dont la rive escarpée était encombrée de place en place par des cascades gelées, succédaient des zones où les bouleaux nains et les aulnes de plus en plus serrés formaient des fourrés difficiles à franchir. Parfois des nuées invisibles faisaient courir, parmi les lueurs éparses du sol, des ombres qui jouaient bizarrement avec les accidents du terrain. Et des bruits sourds, inexpliqués, arrivaient à Karin, dont les yeux s'emplissaient peu à peu d'une terreur superstitieuse.

Son renne devant elle ne pouvait-il se transformer en être fabuleux ? Ses bois dissymétriques lui semblaient tout à coup étrangement plantés sur le sommet de son énorme tête; quand sa ramure se confondait avec celle des bouleaux défeuillés on eût dit un être hybride, mi-animal, mi-végétal. Quelquefois, par le jeu du relief, sa silhouette se profilait sur la blancheur des collines, et devenait menaçante, grandissait comme celle d'un insecte géant, d'un monstrueux lucane entraînant la jeune fille vers un univers inconnu.

Alors, pour dissiper sa peur, elle se penchait sur l'avant de son traîneau jusqu'à toucher la croupe duveteuse du renne, la fourrure épaisse et soyeuse, afin de se persuader qu'il était bien un être vivant, fait comme elle de chair, d'os et de sang, et ce contact lui redonnait confiance. Tant qu'elle pourrait le toucher, tant qu'elle entendrait sa respiration familière, elle ne risquerait rien des stallos.

Les heures passèrent, scandées de pas et de trot sans qu'elle sût exactement depuis combien de temps elle avait quitté la hutte des Sokki.

Ils abordaient maintenant la zone des hautes collines. Il leur fallut traverser à nouveau un épais fourré sous les « ploufs » sourds des paquets de neige tombés des branches. Karin, l'oreille tendue, écoutait le crissement du pulka sur la neige dure, et les grognements intermittents du renne, ce curieux cri à la fois furieux et plaintif qui accompagnait le halètement de sa respiration. C'était comme un bain de mystérieuse solitude, d'une solitude qui eût fait trembler de peur n'importe quel Scandinave et qui l'emplissait, elle, d'une terreur délicieuse. C'était celle qu'elle ressentait en écoutant les histoires des longues veillées d'hivernage, les récits de la vieille sorcière Marit; toutes ces pensées l'assaillaient lorsqu'elle arriva au pied de l'Agjiet !

La coupole luisante de glace de la haute montagne se détachait en noir sur toute cette blancheur. Son dôme régulier s'élevait insensiblement par un versant d'une pâleur livide sur lequel se dessinaient les filigranes délicats des branches de bouleaux nains entremêlés comme les points d'une tapisserie en camaïeu, noir et blanc, gris et blanc. Cette vêture de la montagne rejoignait le manteau de soie noire pailleté d'étoiles du ciel et les moirures changeantes, mouvantes comme une étoffe drapée par le vent, que formait maintenant une aurore boréale à ses débuts.

Karin ne craignait ni le froid, ni la tempête, ni le loup, ni les gloutons voraces ni les bandes de renards affamés. Sa peur était une présence lointaine, un souvenir transmis d'âge en âge et dont le contenu terrible s'était perdu, mais non pas le frisson, ce frisson millénaire qui était au fond de l'âme lapone comme un besoin et un désir, et la preuve même de l'existence.

Pendant tout son voyage, Karin se sentit à la merci du stallo de l'Agjiet. De là-haut, il la voyait sûrement passer et devait ricaner. Elle lui promit mentalement un trophée de renne pour le printemps et elle fut un peu rassurée. Elle s'était laissé guider, depuis un moment, par son attelage. Brusquement, sans prévenir, son renne fit un écart énorme qui la vida du pulka, puis il s'immobilisa, tête basse, bois pointés, fourrure hérissée, les yeux emplis d'une terreur panique. Surprise, Karin poussa un bref cri guttural et bascula dans la neige profonde. Mais ses réflexes de nomade avaient fonctionné, et elle s'était retrouvée debout, arc-boutée dans la neige et pleine de décision, tenant solidement les deux lanières attachées à ses poignets et par lesquelles elle maîtrisait son renne. Celui-ci tremblait de tous ses membres et la jeune fille comprit alors que le danger était réel.

Elle dégaina son long et large couteau lapon et s'avança sans peur dans le couloir forestier, précédant l'animal qui renâclait. Une trace, issue d'un fourré, coupait la piste. Elle reconnut le passage d'un loup. Dérangé, surpris sans doute par l'arrivée du traîneau, il avait dû interrompre son guet face à un trou de lièvre !

Ce n'était qu'un loup ! Elle soupira de soulagement ! Le renne refusa obstinément de franchir la trace encore pleine de l'odeur du fauve ! Il était inutile d'insister, il ne passerait pas. Karin fit demi-tour, brassant la neige jusqu'à ce qu'elle eût trouvé un nouveau passage à travers le taillis. Elle y parvint enfin et se hissa dans le pulka. Cette lutte l'avait épuisée. On entendait à une faible distance les glapissements d'un renard couverts par une série de hurlements brefs, rauques, coléreux. « Qu'ils s'expliquent entre eux ! » dit Karin. Elle devinait que le loup avait dérangé la chasse du renard.

Tout à coup un lourd nuage, inattendu, vint coiffer l'Agjiet et masqua le ciel ! La nuit devint opaque, et désormais ce fut du sol enneigé que monta la clarté, mais une lueur si ténue qu'il fallut à Karin se diriger d'instinct ! Elle retrouva difficilement la trace à la sortie du bois, et se guida sur des branches de bouleau brisées de loin en loin et laissées sur l'arbre même, ou parfois plantées bizarrement au milieu d'une clairière. Elle lisait les signes des pistes tracés par ses frères et ses cousins, des signes invisibles pour des yeux scandinaves et qui reliaient d'un fil imperceptible le grand troupeau aux huttes de la cita.

A bout de forces, le renne avançait maintenant par à-coups, s'arrêtant fréquemment pour éternuer, se couchant, essoufflé, les flancs battants, puis il refusa obstinément d'avancer. Karin, qui s'y attendait, descendit et, oublieuse de sa propre fatigue, chaussa ses skis. Ayant relevé la bête d'un cruel coup de pied, elle fit la trace, tirant à la fois le renne épuisé, le pulka et son chargement. Elle ne se plaignait pas, tout allait pour le mieux dans le monde des Lapons !

A l'abri des collines le vent avait cessé, et le froid qui croissait d'heure en heure était le bienvenu car il signifiait le retour du beau temps. Ah ! s'il n'y avait eu le stallo de l'Agjiet !

Elle regretta amèrement sa plaisanterie sacrilège sur les morts, et à nouveau toucha sa croix pectorale, puis elle pria.

Fru Tideman qui avait fait autrefois son éducation, et le pasteur Brombdal qui lui avait enseigné le catéchisme, eussent été épouvantés d'entendre son étrange prière.

« Dieu tout-puissant, disait-elle, protège-moi du stallo de l'Agjiet ! Le pasteur dit qu'il n'y a pas de stallos, mais tu sais bien, mon pauvre Jésus, qu'ils existent ! Protège-moi et je te promets qu'à Pâques je t'apporterai dans ton temple de Viddakaïno ma plus belle fourrure de renne blanc pour orner l'autel de ton père ! » Elle se signa, puis brusquement se tourna en pensée vers le stallo. « Toi qui ricanes là-haut, épargne-moi, et j'irai en cachette te porter des bois de rennes pour augmenter le cercle magique autour de la pierre de Thor... » Cela faisait trois fois qu'elle se parjurait en quelques heures, mais ici du moins, elle n'éprouvait aucun remords à mêler les croyances millénaires de son peuple à la religion que les pasteurs avaient enseignée à ses frères. Se pouvait-il que les chrétiens, ces hommes venus de contrées étrangères où le jour était le jour, et la nuit la nuit, pussent brusquement rejeter tout ce que le vent, l'ombre et les lueurs de la taïga avaient appris au vieux peuple samisk, le plus vieux peuple sur terre ?

Elle croyait pourtant fermement, dans cette nuit de l'Arctique, à la présence invisible et constante d'un Etre suprême, d'un juge terrible et bienfaisant, et elle courbait la tête, vaincue par sa majesté et son omniprésence. Une chose cependant la tracassait : d'où venaient la puissance supérieure du Dieu des chrétiens, ce Dieu qui était maintenant le sien, et son pouvoir absolu, cette force qui avait réussi à rejeter au fond des gouffres les stallos et leurs chamans ? Il en avait laissé quelques-uns, assuraient les vieux Lapons, qui résistaient, comme le stallo de l'Agjiet; celui-là, il était bien vivant et luttait encore contre Dieu. Karin le savait car dans les citas on se racontait à voix basse ses derniers exploits.

Il vivait dans les crevasses des rochers gris, et une

cita ne pouvait passer une nuit sur l'Agjiet sans en subir par la suite les funestes conséquences. Elle s'égarait dans la tourmente, un mauvais esprit chassait au loin ses meilleurs rennes qu'on retrouvait ensuite dans les ravins, les pattes brisées !

La malédiction s'attachait à l'Agjiet. Un jour, il y avait de cela très très longtemps, un Lapon gardait tout seul son troupeau sur la montagne, quand un étranger qu'il n'avait encore jamais vu, sortit de derrière un rocher et lui demanda du tabac pour bourrer sa pipe. Le Lapon lui en offrit et, en même temps, sut que l'inconnu n'était autre que le stallo de l'Agjiet ! Il se signa, et le démon se sentant découvert transforma instantanément toutes les bêtes de son troupeau en pierres grises que l'on voit encore aujourd'hui au sommet du mont.

Karin croyait dur comme fer à cette légende; et elle en avait discuté avec Fru Tideman qui l'avait traitée de petite sotte, et lui avait conseillé de ne point en parler au pasteur si elle voulait un jour se marier au temple.

Elle avait dissimulé ses pensées mais son opinion n'avait pas changé, et cette nuit, pendant qu'elle longeait la base de l'Agjiet, elle était reprise par la grande crainte millénaire, revoyait les longues rangées de pierres grises alignées sur le sommet de l'Agjiet, des pierres qui avaient été des rennes vivants, couverts de fourrure épaisse et pleins de sang ardent.

Etait-ce dû à la présence des loups dans le voisinage, le renne de Karin semblait sortir de sa torpeur. Il redressait sa large et puissante encolure et tirait avec ardeur. Les nuages filaient sur la cime de l'Agjiet à une vitesse grandissante, et parfois leur nappe moutonnait sur les flancs de la montagne puis se dissolvait; leurs ombres fuyantes se promenaient alors sur les plaines livides qui s'étendaient au-delà, vers l'ouest, et semblaient conférer le mouvement à ce paysage immobile depuis la Création.

Karin s'orienta sur les étoiles, prit dans le paysage des repères connus d'elle seule, et pointa le museau de son renne vers une longue colline au sommet chauve et aux versants boisés que bordait un étang gelé recouvert de neige. La bête ne se fit pas prier. Karin comprit que l'odeur du grand troupeau parvenait jusqu'ici. Le renne témoignait d'une allégresse nouvelle et trottait volontiers quand la neige durcie par le vent permettait cette allure. Elle devait alors glisser très vite sur ses skis pour suivre l'attelage, et malgré le froid glacial elle ruisselait de sueur sous ses fourrures.

Tout à coup, comme le traîneau longeait la rive de l'étang, elle les vit !

A vrai dire, il fallait être Lapon pour distinguer dans toute cette forêt d'arbustes la limite exacte où commençait la taïga et où finissait le troupeau.

Confondant leur pelage blanc ou gris de l'hiver à la masse blanchâtre ou grise de la montagne, les milliers de rennes dressaient en bosquets les ramures de leurs bois enchevêtrés, si semblables aux branches fines et défeuillées des bouleaux nains que l'ensemble ne formait qu'une seule masse grisâtre intimement mêlée à la taïga, comme si le flanc de la colline était couvert d'une forêt de rennes et d'un troupeau de bouleaux ! Et cela, au fond, était la même chose car le renne et le bouleau ont été mis sur terre pour faire vivre les Lapons, et sans eux, aucune vie permanente ne serait possible dans la taïga.

La jeune fille arrêta brusquement son renne. L'animal dilatait et creusait ses flancs au rythme de sa respiration accélérée, et, profitant de la pause, brouta avidement la neige poudreuse devant lui, assoiffé par son long effort.

La tente des bergers ne devait pas être loin, mais, avant de la rejoindre, Karin s'attarda à contempler longuement le grand troupeau. Les cinq mille rennes de la cita des Sokki et des Bongo étaient groupés là, couchés fourrure contre fourrure; ensevelis dans leurs trous de neige, ruminant calmement dans le froid arctique, soufflant de petites colonnes de vapeur par leurs narines. Certains s'étaient laissé recouvrir par la fine couche de poussière de neige apportée par le vent permanent de ces solitudes, et pour ceux-là, vraiment, on n'eût pu dire, aussi courte que fût la distance qui les séparait de l'observateur — et même pendant la période la plus claire de la nuit polaire — s'il s'agissait de bêtes au repos ou de jeunes pousses de bouleaux ébranchés par les rennes.

Toute la fortune, toute la vie de la tribu étaient ainsi rassemblées devant Karin, fabuleuse richesse qu'elle contemplait avec une joie sauvage, trésor vivant et sans cesse en mouvement que les gardiens invisibles protégeaient, sans cesser un seul instant leur garde vigilante.

Mais déjà les rennes avaient perçu les effluves humains. Les plus farouches se dressaient, secouant la neige de leurs flancs, puis bondissant, jetant la panique dans le troupeau. Karin les apaisa par des sifflements légers, des roucoulements gutturaux, des appels de langue. Peu à peu, les rennes sauvages se calmèrent, s'agenouillèrent dans la neige, puis, dans cette position d'alerte, restèrent un long moment à flairer les vents nocturnes. Enfin rassurés, ils se recouchèrent et reprirent leur rumination interrompue.

Karin connaissait toutes les bêtes du grand troupeau. Elle les reconnaissait à la forme de leur corps, à leur toison, à leur silhouette, et là ou un Norvégien n'aurait su discerner entre ces milliers de rennes, elle pouvait déjà identifier ceux qui se trouvaient dans le champ de sa vue, restreint par le clair-obscur. Une envie folle la prenait de lancer le lasso, de se laisser traîner dans la neige, de hurler de joie dans ce combat corps à corps, en principe réservé aux garçons mais qu'en fille jeune et pleine de la sève de ses vingt ans, elle ne redoutait pas.

Après la courte panique provoquée par son arrivée, les rennes s'étaient tout à fait calmés et Karin, debout et immobile dans la neige où elle enfonçait jusqu'à mi-corps, y confondant son pesk blanc, le grand col brodé du koufte relevé derrière la nuque jusqu'à masquer le bonnet phrygien bien serré sur les cheveux, tenant à la main les guides de son attelage, regardait et écoutait bruire l'immense troupeau. Elle en percevait maintenant la rumeur imprécise, faite de bruits de mâchoires, de remous discrets, du choc des bois se heurtant et aussi de l'étrange craquement des articulations des rennes, semblable au bruit sec que font celles des arthritiques. Le plus impressionnant peut-être était le silence étonnant de ces milliers de bêtes qu'on eût dit muettes, qui ne se manifestaient que par des mouvements saccadés, des bonds, des ploufs de leurs corps lourdauds retombant dans la neige. De temps à autre, un son clair et joyeux interrompait la rumeur naturelle des bêtes et du vent, une clochette tintait quelque part dans le moutonnement qui couvrait la colline enneigée; ce son grêle, si différent de tous les autres bruits, se détachait en notes de cristal, comme des perles qui s'égrènent et le bruit en était porté au loin avec une netteté surprenante.

Karin reconnut le son de la clochette du vieux renne castré, conducteur du troupeau. La tente des bergers ne devait pas être loin.

Elle remonta dans le pulka, ramena ses fourrures sur

ses belingers couverts de glaçons et de givre, et lança son renne au galop sur l'étang gelé, poussant de sauvages et joyeux yoks, auxquels répondirent bientôt dans le lointain les yoks des bergers, la voix perçante de Pier Sokki, le fausset d'Andis, et les aboiements furieux et rageurs des chiens tirés de leur sommeil et croyant à une attaque des loups.

Bientôt trois boules de fourrure roulèrent autour du pulka, aboyant de concert, faisant un tel vacarme et soulevant un tel jaillissement de neige que le renne effrayé bondit en avant pour se dégager, et versa d'un bloc le traîneau et son chargement devant la tente grise qui se détachait à peine sur le flanc de la colline, les perches de son armature dépassant la toile sombre et se croisant dans le ciel comme les branches de la forêt voisine.

Pier et Andis avaient bondi hors de la tente juste à temps pour se saisir de la lanière du renne qui, profitant de l'occasion, s'apprêtait à fuir au sein du grand troupeau, à s'y mêler intimement afin qu'on ne le retrouve plus jamais pour l'atteler à cette maudite barquette qui brisait ses reins depuis tant d'heures !

« Bouriz, bouriz ! fit joyeusement Karin.

— Demeurez en paix !... » dirent les autres.

Elle se baissa, écarta la toile mouvante de l'entrée et pénétra sous la tente enfumée.

XII

Thor Risak avait choisi comme observatoire un point situé à mi-chemin de la colline boisée et du lac, au centre même du grand troupeau, dans une sorte de clairière inclinée dont la neige avait été fouillée et bouleversée de fond en comble par les rennes à la recherche du lichen. Il s'était creusé dans la neige, selon la coutume des bergers, un trou juste assez profond pour qu'accroupi sur ses talons ses yeux affleurent la surface de la neige et découvrent l'ensemble du pâturage.

Vers minuit, les rennes qui jusque-là avaient cherché leur nourriture, allaient, il le savait, se reposer jusqu'à l'heure qui sépare en d'autres contrées la nuit du jour et qui se résoudrait ici par un passage indéfini, imprécis, à peine marqué par une sorte de lueur plus tendre dans le ciel.

Thor Risak veillait, le vieux fusil à broche à portée de main dans le trou de neige, le bonnet enfoncé jusqu'aux sourcils qu'il avait épais et touffus, le col du koufte remonté derrière la nuque, le pesk et la pèlerine serrés sur la poitrine par la cordelette en bandoulière du lasso. Assis sur ses talons afin d'éviter le contact avec la neige poudreuse, il surveillait l'immense roupeau qui allait sous peu se coucher à même la neige et ruminer.

Thor Risak se figea dans une immobilité de statue, le vent, qui soufflait à ras de la neige, le recouvrait peu à peu d'une mince couche de cristaux et son corps n'était plus qu'une ondulation de la neige. Ainsi caché, il voyait tout et n'était vu de personne. Sa veille au grand troupeau commençait et s'achèverait quand là-bas, dans la tente, Pier ou Andis jugerait bon de venir le remplacer. A ses côtés les chiens dormaient, exténués d'avoir couru pendant des heures pour rassembler les bêtes dans cette combe propice à la surveillance mais d'où les rennes s'évaderaient sitôt le temps du repos et de la rumination terminé. Eux aussi se laissaient voluptueusement recouvrir de neige et formaient autant de petits monticules entourant le berger : immobiles comme leur maître, ils étaient comme lui prêts à bondir au moindre signe de danger.

Thor Risak écouta le sifflement continu du vent dans la taïga, surveilla les ombres et la nuit et parvint, au bout d'un moment, à discerner dans le taillis uniforme qui l'entourait ce qui était ramure de renne ou branche de bouleau. Parfois une femelle appelait son faon d'un grognement bref, un jeune mâle dressait son arrière-train, et à genoux devant un buisson frottait ses bois contre les branches. Thor se faisait alors plus attentif pour différencier du bruit des branchettes brisées d'autres bruits plus mystérieux. Dans la nuit, très loin, un hurlement bref de loup en chasse trouait le silence, arrivait jusqu'à lui, et d'instinct il serrait son fusil contre sa poitrine et dressait la tête, tous ses sens alertés.

Près de lui, un chien secoua la neige qui le recouvrait et gronda, babines retroussées, crocs menaçants.

« Paix, paix ! » fit Thor et le chien s'allongea, reprit son rêve.

Il semblait au Lapon qu'il avait toujours été là, veillant dans la nuit arctique, incorporé à la taïga, protégeant les milliers de rennes à demi sauvages, dont il connaissait chaque silhouette et, par la marque des oreilles, le nom du propriétaire.

Insensible au froid, Thor Risak vivait avec béatitude ces heures de veille qui auraient éprouvé à mort plus d'un Norvégien robuste, entraîné au froid polaire.

Il était le maître suprême de ces rennes qui maintenant dormaient, rêvaient ou ruminaient sous sa seule protection. Il en ressentait une fierté étrange, grisante, voluptueuse, et bénissait son destin.

En ces heures nocturnes où, seul dans les solitudes de la taïga, il lui semblait protéger le repos de la terre endormie, remontait en lui l'instinct primitif de sa race, la plus ancienne du monde. Son ouïe d'une acuité extraordinaire percevait les bruits les plus ténus à des distances considérables. Il savait différencier le lourd passage d'un renne bondissant d'un trou de neige à un autre du bruit reptilien d'un renard quêtant les œufs des poules des neiges. Il connaissait le cri du loup en chasse et celui de la louve affolée, mais plus que tous ces bruits vivants qui s'intercalaient dans les murmures de la nature et le chant du vent, il savait interpréter les silences qui préviennent d'un danger.

Et de tous les ennemis qui l'entouraient, invisibles et présents, ce n'était ni le loup affamé, ni le glouton saigneur de rennes, ni même l'ours des marécages de l'été, hivernant quelque part dans un hallier de la rivière, qu'il redoutait le plus, mais un être plus dangereux que les fauves, mobile et silencieux, immobile ou bondissant, omniprésent, le voleur de rennes ! Celui-là,

Thor le craignait, car cet ennemi hériditaire des Lapons, c'est le Lapon lui-même.

Alors Thor tendait l'oreille et ses yeux aux prunelles élargies de nyctalope scrutaient la nuit où peut-être un étranger se tenait comme lui aux aguets, prêt à bondir, à tuer et à disparaître.

Thor Risak savait le troupeau menacé depuis la mort de Mikkelsen. Serrant les poings en évoquant le danger inévitable, il vérifiait le libre jeu de son couteau dans sa gaine, puis se rassurait; rien ne permettait de penser qu'il y avait alentour, confondu dans la neige et la grisaille, un voleur de rennes guettant sa défaillance pour accomplir son larcin.

Cependant les événements s'étaient précipités : Mikkelsen tué, ce Finsk qui était venu mettre en garde Simon Sokki et qui avait osé solliciter la garde du troupeau.

Par prudence, il se promit de faire le tour du troupeau pour relever des traces possibles, puis, comme le sommeil s'emparait de lui, il absorba rapidement une forte dose d'alcool. A nouveau conscient et décidé, il s'amusa à compter les rennes qu'il pouvait découvrir dans la nuit, tas informes, couleur de nuit, couleur de neige, couleur de ciel, aux bois oscillant au rythme du vent perdu.

De les voir reposer ou dormir, confiants autour de lui, il ressentait un grand bonheur, car il savait que la confiance des rennes n'a jamais été accordée à d'autres hommes qu'aux Lapons. La seule odeur d'un Norvégien, d'un Suédois ou même d'un kvaen les fait fuir au loin plus sûrement que l'appel du loup pendant la longue nuit polaire. Mais il savait également que les rennes oublient vite, il suffisait d'une saison d'abandon sans surveillance, pour que le grand troupeau tout entier redevienne sauvage comme il y a 2 000 ans !

A l'école norvégienne on lui avait dit qu'il n'existait plus de rennes sauvages en Laponie, et il riait doucement à cette idée, car il savait, Thor, ce que le maître ne savait pas : ce grand troupeau, qu'il gardait et surveillait contre les hommes et contre les loups et qu'on croyait domestique, n'était qu'une harde sauvage, libre, indépendante, pas même apprivoisée, obéissant à quelques individus castrés esclaves des Lapons. Aucune force ne peut retenir le grand troupeau quand il lui prend envie de quitter ces terres et d'émigrer en masse vers les montagnes de la côte !

Alors les hommes sont bien obligés de courir derrière la harde ! Et que font-ils d'autre au printemps, sinon suivre le troupeau que son instinct millénaire dirige vers la montagne, eux, les Samisks qui ne pourraient pas vivre sans les rennes ?

Durant ces rêveries interminables, Thor Risak dégageait le sens de sa vie, découvrait qu'il appartenait à une race élue, en marge de toutes les races humaines, qu'aucune loi, aucune frontière, aucun tyran ne pourraient asservir, mais qui mourrait le jour où on lui aurait pris tous ses rennes ! Il tremblait rien qu'à cette idée, et serrait la crosse de son vieux fusil, perçait de son regard la nuit monotone où les collines blanches ou grises se déplaçaient sous les nuages, comme si la terre tournait lentement sous un ciel immobile.

Les heures s'écoulaient ainsi, qui ne correspondaient à rien de ce que les maîtres norvégiens lui avaient enseigné à l'école des nomades.

Que signifiait pour Thor et les siens cette division du temps en vingt-quatre heures égales ? Le temps de veille, Thor le divisait en périodes alternées qui lui suffisaient pour organiser ses gardes : la période où les rennes mangeaient et se déplaçaient lentement le long des collines, et celle où ils ruminaient ou somnolaient, immobiles, comme en l'heure présente. Qu'importaient les notions d'heures, de secondes et de minutes, de jour et de nuit, enseignées à l'école ! Le temps des Lapons n'est pas celui des autres hommes, pour eux il y a le temps des ténèbres et celui de la lumière permanente. Sa nuit à lui durait trois mois et son prochain jour serait interminable ! Et cela s'accordait parfaitement avec les idées d'éternité, de durée, qui étaient propres à sa race immuable et éternelle.

Les rennes autour de lui commencèrent à s'agiter, une ou deux clochettes de conducteurs tintèrent dans les fourrés.

Thor Risak sut que le grand troupeau allait s'éveiller et se déplacer selon son instinct vers de nouveaux champs de lichen, vers de nouvelles prairies où il suffirait de gratter du sabot pour découvrir la mousse vivante et gelée sous la couche de neige régulière du sous-bois ou sous les congères des clairières exposées au vent. Mais avant qu'il ne s'égaille et se déplace lentement, irrésistiblement, sans qu'aucune force humaine réussisse à arrêter le flot vivant des croupes et des museaux fumants, il fallait rassembler les bêtes, et avant qu'elles ne piétinent la neige, lire dans celle-ci les événements qui s'étaient écoulés durant la longue veille solitaire.

Le Lapon se dressa, et sans qu'il eût besoin d'appeler ses chiens, ceux-ci furent à ses côtés, poussant de brefs aboiements joyeux; le berger chaussa ses skis, et traversant le troupeau qui fuyait et s'écartait lentement devant lui, gagna la lisière de la colline dont il entreprit de faire le tour. Poussant sur son long bâton, alternant ses glissades dans un déhanchement de ses jambes difformes, le petit homme noiraud déchiffra minutieusement les traces qui se croisaient un peu partout sur la neige. Il y avait celles des lièvres montés de la rivière gelée et qui étaient venus jouer dans les trous creusés par les rennes, il y avait le fin ourlet de dentelle laissé par les poules des neiges, regagnant après leur cueillette de bourgeons leur nid dans le tapis végétal sous-jacent. Parfois, Thor croisait la trace d'un renne isolé qui s'était éloigné du troupeau; il lui fallait alors partir à sa poursuite, et bientôt il le découvrait, ruminant solitaire, immobile, dans une clairière isolée. Il envoyait ses chiens qui ramenaient l'égaré.

Ainsi, très lentement, Thor Risak faisait le tour du troupeau épars sur plusieurs hectares de taïga, ramenant les bêtes éloignées, lisant à livre ouvert dans la neige, et subitement heureux car, en cette fin de veille, il n'avait pas croisé comme les fois précédentes la trace du loup affamé, ni celle beaucoup plus dangereuse de l'homme inconnu chaussé de mocassins qui était sans doute venu épier le troupeau pour en connaître les habitudes, et qu'il fallait s'attendre à voir revenir.

Quand viendrait la relève, Thor Risak passerait à Pier ou à Andis un troupeau complet et bien rassemblé.

Pas comme en ce temps maudit de l'hiver précédent, où les loups s'étaient acharnés à saigner chaque soir un ou deux rennes sans qu'il puisse tirer sur la forme fuyante qui intégrait la grisaille de son pelage à la grisaille des fourrés et à la grisaille des rennes.

Pas comme la fois où il avait reconnu trop tard la trace maudite du voleur de rennes, et suivi celle-ci durant plusieurs milles sans succès, pour voir, au retour, ses chiens se régalant d'entrailles fraîches, ensevelies à la hâte dans la neige par le ravisseur ! Entrailles qu'accompagnaient les deux oreilles coupées de la bête massacrée, portant leurs marques révélatrices.

Les rennes enfin rassemblés avaient pris très lentement la direction de l'est, et Thor savait que le vieux castrat qui les conduisait irait sans aucune hésitation vers l'autre colline habillée de taïga boisée où son flair découvrait déjà un riche pâturage enseveli sous la neige.

Il pensa qu'il faudrait déplacer la tente des bergers dans cette direction, car la distance serait trop grande entre le veilleur et ses compagnons, en cas de danger.

Le Lapon revint lentement jusqu'à son trou, glissant si doucement que la neige froide ne crissait même pas sous ses skis, puis s'y installa à nouveau immobile, invisible, attendant les événements. Ses chiens se recouchèrent sagement autour de lui, mais ils ne s'endormirent pas, sentant quelque présence insolite. Thor examina leur comportement : oreilles dressées, ils ne grognaient pas. Quelqu'un devait monter vers eux qu'ils reconnaissaient. Rassuré, le Lapon écouta avec attention les bruits imprécis de la taïga où dominait la symphonie du vent perpétuel. Il captait des sons, des rumeurs qu'il identifiait puis rejetait pour finalement percevoir le bruit de soie froissée que produisent les skis sur la neige lorsqu'ils sont maniés énergiquement. Et, bien avant que la silhouette sombre de Karin se fût dégagée de la nuit claire, il savait qu'elle était là, qu'elle approchait, porteuse des nouvelles de la cita. Elle hésitait encore dans le clair-obscur du taillis, et comme elle ne pouvait l'apercevoir, il yoka légèrement, à quoi elle répondit aussitôt par un yok plus clair et vibrant qui fit se dresser en aboyant les chiens vautrés dans la neige.

« Paix, vous autres », fit rudement Thor.

Essoufflée par la longue montée depuis le lac jusqu'au faîte de la colline, Karin déchaussa ses skis, sauta dans le trou de neige aménagé par le berger, et Thor la reçut contre lui si bien qu'ils ne formèrent plus qu'un bloc de fourrures. Ils restèrent quelque temps ainsi, serrés l'un contre l'autre, sans rien dire, mêlant la buée de leur souffle. Karin avait souvent pensé que si Thor avait possédé un peu plus de rennes, il eût fait un parti convenable. Elle aimait à la fois le silence réfléchi du nomade lorsqu'il était au troupeau, et sa joie débordante lorsqu'aux grandes fêtes, il lançait au galop à travers Viddakaïno son grand renne gris aux bois immenses, au risque de le claquer. Mais en cet instant ils n'éprouvaient l'un pour l'autre qu'un attrait physique bien éloigné de l'amour, ils appréciaient le bien-être de leurs deux corps étroitement enlacés additionnant leur chaleur à travers la triple épaisseur de fourrures. Et cela rendait presque confortable le trou glacial où ils s'abritaient des rigueurs de la nuit arctique.

« On est bien comme cela », fit brusquement Thor.

Elle détourna la conversation, sachant où il voulait en venir.

« Pier et Andis m'ont dit que ta garde s'est bien passée...

— Oui, simplement la visite d'un loup que les chiens ont fait fuir, et une trace inconnue... Et que devient le Finnois ?

— Il piège pour Simon Sokki, dit la jeune fille. Il voulait venir t'aider, mais son empressement paraissait suspect. Simon ne veut pas qu'il connaisse l'emplacement du troupeau... Thor, monte bonne garde au troupeau. C'est un conseil qu'il a donné pas plus tard qu'hier...

— Et si le Finsk était un espion, un traître ?

— N'aie crainte, il ne tient pas à être retrouvé comme l'autre, un couteau planté entre les épaules !... »

Elle lui raconta ce qu'elle savait, les longues conversations entre Simon et le Finnois, leur accord. « Pourtant, observa-t-elle, Simon reste méfiant... »

Ils savaient bien tous les deux qui avait volé les

mille rennes de l'Œstfjellet, Mikkel Mikkelsen n'était qu'un comparse !

Le Finnois qui l'avait remplacé chez les Sokki devenait par-là même l'allié des citas de Suojaurre, ennemies héréditaires de celles de l'Œstfjellet. Mais que pouvaient ceux de l'est contre le chasseur de rupés ? Il n'avait qu'un renne d'attelage et ceux qui voulaient se venger ne pouvaient donc que le tuer, comme ils avaient fait de Mikkel Mikkelsen. En acceptant de remplacer le disparu, il s'était désigné à leurs coups. Suojaurre devait l'accueillir comme un réfugié ! Mais tous les autres, ceux qui avaient pris part au grand vol des rennes et qu'on ne nommerait jamais, il fallait qu'ils s'attendent à voir disparaître chaque hiver des bêtes de leur troupeau...

« On veillera, fit Thor. N'aie pas peur, Karin.

— Je n'ai pas peur des hommes, dit la fille. Je crains Dieu... et aussi le stallo de l'Agjiet ! » murmura-t-elle *in petto* en faisant le signe de croix.

Il détourna la conversation :

« Tu viens pour la viande !

— C'était mon tour ! J'ai pensé qu'on pourrait tuer la vieille femelle stérile qui ne nous a pas donné de petits depuis trois migrations...

— Elle sera coriace, fit Thor.

— Depuis quand as-tu vu tuer les plus belles bêtes du troupeau ? répondit Karin. C'est une fantaisie des Norvégiens que de vouloir des bêtes grasses ! Un Lapon ne mange que les rennes qui ne peuvent plus servir.

— Je ne le sais que trop ! soupira Thor. Allons, viens ! Il s'agit de retrouver ton squelette vivant... »

Le troupeau avait continué son lent mouvement vers l'est, et avec les milliers de ramures des rennes qui s'éloignaient d'un bloc, c'était comme si tout un pan de forêt glissait le long de la colline; et derrière, là où le troupeau avait bouleversé la neige pour y chercher le lichen, on eût dit que tout avait été pilonné par des obus...

Ils skièrent silencieusement, côte à côte, croisant leurs longs bâtons, et ne quittèrent les skis que lorsqu'ils atteignirent les premières vagues du troupeau. Les rennes s'étaient dispersés et fouissaient la neige de leurs sabots antérieurs, et on ne voyait de la plupart que l'arrière-train et la petite queue fébrile et constamment agitée sur la culotte de fourure blanche. Mais l'odeur de l'étrangère les affolait déjà, et ils s'écartaient des arrivants qui pénétraient dans le troupeau comme le ferait l'étrave d'un bateau dans la mer.

« Tu ne les auras pas comme ça ! fit Thor. Il faut ramper, ta bête se tient toujours avec les rennes de ta famille. Ils se groupent généralement autour du renne à clochette... Ecoute... »

Le son grêle de la clochette tinta au milieu du magma des cinq mille bêtes.

Thor et Karin se mirent à ramper lentement dans la neige, suivis des chiens qui restaient derrière eux. Ils avançaient au coude à coude, et arrivaient ainsi à surprendre les rennes qui ne discernaient plus très bien l'odeur familière du berger et celle de la jeune fille, car pour les rennes chaque être humain a son odeur propre qu'ils reconnaissent à distance, tolèrent ou rejettent.

Ils mirent ainsi près d'une heure pour se glisser sans causer de panique dans le troupeau refermé sur eux comme une draperie mouvante. Maintenant, au cœur même de cette futaie de jambes aux dangereux sabots fourchus, au-dessus d'eux, oscillaient comme une forêt en miniature les longs bois cornus et emmêlés et malgré le froid très vif, le suint des fourrures dégageait cette odeur de musc qui ravissait les Lapons. Au passage, Karin identifiait les bêtes et, dans un souffle, les montrait à son compagnon : « La marque des Bongo..., celle des Risak..., celle des Sokki... Là, cette jeune femelle appartient à Kristina !... » Elle était heureuse, pleine d'exaltation. Il la regarda, admiratif, et elle ne détourna pas les yeux.

Ils s'étaient arrêtés. La clochette tintait tout près, au centre d'un groupe de cinquante rennes qui tournaient en rond autour du renne conducteur. Presque tous portaient à l'oreille droite la marque de la cita des Sokki, et à l'oreille gauche, celle, toute personnelle, des différents membres de la famille Bongo...

« Ce sont les nôtres », fit Karin. Elle les contempla avec fierté, allongée sur le ventre, les coudes dans le matelas moelleux de la neige poudreuse, orgueilleuse de montrer ses richesses au solide garçon de sa race allongé à ses côtés. Il leur fallait pourtant se hâter, les rennes ne sont pas patients.

« Cherchons la femelle à sacrifier, dit-elle.

— Es-tu si pressée ? » fit-il en lui prenant le bras pour l'empêcher de se relever.

Elle crut comprendre, chercha ses yeux dans la nuit.

« Pourquoi tuer l'une de tes bêtes, Karin ? Je t'en offrirai une plus grasse...

— Il te plairait que je sois comme ta sœur ? »

Il haussa les épaules.

« Comme tu voudras... Martha n'est pas une mauvaise fille, elle ne fait qu'obéir aux coutumes de notre race...

— N'y pense plus, Thor, ça ne me dit rien !... »

Il n'insista pas.

« Voilà ta biche... Pas fameuse, hein ? »

Il montra une vieille femelle qu'on devinait toute en os malgré l'épaisseur anormale de sa fourrure d'hiver, triant du lichen dans un trou abandonné.

Karin déroula son lasso, vérifia le coulant et s'étant mise à genoux s'apprêta à le lancer.

« Laisse ! fit Thor. Tu en es capable, mais je fais cela plus souvent, et je ne te demanderai rien en échange... »

Il était buté, et elle comprit qu'il lui en voulait de son refus, qu'il tenait à lui prouver son adresse et sa force.

« Va ! » dit-elle.

Il siffla doucement entre ses dents, grognant à la façon des rennes et se releva très lentement, se mettant debout au milieu du troupeau. Le plus difficile est de bien choisir l'animal à capturer, et dans cette pénombre, il faut l'œil d'un Lapon pour les reconnaître. Mis en alerte, les rennes s'inquiétaient, cessaient de fouiller la neige, et parmi toutes ces têtes dressées et tous ces bois emmêlés il était presque impossible de viser à coup sûr.

Thor avançait insensiblement, on eût dit qu'il ne bougeait pas, et pourtant chaque pas qu'il faisait le rapprochait du renne choisi. Il procédait d'une façon merveilleuse, avançant à peine une jambe et, pendant ce premier temps, son buste ne bougeait pas. Puis c'était, au contraire, son buste qui se déplaçait plus lentement encore, et venait à l'aplomb de la jambe avancée; il ne restait plus qu'à ramener avec autant de précaution la jambe restée en arrière, et recommencer.

Karin admira en connaisseur. Thor était très fort ! Il savait que les animaux sauvages ne sont sensibles qu'aux gestes soudains, qu'ils s'inquiètent d'un bond en avant, d'un sursaut du buste, d'un bras qui se dresse brusquement et il agissait en conséquence.

Il restait en lui cet instinct trente fois millénaire des peuples chasseurs dont la vie dépendait du gibier capturé. D'ailleurs, que faisait-il sinon chasser ces rennes qu'on dit domestiques et qui ne se laissent pas approcher, qu'on ne peut capturer qu'au lasso ?

Sans son bonnet rouge et voyant, capelé de flots de rubans, on l'eût aisément confondu avec la masse du troupeau, car les fourrures qui le vêtaient de la tête aux pieds dégageaient la même odeur que les peaux vivantes qui l'entouraient. Immobile depuis un moment, il se détendit soudain comme l'éclair et lança le lasso.

La large boucle de chanvre se déploya dans l'air et s'abattit sur le dos de la femelle choisie. Le reste du troupeau avait bondi dans toutes les directions tandis que la victime essayait de se débarrasser de cette corde mince et solide qui ceignait ses reins et s'attachait à ses membres. Thor avait évité la capture par les bois, car ceux-ci, trop fragiles, cassent ou facilitent chez la bête une résistance acharnée. Il avait visé au corps, sachant bien que le renne par le bond inévitable qu'il fera pour échapper au lasso, se ceinturera fortement de lui-même. C'est ce qui se produisit ! Le renne recula, engagea ses postérieurs dans la boucle, et très vite, Thor fit glisser le lasso dans le coulant.

Accroupie sur ses mocassins, dans la posture favorite des Lapons, Karin se régalait du spectacle qui ne faisait que commencer. Il fallait maintenant que Thor gagne la distance qui le séparait du renne en se tirant, centimètre par centimètre, à la corde du lasso tendue à se rompre; il eût été inutile de faire céder la bête, arcboutée de tout son poids et des quatre membres dans la neige profonde ! C'était au chasseur d'avancer, lentement pour ne pas effrayer le renne, et c'était comme s'il se halait sur une ancre, sans jamais relâcher la tension de la corde, ce qui eût permis à l'animal de reculer ou d'avancer, puis de bondir et de tout arracher dans une de ces détentes monstrueuses dont les rennes prisonniers sont coutumiers.

Les autres rennes, voyant qu'on ne s'intéressait plus à eux, avaient repris leurs fouilles et piquaient délicatement du bout de leur museau soyeux les lichens qu'ils découvraient. Le drame se jouait à deux, dans l'indifférence totale. Thor approchait pas à pas, glissant une main puis l'autre sur le fil du lasso, donnant parfois de brefs coups secs pour arrêter une velléité de fuite de l'animal, mais maintenant Karin connaissait l'issue du combat. Son renne était trop âgé, trop maigre pour traîner sur la neige dans une lutte à mort, un homme aussi décidé que Thor. Regrettant de n'avoir pas choisi, pour éprouver le courage du jeune homme, le plus indomptable des mâles de son troupeau, elle soupira, puis, indifférente, attendit l'issue du combat.

Thor n'était plus qu'à deux mètres de la femelle qui le fixait de ses gros yeux globuleux, exorbités et où se lisait une terreur sans limite. Ses flancs se creusaient et se détendaient comme un soufflet, mais elle restait silencieuse, et dans ce silence même qui précède inéluctablement la mort, on n'entendait que le bruit haletant de sa respiration. Bientôt Thor saisit l'un des bois, puis l'autre, tordit l'encolure. Mais alors qu'il la croyait vaincue, la bête eut un ultime bond en avant qui coucha le Lapon dans la neige, puis elle roula à ses côtés, langue pendante. Karin s'approcha.

« Je la tiens, vas-y », dit le garçon.

La jeune fille dégaina, écarta les pattes de devant qui se raidissaient déjà de frayeur, et d'un coup d'une précision absolue, planta son couteau en plein thorax de l'animal, perforant le cœur. La bête foudroyée mourut en quelques secondes. Tenus à l'écart, les chiens se rapprochèrent, gémissant de joie, car ils sentaient déjà l'odeur chaude des entrailles qui leur étaient destinées.

La capture achevée, Thor se désintéressa de la suite. A son tour, il s'accroupit sur la neige à proximité du renne et regarda placidement Karin ouvrir le ventre, dégager l'énorme panse, vider la bête en un tournemain, et jeter aux chiens les entrailles sur lesquelles ils se précipitèrent en poussant des aboiements de joie furieuse.

Ayant passé le nœud coulant de son lasso dans les pattes de derrière, la jeune fille serra bien fort et bloqua la corde autour de ses reins, à distance convenable du cadavre, puis, chaussant ses skis, fit ses adieux au jeune homme.

« Bazza derivan ! » fit-il.

Thor la regarda s'estomper dans l'obscurité noire et blanche, tirant derrière elle le renne sacrifié dont la tête sans vie oscillait aux secousses de la marche, et dont les bois, traînant dans la neige, s'accrochaient aux obstacles rencontrés, aux branches de bouleau, aux glaçons, laissant après leur passage une longue trace rouge sur la neige.

Sur les lieux du sacrifice, les chiens avaient tout nettoyé et, les babines pleines de sang gelé, se léchaient, faisaient leur toilette, heureux et repus. Sans la neige piétinée alentour, rien n'eût permis de déceler le drame de la vie et de la mort qui venait de se dérouler quelques instants avant. Thor écouta longtemps. Des bruits de branches brisées arrivaient jusqu'à lui, marquant dans la nuit de la taïga la marche de la jeune fille, puis tout se confondit dans le silence éternel des choses.

Alors le Lapon creusa son trou, s'y glissa avec, à côté de lui, son fusil chargé et armé, but à sa gourde une goulée d'alcool et de café, et, les yeux fixés au ras de la neige, rassembla par la pensée le grand troupeau un instant dispersé. Rassérénés, maintenant, les rennes avaient repris leur lent travail de fouissage, et couvraient le flanc de la colline de leur immense masse grise, surmontée des fines ramures des bois, confondus en une symphonie gris-blanc, noire et blanche. Et Thor pensa de nouveau qu'il était là depuis le commencement de tout, qu'il resterait ainsi jusqu'à la fin des siècles, et, songeant à la grandeur de son destin, il se sentit parfaitement heureux et libre sur la terre d'ombre et de froid qui était son royaume.

XIII

L'HOMME avait tout vu. L'arrivée de Karin, la recherche de la bête à sacrifier, le départ de la jeune fille. Il grogna de satisfaction, tout servait ses plans. Thor Risak serait encore de garde vingt-quatre heures. Et chacun sait que les dernières heures sont les plus pénibles, celles où l'attention se relâche, surtout lorsque le berger a reçu la visite d'une jeune fille et qu'il mêle son visage à ses rêves d'ambition. Des rêves, des espoirs, des désirs, Thor Risak en avait accumulé un tel poids qu'il resterait bien peu de place dans ses pensées pour la surveillance du troupeau. Il ne manquait plus que la tourmente, mais l'inconnu savait qu'elle serait au rendez-vous; le vent soufflait de l'Agjiet et c'était un présage. Déjà le sifflement permanent de la brise se gonflait en un chant plus élevé, bruissant et fort, plaquant des accords çà et là sur les collines chauves. Puis tout se taisait mais les intervalles de silence se faisaient plus courts et plus pesants; on eût dit que la terre haletait sous la menace du ciel. Les nuages passaient là-haut à une vitesse incroyable, fuyant tous dans la même direction, longues traînées sombres déchirant le manteau constellé, d'où s'échappaient des irradiations phosphorescentes.

Il était temps de préparer le rapt.

L'homme qui s'était posté sous le vent de la colline ne pouvait être ni vu ni senti par les chiens de Risak. Un instant le vent avait changé, et il avait eu très peur d'être découvert; mais le hasard l'avait servi. En approchant du grand troupeau Thor et Karin avaient fait fuir les bêtes sur le versant opposé et les y avaient suivies. L'inconnu avait vu déferler à distance le flot mouvant des rennes, frémissant comme une peau vivante sur la taïga dénudée; il avait estimé en connaisseur le nombre et la valeur des animaux. Ceux-ci, à vrai dire, ne formaient pas une seule harde. Le grand troupeau se scindait en troupes de cinq cents à mille têtes, appartenant à une même famille, et qui se regroupaient sous la conduite du vieux renne à clochette; et chacun de ces groupes allait à sa fantaisie, choisissant son pâturage et son lieu de rumination. Mais, mû par l'instinct, l'ensemble des rennes dérivait vers le sud-ouest, s'éloignait de plus en plus du trou de neige où rêvait amoureusement Thor Risak dont les yeux ne fixaient plus la limite extrême de la taïga pour y déceler le moindre bruit et le moindre mouvement; Thor rêvait d'un univers où caracolaient entre neige et ciel des attelages fabuleux de rennes blancs guidés par de hardies filles rieuses, ayant toutes le même visage, celui de Karin Bongo. Les chiens du berger s'étaient couchés à ses pieds et se laissaient recouvrir de neige par le vent; ils ne broncheraient qu'en cas de danger venant de l'est.

La nuit s'était maintenant assombrie. Le vent hurlait, faisant fumer les collines, et criblant les bouleaux d'un embrun glacial qui rendait le froid coupant comme une lame. L'inconnu sourit; par ce temps-là on ne viendrait pas relayer Thor avant l'accalmie, et cela promettait quelques heures, peut-être un jour de répit. Le froid ne semblait pas l'atteindre, la neige soufflée avait uniformément recouvert son pesk et ses fourrures, et s'il n'avait pas porté le bonnet à quatre pointes des Lapons de Karasjok, rien n'eût permis de l'identifier dans le buisson de bouleau où il avait creusé son trou. Il attendit encore quelques heures durant lesquelles la nuit s'épaissit et le vent redoubla de violence. C'était maintenant une nuit féroce, démoniaque, et seul un Lapon possédé par le démon du mal, pouvait s'y tenir debout. Thor Risak pouvait rêver aux amours du printemps, lui était éveillé et tous ses sens conservaient une acuité surprenante; sa vue perçait les ténèbres et suivait la lente évolution du troupeau vers le sud-ouest, comme si le stallo de l'Agjiet avait exaucé sa prière. Sans doute les massacres de rennes réjouissaient-ils le vieux génie délaissé. Désormais le troupeau des Sokki était à sa merci. Il ricana, la vengeance serait complète. Œil pour œil ! Mille rennes, il lui fallait mille rennes ! En emmener davantage serait trop risquer. Il fallait faire vite et sans chiens, pour ne pas donner l'alarme.

Quand il jugea la tourmente à son apogée, la visibilité réduite à son minimum, l'homme donna le signal. Par trois fois, il poussa le cri du renard bleu en chasse, imitant à s'y méprendre le glapissement aigu familier aux gens de la taïga. Il tendit l'oreille; à faible distance, un autre renard bleu répondit, puis un autre, un autre encore. Les hommes de la vengeance étaient prêts. Alors il se releva, chaussa ses skis, repéra le long itinéraire qu'il avait mûri pendant ses veilles, pendant les longues heures passées au cours de l'hiver à surveiller le troupeau, à connaître les habitudes des bêtes, à vérifier le sens de leurs déplacements quotidiens. Le vent était si fort, les rafales si intenses qu'il ne pouvait avancer que par à-coups, courbé, arc-bouté sur son bâton, les oreilles emplies du tumulte des éléments. A peine était-il visible à quelques mètres. Seule son odeur aurait pu donner l'alarme aux chiens des Sokki, mais il restait sagement sous le vent, allongeant son trajet. Tous ses mouvements étaient calculés, précis. Il fallait passer entre les chiens et le troupeau; là s'étendait un large espace où la neige avait été labourée, creusée, bouleversée par le passage des rennes, et il savait ceux-ci occupés à fouir quelques centaines de mètres plus loin sur de nouveaux champs de lichens.

Il ne voyait pas ses complices, mais il les savait à leur poste, prêts à intervenir. Sa tâche à lui, était de pénétrer au milieu du grand troupeau sans donner l'éveil, sans provoquer de panique, en se gardant d'effrayer le renne à clochette. Bien sûr, il y aurait un peu de flottement, mais une fois calmé le premier affolement des bêtes, il ne s'agirait plus que de choisir et d'isoler l'une des hardes, la plus belle, de la détacher des autres et de la pousser lentement hors du troupeau vers le sud-ouest. C'est alors seulement qu'il faudrait se hâter pour couvrir dans le moindre temps possible les quelques milles qui les séparaient de la frontière finlandaise, au-delà de laquelle l'impunité était assurée.

L'inconnu aborda le grand troupeau avec une lenteur de gestes inaccoutumée, multipliant les précautions. Un vent de panique avait précédé sa venue, mais comme il s'y attendait, le vieux renne à clochette ne s'était pas effrayé de sa présence, et, calmées par l'attitude du chef de la harde, les autres bêtes s'étaient remises à creuser la neige en toute tranquillité. L'homme sourit de satisfaction, sa ruse avait réussi. Les autres chercheraient longtemps pourquoi les rennes n'avaient pas fui, pourquoi le tintement affolé de la clochette n'avait pas donné l'éveil aux chiens, alerté Thor Risak. Sacré Mikkel Mikkelsen ! Il était utile par-delà sa mort, il remboursait largement les mille rennes volés aux Siri.

Dès lors tout se déclencha comme prévu. Allant et venant au sein du troupeau, il laissait se grouper autour du vieux mâle les animaux qu'il ne convoitait pas; les autres formèrent bientôt un bloc compact de fourrures et de bois emmêlés qui se détacha de la grande île mouvante des rennes, et comme pris dans un courant se dirigea vers les collines de l'ouest, fuyant devant l'homme qui allait et venait sans relâche, augmentant rapidement la distance qui séparait les rennes volés du gros du troupeau.

La manœuvre avait réussi ! Des ombres sortirent de la nuit, des crissements de skis alertèrent l'inconnu, un ou deux glapissements de renard se firent entendre, tranchant cette fois tant ils étaient brefs, sur les hurlements de l'ouragan.

Bientôt les compagnons de l'inconnu l'entourèrent; ils portaient tous le bonnet à pointes de l'Est. La bouteille d'alcool passa de main en main et ils burent pour oublier leur fatigue. Ils étaient en sueur, malgré le froid, et de larges gouttes coulaient sur leurs visages noirauds, ravinant la crasse et la suie qui les recouvraient. Une frange de glaçons bordait leur bonnet comme une précieuse hermine, mais dans l'obscurité leurs dentures magnifiques brillaient comme celles de jeunes loups, et c'étaient vraiment des loups qui avaient chassé cette nuit-là, silencieux, dans le grand bruit de la tempête.

Ils ne s'attardèrent pas, il fallait franchir la frontière avant la fin de la tourmente.

Le personnage qui avait mené l'opération donna ses dernières consignes.

« Nous avons repris notre bien, il s'agit de ne plus le perdre ! Où sont les chiens ?

— Derrière la colline, muselés et tenus en laisse », dit l'un d'eux. Et ils allaient s'éloigner.

« Comment as-tu fait pour approcher ? demanda une voix.

— Regarde ce pesk, c'est celui de Mikkel Mikkelsen ! Il porte son odeur ! Et Mikkel, après avoir aidé au vol de nos rennes, a gardé pendant trois hivers les troupeaux de Sokki. »

Ils admirèrent la ruse.

« On va pousser les rennes plus loin, poursuivit-il, puis on lâchera les chiens car alors personne n'entendra leurs aboiements. Dispersez-vous aux quatre coins du troupeau, je vais prendre la tête. »

Il défit son lasso, chercha dans la masse confuse des rennes celui qui guidait la harde. Il le reconnut à la masse des femelles apeurées qui l'entouraient, à la passivité des autres, à son allure éveillée, frémissante, à la fierté de ses bois dressés, immobiles et que n'arrivait pas à faire osciller la tourmente.

D'un geste précis il le captura, le laissa longtemps se débattre au bout du lasso, puis, lorsqu'il le sentit résigné, il siffla doucement entre ses dents, le calma et l'entraîna derrière lui. La bête, un instant cabrée, finit par le suivre avec docilité, étalant ses larges sabots dans la trace profonde laissée par le passage des skis. L'homme attendit un instant avant de se retourner : s'il avait choisi la bonne bête, les autres suivraient.

Et ce fut dès lors comme un bateau qui déhale. Le grand troupeau se forma en triangle, un renne, deux rennes, quatre rennes, huit, seize, trente-deux, soixante-quatre rennes, davantage encore collés corps à corps, emmêlant leurs fourrures, s'épaulant l'un l'autre, suivirent, dociles, le renne qui suivait l'homme, et sur les flancs de cette nef vivante les skieurs allaient et venaient, sifflaient, grognaient, parlaient le langage des bêtes et les empêchaient de s'écarter.

Le vent couvrit leur fuite, la nuit se referma sur eux,

cependant que le gros du troupeau, indifférent au départ des autres, indifférent à la tourmente et aux hurlements du vent, pâturait lentement, labourant au passage l'épaisse couche de neige, creusant partout de profonds cratères où les animaux s'enfonçaient jusqu'au sol gelé, à la recherche du lichen, puis quand ils avaient cueilli leur nourriture, se dégageaient d'un coup de reins et recommençaient un peu plus loin.

Thor Risak fut réveillé par le silence subit qui pesait maintenant sur la taïga.

Combien de temps avait-il dormi ? Il crut ne s'être assoupi qu'un instant. Autour de lui, il n'y avait que la nuit lumineuse et froide à travers laquelle le vent calmé susurrait dans les bouleaux. La tourmente avait cessé. Un amas de neige soufflée le recouvrait entièrement. Il se dégagea et chercha ses chiens; seul le trou de respiration décelait leur présence sous la neige. Polies par l'ouragan, les glaces des collines brillaient dans la pénombre, et dans le ciel dégagé, les constellations se rallumaient une à une.

Thor sursauta. Où était son troupeau ? Il ne l'apercevait plus, mais il se rassura : lors du départ de Karin, les rennes effectuaient un mouvement d'ensemble vers un nouveau champ de lichen, il avait même songé alors à déplacer son poste de guet. Mais à quoi bon ? Ceux qui viendraient le relever dans quelques heures s'installeraient plus à l'ouest. Il lui suffirait d'aller faire le tour de la colline. Les rennes étaient derrière !

Il dégagea minutieusement son trou de la neige qui l'encombrait et qui lui avait fourni un matelas moelleux propice au rêve, puis il disposa dans le fond, à l'abri du vent, quelques écorces de bouleau gardées bien au sec sous son pesk. La flamme jaillit très vite et il disposa à son contact la bouilloire à café, suspendue à un trépied léger. Puis, accroupi au-dessus de la petite flamme, il l'entretint d'écorces vives puisées à sa réserve; la chaleur montait sous sa pelisse, dégourdissant ses jambes raidies par l'immobilité plus encore que par le froid. Quand le café fut à point, il le but lentement, voluptueusement, et se sentit pénétré d'une douce chaleur, moins vive cependant que celle qui l'avait embrasé lorsque Karin bondissant dans son trou s'était serrée contre lui.

Il ne reverrait pas Karin avant Pâques, désormais ! Il soupira. Belle fille, mais elle était trop riche pour lui, pour le moment tout au moins. Encore quelques années de berger, et il aurait multiplié suffisamment son troupeau pour pouvoir justifier une demande en mariage. A moins que d'ici là...

Il s'arracha à ses réflexions. Le moment était venu d'aller faire le tour du troupeau, de relever les traces possibles d'une visite nocturne, d'un loup peut-être, car celles des hommes étaient peu à redouter, pensait-il, en pleine tourmente.

Il sortit du trou de neige, chaussa ses skis, passa son lasso en bandoulière, prit son vieux fusil, siffla ses chiens. Ceux-ci se secouèrent, émergèrent de la neige, puis aboyèrent joyeusement.

« Paix ! » fit-il rudement.

Les chiens marchèrent sagement dans ses traces. Il avançait lentement, butant dans les trous pratiqués par les rennes, coupant tout droit vers la colline opposée où devait se trouver le troupeau. Il en approchait lorsqu'il découvrit, dans un endroit abrité du vent, la première trace laissée par le passage de l'inconnu. Deux traits parallèles provoqués par les carres des skis ayant mordu sur une sous-couche dure, et qui n'avaient pas été recouverts depuis par les apports de neige soufflée. Il s'arrêta brusquement.

Encore l'inconnu de l'autre jour !

Il s'inquiéta. Cela devenait grave; on épiait le troupeau, le Finsk avait raison, il faudrait ouvrir l'œil. Il résolut de passer des consignes sévères à ses successeurs lorsqu'ils viendraient le relever. Jamais jusqu'alors le visiteur clandestin ne s'était avancé aussi près du troupeau. Bien sûr, il s'était mis sous le vent, et, grâce à la tourmente, les chiens n'avaient pu le découvrir. Thor Risak chercha d'autres traces, d'autres indices, en vain, comme si le vent avait tout effacé. Et puis la nuit était trop sombre !

Il parvint à un petit col entre les deux collines pelées, et à nouveau, sur la neige plus dure, retrouva les traces de skis. Cela devenait grave. Il siffla ses chiens, et fonça résolument dans la direction présumée du troupeau, mais la neige était tellement labourée par les rennes qu'il ne pouvait aller assez vite pour calmer ses angoisses. Il décida de couper au plus court, de monter sur la colline d'en face. Le troupeau était certainement derrière ! Tout indiquait qu'il avait contourné la montagne par son versant abrité du vent. Ils vont vers le sud-ouest... pensa-t-il. Thor se souvint que la frontière finlandaise était proche... Vite ! Il fallait faire vite ! Il s'était endormi, et il maudit Karin.

Il fallait arrêter le grand troupeau avant qu'il ne passe en territoire étranger. Et tout à coup lui vint l'idée que l'homme avait peut-être provoqué cette manœuvre.

A cette pensée, son cœur battit à coups désordonnés.

Mais non, un homme seul ne peut faire fuir cinq mille rennes, surtout s'il n'a pas de chiens, les bêtes s'égailleraient dans toutes les directions, seraient incontrôlables; il avait tort de s'alarmer, la menace se précisait mais rien n'était encore perdu. Cette pensée le rassura à moitié, mais il avait besoin de voir son troupeau, de se mêler à lui, de constater qu'il était encore là. Vite ! Il poussa sur son bâton, glissa, puis comme la neige devenait dure, ôta ses skis pour courir. Il retrouvait son énergie primitive et bondissait avec légèreté sur la couche gelée à laquelle il adhérait merveilleusement par la semelle de fourrure de ses skallers.

Du haut de la colline, il scruta l'autre versant, au-delà des moutonnements de terrain imprécis. La frontière passait là-bas, c'était ce trait de nuit qui séparait les montagnes du ciel. Les rennes devaient être au-dessous de lui, et il sonda du regard la taïga de bouleaux qui marbrait les flancs enneigés de la montagne, cherchant à reconnaître parmi toute cette grisaille la masse mouvante du troupeau. Il lui fallut beaucoup de temps, beaucoup de patience. Il s'était accroupi sur ses talons et fixait la direction où, il le savait, s'étaient déplacés les rennes mais il lui fallut de longues, de très longues minutes d'immobilité et d'efforts pour distinguer l'ébauche d'un mouvement sur la ligne imprécise de l'horizon. Il regarda pour s'assurer qu'il n'était pas victime d'une illusion. Par moments, un coup de vent balayait la colline, agitait les arbustes de la taïga et cela ressemblait à s'y méprendre à l'agitation des bois de rennes, mêlés aux branches des bouleaux. Quand il fut certain de ne s'être pas trompé, il respira bruyamment, se dressa, le troupeau était là !

Il enclencha d'un coup sec les étriers de ses skis et fonça, suivi par ses chiens galopant et aboyant; les premières bêtes se relevèrent effrayées par cette arrivée brutale et il dut calmer la panique par des appels qu'ils reconnurent bientôt, cependant qu'il faisait taire ses chiens.

Alors tout redevint comme avant. Ils étaient là qui broutaient, indifférents à l'agitation de leur maître, creusant la neige de leurs sabots de devant, agitant leur petite queue noire sur leur culotte blanche, d'autres déjà gavés de lichen, ruminant couchés dans la neige, agglomérés par petits paquets selon leur habitude. Thor était heureux. Ils étaient là.

Il reconnaissait ceux qui étaient près de lui, les appelait par leur nom ou par le nom de leur propriétaire, dont il examinait la marque taillée dans les oreilles. Il écoutait la rumeur caractéristique du troupeau cherchant sa nourriture, ce cliquetis des articulations lorsqu'ils fouissent à genoux ou se détendent d'un bond, les sons mats des bois qui s'emmêlent ou se choquent en des joutes familières. Tous ces bruits à peine audibles, qui conféraient au grand troupeau invisible un caractère mystérieux, comme si la terre eût rabâché dans l'ombre ses souvenirs millénaires.

Thor demeura longtemps assis au milieu de ses rennes. Son émotion calmée, il ne lui restait plus qu'à faire le tour du troupeau, à chercher les traces possibles d'un animal égaré, à ramener l'isolé; c'était son métier de berger et il le faisait bien. Il avait à peine parcouru quelques dizaines de mètres qu'il identifia à nouveau les traces du skieur mystérieux. Elles traversaient les champs de neige où fouissaient les rennes...

Thor blêmit : cette fois, l'homme était parvenu au centre du troupeau. Et tout à coup, il comprit la manœuvre, bondit de droite et de gauche sur ses skis, comme un fou.

L'attaque avait eu lieu, et il n'avait rien entendu. Des rennes manquaient, il en était certain. Il s'était leurré sur l'apparence, sur l'aspect paisible du troupeau. Combien en avait-on volé ? Cinq mille rennes dans la nuit, ça ne se compte pas facilement... Il fallait évaluer approximativement le nombre des rennes rassemblés : il les connaissait tous, il savait leurs habitudes. Il y avait ceux des Bongo, ceux des Risak, ceux des Sokki, et pour chaque famille les troupeaux personnels groupés par affinités, tout cela formant le grand troupeau, et Thor s'acharnait à les retrouver, doutant encore, ou plutôt reculant l'heure où la vérité éclaterait, redoutant l'instant où, le compte fait, il découvrirait le nombre des manquants ! L'homme avait coupé le troupeau, il avait divisé les rennes... Tout était clair maintenant !

Thor Risak, haletant, courut sur ses skis, le visage baissé, scrutant la neige. La vérité est dans les traces, et les traces expliquent tout. Voici l'endroit où la manœuvre de division a commencé. Par son passage, l'homme a coupé le troupeau en deux, élargi la distance, juste ce qu'il faut pour isoler les bêtes choisies... Thor hocha la tête; l'inconnu savait manœuvrer ! Ensuite il avait poussé les bêtes volées jusqu'au petit seuil entre les collines. Thor eut un instant d'espoir, il pourrait peut-être le rejoindre, lancer ses chiens, disperser les bêtes capturées... Mais il fallait faire vite !

Il fonça : la piste était facile à suivre, les bêtes n'avaient pas eu le temps de creuser la neige pour manger, elles s'étaient formées en triangle, avaient laissé un sillage profond et, de part et d'autre du sol piétiné, apparaissaient maintenant des traces de skieurs. Thor les compta : quatre, cinq, six hommes, et autant de chiens... Il s'arrêta, découragé. Il était trop tard !

Environ mille rennes étaient partis à jamais. La vengeance était accomplie. Continuer la poursuite était inutile ! D'abord, il était seul contre six et les poignards auraient vite fait de surgir dans le dos, puis, avec la complicité de la nuit et de la tourmente, les ravisseurs étaient déjà en territoire finlandais. Il en connaissait bien les limites et cette curieuse indentation de la frontière, qui allait toucher, entre Suède et

Norvège, aux montagnes de la côte, favorisait la contrebande et la fuite. Inutile de les poursuivre.

Il décida pourtant d'aller jusqu'à la frontière.

Peut-être recueillerait-il des renseignements, peut-être apprendrait-il quelle direction générale avait prise le troupeau ? Mais il savait de façon certaine que sa recherche n'aboutirait qu'à un charnier dans une clairière isolée, où l'abattage des bêtes aurait été fait en série, les oreilles marquées enfouies, et les carcasses de viande gelée passées clandestinement en Suède. La vengeance était accomplie. Il ne retrouverait plus les rennes.

Trois frontières, trois pays, trois lois ! Il rugit de colère et de haine contre les ravisseurs. Pourtant ces ravisseurs n'étaient pas des étrangers, ils étaient de sa race et ils n'avaient fait, il en convenait, qu'appliquer la vieille loi lapone. La vendetta entre clans ennemis ! Ils avaient gagné ! Mais c'était une victoire volée.

Il soupira. Les coutumes lapones n'avaient plus force de loi aujourd'hui depuis le partage des terrains de parcours entre les trois pays et l'interdiction de s'aventurer chez le voisin; dans le temps il y aurait eu une explication générale entre tribus, la poursuite aurait commencé, d'autres rennes auraient été capturés. Il regretta amèrement l'époque ancienne et ses sages traditions. Il savait que Simon Sokki ne porterait pas plainte, qu'il fallait étouffer l'affaire, surtout n'en plus parler, attendre patiemment, durant des années, durant les longues nuits d'hiver, que l'occasion se présente de razzier le troupeau de l'ennemi, de reprendre son bien aux Lapons connus de l'Œstfjellet.

Il poursuivit son enquête.

Les traces étaient visibles pendant quelque temps.

Puis les ravisseurs ayant piqué tout droit à travers un grand lac gelé qui chevauchait la frontière, sur cet espace dénudé la tourmente s'était donné libre cours et la violence du vent avait été telle que tout était désormais effacé, comme si le troupeau s'était évanoui dans la nuit sans laisser de traces.

Thor Risak s'arrêta.

Il était las, il avait subitement vieilli.

Il se dit qu'il lui fallait maintenant dénombrer les rennes, puis attendre la relève des bergers, s'expliquer, comparaître devant Simon Sokki dont il redoutait la violence, et porter à jamais cette tare infamante du berger qui s'est fait voler son troupeau...

Le vent s'était arrêté, le silence était total, pesait comme une malédiction sur la nuit contrastée où toutes les gammes des gris et des noirs s'affrontaient. Très loin vers l'est, les glaces de l'Agjiet brillaient sous les étoiles.

Le stallo ne lui avait pas été favorable !

Thor revint au troupeau, lança ses chiens, rassembla ses rennes et les dirigea vers une autre colline, plus éloignée de la frontière.

Pour faire quelque chose ! Car il savait pertinemment que bien des années passeraient avant qu'on s'attaquât à nouveau au troupeau des Sokki.

Mais pas un seul instant il ne voulut se rappeler que six ans plus tôt, par une même nuit, lui et ceux de sa cita, guidés par Mikkel Mikkelsen Sara, avaient accompli le même rapt !

Déjà, il songeait à la vengeance, pour penser à quelque chose ! Car il n'était plus aujourd'hui le berger qui aimait Karin, il était le Lapon vaincu à qui on a volé les rennes.

Mais il creusa son trou, s'y enfouit, siffla ses chiens qui vinrent se coucher à ses côtés. Thor resta ainsi immobile pendant de longues heures, jusqu'au moment où le lointain crissement des skis dans la neige l'avertit que les autres venaient le relever. Alors il rassembla ses objets de campement et se prépara au départ.

XIV

Simon et Ellena entendirent brusquement les chiens aboyer. Leurs voix d'abord mêlées se détachaient, égrenées peu à peu par la distance; quelqu'un venait et ils s'élançaient à sa rencontre. Ils écoutèrent. Les chiens, après quelques aboiements plus clairs s'étaient calmés. Bientôt ils perçurent le bruit du traîneau, suivi du raclement des skallers dans l'antichambre. Mikael Bongo entra, puis sans rien dire, attendit que Thor Risak eût le courage de passer le seuil. A l'effroi qui se lisait dans les yeux hagards de Thor, ils comprirent aussitôt.

Simon Sokki s'était dressé.

« Alors ?

— Ils sont venus... » fit Mikael.

Il ne poursuivit pas. Thor s'abritait derrière lui, tête basse. Ellena s'était reculée dans un angle, effrayée, pressentant le drame.

« Parle ! dit Simon d'un ton bref.

— L'homme a profité de la tempête, il était sous le vent... Les chiens n'ont pas aboyé, les rennes n'ont pas bougé, il a partagé le troupeau... »

Simon blêmit. Cela dépassait le vol banal d'un ou deux rennes. Le coup de lasso furtif dans la nuit... Il connaissait la manœuvre, ne l'avait-il pas pratiquée, cinq ou six ans plus tôt, avec Mikkel Mikkelsen ? Mikael n'avait pas besoin de continuer. Simon Sokki aurait pu lui dire la suite. Aussi bien le jeune homme se taisait. Et pourtant, il restait le plus dur, le plus pénible à avouer.

« Qui était de garde ? interrogea Sokki, qui savait déjà le nom du coupable... Qui était de garde ? » Et comme l'autre ne disait rien, il porta la main à sa ceinture. Ellena bondit :

« Pas ça, Simon, pas ça ! Personne n'est coupable, leur vengeance est juste, tu le sais, Simon, leur vengeance est juste !

— Qui était de garde ? » rugit Simon.

Alors il écarta Mikael Bongo, et s'avança, regardant fixement Thor Risak. Où était le fringuant conducteur de rennes, enjoué et rieur ? Il avait devant lui un homme miné, rongé par la honte mais résolu et sur ses gardes. Car Thor aussi avait la main prête, sur la poignée de son couteau.

« C'est toi !... Tu as dormi... Tu es d'accord avec les autres ! Thor, tu nous as trahis ! Sinon, ils n'auraient pu réussir !... »

Et comme l'autre ne réagissait pas :

« Mais parle ! dis quelque chose, dis quelque chose, dis quelque chose !... »

Simon hurlait maintenant, mais entre les deux antagonistes, Ellena d'un côté, Mikael de l'autre, formaient rempart.

Dans sa rage, Simon frappa la table d'un puissant coup de couteau, si violent qu'il en fut surpris lui-même, car sous le choc ses doigts avaient glissé de la poignée et maintenant il s'efforçait d'une main qui tremblait, de retirer la lame fichée dans le bois.

Le silence qui suivit eut sur tous un effet prodigieux et ramena Simon à la raison.

Thor était bien jeune quand Mikkel Mikkelsen avait accompli le rapt de l'Œstfjellet et Simon ne l'avait pas mis au courant quand il avait pris son premier tour de garde au troupeau. Après tout, Thor aurait eu beau jeu de le lui reprocher aujourd'hui. Il avait risqué sa vie alors, et maintenant encore, il subissait la vengeance du clan lésé sur ceux de Suojaurre, sans avoir la moindre part de responsabilité dans toute cette affaire.

« Combien ? » dit-il, haussant la voix d'un ton.

Les autres se taisaient toujours. Le chiffre devait être énorme !

Mikael biaisait, retardait encore l'instant :

« Tu sais, Simon, il y a dans le grand troupeau des bandes de rennes qui ne se quittent pas. Les jeunes de quatre ou cinq ans restent volontiers ensemble, tandis que les plus vieux...

— Parle, combien ? Cinq cents ? »

Mikael fit non, de sa tête baissée...

« Plus de cinq cents ? reprit Simon effrayé. Six cents ? Sept cents ?... »

Il comprit qu'il fallait augmenter encore. Lentement, sourdement, il continua, centaine par centaine, attendant que les autres l'arrêtent.

« Huit cents ?... Neuf cents ?...

— Douze cents, dit enfin Mikael.

— Salauds ! hurla alors Simon. Et les plus beaux, les plus jeunes, les plus solides. Salauds. »

Sa rage l'avait repris, mais il ne songeait plus à se venger sur Thor Risak. Ce qui sourdait, ce qui remontait en lui, du tréfonds de son être, c'était la vieille, l'immémoriale haine de ceux de Suojaurre contre ceux de l'Œstfjellet. Mille deux cents rennes ! Ils avaient dépassé la mise, la vendetta n'était pas close. Il s'était assis, accablé, la tête entre ses mains.

« On repartira pour l'Œstfjellet ! » décida-t-il soudain.

Tout était à recommencer; les longues veilles à l'affût, les raids dangereux dans la nuit d'hiver où l'on devait éviter les huttes et les campements; la longue attente d'une occasion propice ! Mais cette évocation des luttes futures lui rendait son énergie. C'était la vie, sa vie. Elever, garder, soigner, acheter, multiplier... voler des rennes ! Agrandir son troupeau ! Et luxe ou vice dans la passion : poursuivre, de rapt en rapt, la vieille lutte héréditaire. Du coup, il oubliait les frontières, les Norvégiens, le lennsmann et le pasteur. Il était le Lapon Simon Sokki, chef de clan, fils et petit-fils de chefs de clan, cela et rien d'autre.

Longtemps il resta ainsi, immobile, absorbant sa fureur dans son rêve. Les heures passaient sans que personne remuât, hormis Ellena qui allait et venait, essayant de gagner du temps, comme si elle sauvait quelque chose, et reniflant ses larmes.

Puis le Finsk entra.

Il était lourdement chargé d'une vingtaine de poules des neiges, aux cadavres raidis par le gel, qu'il jeta dans la pièce froide de la hutte, sur le monceau de gibier rapporté des chasses précédentes. On l'entendit qui secouait ses glaçons, se débarrassait de ses fourrures, mais personne ne bougea.

Il poussa la porte, pénétra dans la cuisine embuée et obscure. Ses gestes étaient lents; encore engourdi par le froid terrible du dehors, il suffoquait dans la lourde chaleur de la pièce. Il aperçut les deux bergers, comprit qu'il s'était passé quelque chose d'anormal, et s'immobilisa, interrogeant d'un geste Mikael Bongo et Thor Risak qui détournèrent les yeux. A leur attitude gênée, au regard fixe de Simon Sokki, qui n'avait pas bougé de son tabouret, aux yeux rougis d'Ellena, il devina que le drame était entré dans la cita !

« Ils sont venus », dit-il.

Les autres ne répondirent rien. N'était-ce pas avec lui et par lui que le malheur était entré dans la cita !

Il conservait son calme, ce flegme déconcertant qu'il tenait de son ascendance finlandaise. Il s'assit à la table commune, accepta le bol de café bouillant que lui tendait Ellena, puis se plongea dans ses réflexions.

Personne n'avait parlé.

Ils étaient tous là, immobiles, étreints par leurs pensées, réfléchissant aux conséquences du vol. Parfois, une bûche éclatait à l'intérieur du poêle, jetait une flamme vive comme un éclat de phare qui éclairait un court instant la cabane, laissant apparaître les moindres détails d'une paroi, d'un coffre ou d'un visage. Mais les silhouettes immobiles des Lapons retournaient vite à l'ombre et aux méditations. On aurait pu croire qu'ils dormaient, les yeux grands ouverts, écoutant les lointaines rumeurs qui traversaient le silence de la taïga.

Les étoiles avaient changé dans l'embrasure de la fenêtre, et s'y étaient succédé les longs nuages minces qui couraient comme des lévriers autour de la terre, le vent avait chanté plus fort, plus haut, plus doux, plus bas, et sa complainte s'étirait comme les nuages autour de la cabane, et c'était comme si le vent pleurait pour eux, participait à leur douleur, à leur colère, à leur résignation.

Puis une pause s'était établie, et comme le vent ne chantait plus dans les bouleaux, ils avaient été rendus brusquement à la vie. Simon Sokki avait bougé, il était sorti de sa torpeur, de son anéantissement, et son regard avait croisé celui du Finsk. Les deux hommes s'affrontaient, lourds de tous les secrets qui les unissaient.

Dès le début, dès le premier coup d'œil à son retour

dans la hutte, le Finsk avait compris. Il s'y attendait.

« Je t'avais prévenu, Simon Sokki...

— ...

— Tu ne m'as pas cru. Tu t'es méfié de moi. Ce n'était pas assez que Mikkel Mikkelsen Sara fût mon oncle ? Et qu'il fût mort avec un couteau planté dans le dos ? Par ta faute, je n'ai pu le venger, et en une nuit tu as perdu le quart de ton troupeau. »

Simon, cette fois, semblait décontenancé : il était mal à l'aise, ne savait où fixer les yeux et son attitude était d'autant plus pitoyable que s'appesantissait sur lui le regard des bergers.

« Assez ! » souffla-t-il.

Mais le Finsk fut intraitable :

« Eux ne savaient rien, dit-il en désignant les bergers de la tête. Mais toi, tu étais prévenu. Tu savais que l'homme qui tout l'hiver avait épié le troupeau, qui avait même poussé l'audace jusqu'à venir un jour, sous un faux prétexte, réclamer des rennes perdus, celui-là était l'assassin de Mikkel Mikkelsen Sara. »

Ils sursautèrent : ils n'avaient pu retenir une exclamation. Seul Simon restait silencieux.

« ... Et cet homme, Paavi le Finsk, tu le savais aussi, avait juré de le tuer. Comme on avait tué son oncle, dans la longue nuit arctique de l'hiver lapon, comme on avait tué celui qui s'était exposé pour toi, Simon...

— J'ai eu tort, Finsk », dit lentement Solli.

On ne parla plus de cette affaire.

Il fallait maintenant attendre la visite des autres, de tous les membres de la communauté, qui viendraient de Suojaurre et de l'Elv. Le troupeau volé n'appartenait pas entièrement à Simon Sokki. Les bêtes étaient marquées, et il était nécessaire pour s'y reconnaître de les trier, marque par marque, et de faire l'inventaire.

Et puis il faudrait décider de la conduite à tenir. Ce rapt compliquait tout. Déjà, avant qu'il ne survînt, les avis étaient partagés, dans la cita. Martha Sokki-Bongo, la sœur de Simon, était contre le départ au Trondlag. Elle n'aimait pas le lennsmann, ni surtout ses visites à Simon, qui ne manquerait pas, c'était sûr, d'exploiter à son profit ce contact personnel.

Quel serait l'avis des autres maintenant ? Et quelle influence aurait-il sur eux, après son échec ? Sans se l'avouer, enfin, il craignait le Finsk. Non qu'il se méfiât de lui, au contraire ! Au fond, il n'avait jamais mis sérieusement en doute sa parole. Mais ce qu'il redoutait, c'était cette pensée taciturne, cette volonté froide, obstinée qui, le moment venu, s'opposerait à la sienne. Déjà Kristina lui échappait, il le sentait bien. Et son départ ne devait pas être compté pour une marque d'obéissance.

Peut-être serait-il bon de prendre les devants ? Il irait à Pâques revoir le lennsmann. Il se renseignerait, ferait même un voyage jusqu'au Trondlag aux frais du gouvernement comme il le lui avait proposé, un jour, à bout d'arguments, et comme le lui avait conseillé Olafsen.

Ensuite on verrait.

SECONDE PARTIE

XV

Vers la mi-janvier, la nuit devint moins opaque. Pendant quelques heures elle s'éclaircissait, comme un lavis à l'encre de Chine qu'on mouille exagérément. Une très pâle lueur se diffusait sur la taïga. Pendant ces courts moments, les étoiles s'éteignaient et, à ce signe, les Lapons connurent que le soleil allait bientôt réapparaître. Timidement, encore, certes, mais tout irait très vite. Fin janvier, Andis qui revenait de la garde au troupeau annonça la nouvelle : un halo rose s'était posé sur le sommet de l'Agjiet. Cela avait duré quelques secondes puis la lueur s'était éteinte. Mais il en avait gardé le scintillement dans ses prunelles, et, ensuite, la nuit lui avait paru sombre. Dès lors, les bergers guettèrent le renouveau de l'apparition. Il se passa encore une ou deux semaines, pendant lesquelles on ne vit rien. De longs nuages effilés masquaient les étoiles, tellement denses parfois que la lueur sépulcrale du jour commençant en était assombrie. Mais il y eut des éclaircies, et lorsqu'on revit le soleil sur l'Agjiet, il dorait à mi-hauteur la monstrueuse coupole glacée, et de-ci de-là sur les collines, ses rayons rasants projetaient un coup de pinceau, une auréole de lumière blonde, et même après sa disparition subite le jour se refusait durant un certain temps à disparaître. Tout cela était très rapide. L'aube rejoignait le crépuscule en deux heures et pendant cet intervalle les grisailles se diluaient sur la taïga, passaient au blanc, cependant que le ciel prenait des teintes d'acier et que les plaques de glace brillaient un peu partout sans qu'on puisse, cette fois, en attribuer la luisance à la lune ou à l'aurore boréale.

Le froid devint plus vif. Il atteignit son maximum de l'hiver, puis les tempêtes se firent plus rares. Mais quand elles se déchaînaient, nul être humain n'aurait pu leur résister. Enfin vint le moment où l'on put différencier très nettement la nuit du jour. On pouvait voir s'éteindre les étoiles, monter de l'horizon de l'est la lueur diffuse précédant l'arrivée du soleil, puis celui-ci se montrait quelques instants, réchauffait la taïga et ses habitants, pénétrait par les petits carreaux vitrés des fenêtres jusqu'au cœur même des huttes d'hivernage. Et les Lapons le recevaient, immobiles, le visage baigné de cette lumière chaude qui leur annonçait le printemps. Et les enfants sautaient, couraient, se roulaient avec les chiens dans la neige poudreuse, criant : « Gidda, gidda ! Le printemps !... »

« Femme, dit un jour Simon Sokki, il est temps d'aller trouver le lennsmann. »

Plus d'un mois avait passé depuis le vol des rennes. L'affaire paraissait oubliée. Les Lapons sont primesautiers, ils peuvent facilement oublier, ou du moins faire semblant d'oublier, ce qui leur est désagréable; ils portent en eux le fatalisme puissant des peuples nomades. Et Simon était à la fois le plus fataliste et le plus changeant des Lapons. Il avait longtemps remis le voyage, mais le major Thorp, de la gendarmerie polaire, qui patrouillait dans les parages, lui avait remis un mot du lennsmann. Celui-ci voulait reprendre les entretiens de l'été précédent au sujet du Trondlag. Le projet prenait corps. Simon Sokki et les siens n'avaient pas porté plainte devant le lappefogden, cela allait de soi, mais l'histoire du rapt s'était vite répandue à Viddakaïno, comme dans toute la Laponie. On les avait plaints ou on avait ricané, mais aussi bien les Kvaens que les nomades avaient trouvé la chose normale. Certains jaloux avaient suggéré au lappefogden Per Oskal de soulever l'affaire, mais le juge s'y était obstinément refusé, et les autres n'avaient pas insisté.

Maintenant il était temps pour Simon Sokki d'aller trouver le lennsmann.

On était à la mi-février, il y avait déjà une heure ou deux de plein jour, une aube et un crépuscule pendant lesquels on pouvait se diriger sans lune ni lumière. Ceux de l'Elv et de Suojaurre étaient tous d'accord, même les plus irréductibles; l'attrait de la nouveauté, les perspectives d'un long voyage captivaient ces nomades. Et du reste, il ne s'agissait pas de prendre une décision définitive, mais de s'informer.

Le Finsk avait proposé d'accompagner Simon Sokki à la ville :

« J'ai déjà plus de trois cents kilos de rupés. Pourquoi attendre Pâques ? D'ici là, nous en aurons autant et les cours baisseront. »

Simon Sokki s'était vite rendu à ses raisons. La vente des poules des neiges lui procurerait de l'argent frais, et sa réserve d'alcool s'épuisait !

Par habitude, ils partirent au milieu de la nuit, Simon Sokki dans son traîneau finlandais, léger et rapide, traîné par un magnifique castrat aux bois gigantesques; le Finsk avait en charge deux traîneaux à bagages, bas et allongés, tirés par de robustes animaux. Il guidait l'attelage de tête, et le renne de l'autre traîneau suivait en rechignant, le corps tendu, le museau soufflant la neige, se faisant tirer par la solide lanière de cuir qui le reliait au traîneau du Finsk.

Ils avaient pu faire une partie du trajet pendant la courte apparition du jour et cela leur avait empli le cœur de joie. Simon Sokki chantait et son yok sauvage portait loin sur la taïga. Le Finsk somnolait, les guides de son attelage attachées au bras, et, les yeux mi-clos, observait machinalement les traces que coupait la bande de neige dure où glissaient les traîneaux. Les bêtes sauvages reniflaient le printemps, et les empreintes des renards se croisaient et se défaisaient le long des talus escarpés de l'Elv, tissant une trame serrée sur le pointillé en fer de lance des lièvres polaires. Parfois les marques puissantes du loup sortaient d'un fourré, se cassaient brusquement, puis se reformaient plus loin, et le Finsk admirait la puissance du bond par lequel le fauve s'était dégagé des neiges profondes.

A Galanito, ils firent halte chez Maria Siri. Il y eut après leur entrée des échanges de coups d'œil, mais personne ne s'enhardit jusqu'à les questionner. Pourtant l'envie était grande, chez tous les Lapons présents, d'aborder l'affaire du rapt. Peut-être eût-il fallu payer quelques bouteilles : l'alcool délie les langues. Mais ils rechignaient à cette dépense et Simon Sokki était sur ses gardes. Quant au Finsk, il s'était assis en face de son maître, et mordait à pleines dents un morceau de poisson gelé. Son allure hautaine éloignait les autres. Il portait le costume scandinave, les longs fuseaux de ski en drap noir, la vareuse à col dolman, le bonnet de loup et, ainsi vêtu il ne se différenciait guère d'un Norvégien.

Les femmes s'étaient signées sur son passage, car c'était le parent du mort, Mikkel Mikkelsen, et il portait en lui le prix du sang.

Tous savaient, sans qu'il en ait dit un mot, que Simon Sokki allait en cet instant trouver le lennsmann Harald Sorensen, de Viddakaïno, pour examiner les conditions d'une éventuelle émigration.

Quand ils furent repus et reposés, les deux hommes sortirent. Avec le retour du soleil, la hutte de Galanito avait perdu son mystère. On pouvait désormais la situer dans un paysage. Elle était bâtie dans un tournant de la rivière. Alentour, les champs étaient enclos de barrières et au milieu de l'un d'eux, se dressait la charpente du séchoir à foin. Quelques huttes de sédentaires s'étaient rassemblées à cet endroit propice, un peu en contrebas du plateau et protégé des vents terribles de la taïga par la masse des collines boisées. Au creux de la dépression, le cours de l'Elv était marqué par sa glace horizontale et solide recouverte d'une fine neige tassée sur laquelle glissaient à merveille les traîneaux. D'une courte falaise de rochers noirs tombait une cascade qui devait en été rugir de façon terrifiante et qui avait été figée dans toute sa puissance et son épaisseur, tel un Niagara miniature. Sous la transparence de la glace on pouvait distinguer les mousses et les lichens encore verts de l'automne, et c'était anormal comme le serait une plante tropicale dans une vitrine d'Hammerfest. Les trous d'eau étaient nombreux, et des pistes couraient de l'un à l'autre, jalonnées de branchettes. A proximité de l'auberge, un fatras de traîneaux gisait, la plupart dételés, enchevêtrés. Les autres, ceux des Lapons de passage, bloquaient dans leurs brancards des rennes piaffants et inquiets attachés court aux barrières des enclos.

Sur la rive un canot de bois et d'écorce qui avait dû sombrer à l'automne disparaissait sous les glaces. Bientôt viendrait le printemps.

Le Finsk leva les yeux vers le ciel. Une troupe d'oies sauvages remontait déjà vers le nord, formée en triangle, et il entendit nettement leurs appels, puis passa un couple de cygnes blancs, le cou tendu, semblables aux plus modernes fusées des hommes.

« Le printemps viendra vite, dit Simon Sokki qui les avait lui aussi observés. Ceux-là vont se poser en eau libre, vers Alta ! »

Peu après, ils glissaient silencieusement sur la rivière, où les traces profondément marquées canalisaient en quelque sorte la marche des rennes, au point que leur conduite devint des plus aisées.

Puis le jour pâlit, le ciel prit une teinte métallique, s'éteignit brusquement, sans transition, et parurent les premières étoiles. Ils continuèrent leur voyage dans la nuit.

Le Finsk fut heureux d'arriver dans cette obscurité. Il ne tenait pas à se faire remarquer. Et il songeait à Kristina.

Le poste de Viddakaïno essaimait sur une longue distance ses maisons de bois neuves et pimpantes, à l'endroit où la vallée de l'Elv s'élargit entre des hauteurs boisées.

Les deux hommes arrêtèrent leurs rennes sur le cours gelé de la rivière, les attachèrent aux piliers du pont qui reliait en été les deux rives.

Simon Sokki hésitait.

Où fallait-il aller d'abord ? Passer chez le lennsmann ? Vendre les rupés ? Il résolut de se débarrasser d'abord de son chargement de poules des neiges.

« Montons au gestgiverei. »

C'était l'hôtel construit par le gouvernement norvégien, à mi-hauteur de la colline. De sa haute plateforme, il dominait Viddakaïno.

« Per Akkar les achètera peut-être. Il n'y connaît rien et si on peut les lui vendre on perdra moins que chez Johan Haetta. »

Per Akkar était seul. A cette époque de l'année, les touristes étaient rares. Mais l'établissement restait ouvert aux officiers ou aux techniciens de passage, qui se rendaient à leur poste dans les stations de radar installées à l'intérieur de la Laponie.

Bien qu'il y eût du monde au gestgiverei, ainsi qu'en témoignaient la lueur de quatre ou cinq bougies allumées dans le salon et la clarté dansante d'un feu de cheminée reflété par les vitres, ils trouvèrent l'entrée principale fermée. La porte intérieure, au fond du porche, portait un écriteau rédigé en norvégien, mais qu'ils connaissaient par cœur : « Salon réservé aux clients de l'hôtel. » Il était inutile d'insister, Per Akkar n'ouvrirait pas.

« Passons par-derrière », dit Simon Sokki.

Le Finsk maugréait contre cette ségrégation qui n'osait pas dire son nom. Car l'écriteau aurait aussi bien pu porter ces mots : « Interdit aux Lapons ! » Mais Simon Sokki, indifférent, l'entraînait déjà vers la porte de service. Carri l'innocent était sous la remise et fendait du bois au milieu d'un véritable charnier de carcasses de rennes gelés.

« Va chercher Per Akkar », lui cria Simon.

L'autre se redressa, inquiet et sournois. Un rire perpétuel et silencieux s'était figé sur son visage, qui lui déformait la bouche et l'agrandissait en un rictus amer. Il n'avait plus d'âge, pas toute sa tête, et à cause de son dos rond, de sa démarche sautillante, de la manie qu'il avait de grignoter sans cesse quelque tendon ou nerf de viande, à cause de son regard inquiet et fuyant, on l'avait baptisé « Carri » : l'écureuil. Personne ne connaissait son vrai nom. Pendant la morte-saison, il était l'unique serviteur du gestgiverei, l'homme à tout faire de Per Akkar.

« Va chercher ton patron ! » répéta rudement Simon en levant le bras comme s'il voulait le battre.

Encore qu'il sût parfaitement à quoi s'en tenir sur cette mise en scène, Carri parut effrayé, grogna des phrases inintelligibles et disparut dans l'hôtel.

« On pourrait entrer se mettre au chaud, bougonna Paavi. Après tout, on est des hommes comme les autres.

— A quoi bon, fit Simon Sokki résigné. On est des laps ! »

C'en était ainsi chaque fois qu'il s'éloignait de son troupeau, de sa hutte. Il se sentait perdu dans Vidda-kaïno et déjà il envisageait avec inquiétude son entre-vue avec le lennsmann. Ah ! si celui-ci avait consenti à venir à Elv ou à Suojaurre. Là-bas, dans la hutte bien chauffée, tandis que le vent et les loups hurlaient alentour, il était vraiment lui-même, Simon Sokki le Samisk, le maître de la cita. Mais ici ! Un pauvre lap à l'odeur sauvage, qu'on tolère avec peine dans les établissements publics !

Per Akkar parut au bout d'un moment, et comme il faisait très froid dehors il les fit entrer dans l'office. C'était un homme de grande taille, blond, glabre, et laconique.

« Que me veux-tu, Simon Sokki ? Et celui-ci, qui est-il ?

— Paavi le Finsk, mon chasseur de rupés. Nous en avons chargé deux traîneaux et...

— Revenez à Pâques, coupa Per Akkar. Pour l'instant, je n'en ai que faire !

— A Pâques, maugréa Simon Sokki, c'est toi qui viendras nous chercher.

— Comme tu veux, fit le Norvégien en haussant les épaules. Au revoir, je suis occupé. »

Ils n'avaient pas osé insister, Per Akkar ne marchandait jamais. Quelquefois, quand il avait son plein de clients, il payait n'importe quel prix, puis sans raison il rembarrait tout le monde, tout ce qui était lapon, s'entend.

Ils se retrouvèrent dehors, dans le froid, un peu penauds.

« Il ne nous reste plus qu'à aller chez Johan Haetta, observa le Finsk. On y perdra peut-être, mais on sera bien reçus ! »

Ils contournèrent le gestgiverei pour redescendre vers leurs traîneaux. Par la fenêtre sans rideaux du salon, ils aperçurent Per Akkar, qui avait repris sa place dans son fauteuil, au milieu d'un cercle de Norvégiens silencieux, assis devant la flamme de la cheminée. Dans cette obscurité simplement balafrée par les jets de lumière montant du foyer, ils paraissaient de cire. Rêvaient-ils, pensaient-ils ? Leur immobilité était totale.

Johan Haetta tenait boutique à proximité du pont de bois.

Là aussi il y avait des lumières... Et, émergeant du bric-à-brac, circulant comme au milieu d'un troupeau parmi les amas de pelleteries, de tissus, de kouftes, de belingers et de pesks, quelques Lapons fouinaient, indifférents en apparence, allant d'un objet à l'autre avec lenteur, palpant une couverture de laine épaisse, examinant minutieusement la couture d'un skaller, ou bien s'émerveillant comme des enfants devant des bijoux en fils de fer garnis de cabochons de verre coloré. Il y avait encore, pendus çà et là, de beaux fichus brodés aux couleurs vives, à longues franges et aussi tous les objets ménagers, les seaux, les cafetières, les bols, les couteaux lapons à large et solide lame, et même des fusils qu'ils ne pourraient acquérir que munis d'une autorisation spéciale.

Là on ne risquait pas d'être mis à la porte.

Parfois Fru Haetta — elle se faisait appeler Fru

comme une dame, mais les autres n'étaient pas dupes — ramenait des pièces du fond des bols de café fumant. On buvait et des marchandages sans fin commençaient. Il était bien rare que l'achat se fît à la première visite, rare aussi qu'un acheteur payât comptant. Beaucoup s'étaient ainsi endettés et les mauvaises langues prétendaient que s'il l'avait voulu, Johan Haetta eût pu entrer en possession d'une bonne part des rennes de la vallée; en rusé compère, il se gardait bien de tout exiger, de tout réclamer, et pratiquait l'usure avec âpreté. Mais tel qu'il était on le prenait. A la fois accueillant et intéressé ! On avait besoin de lui et ce kvaen au sang lapon prédominant, allié aux plus riches citas, était une sorte de maître occulte, peut-être plus puissant que le pasteur, à qui il prodiguait cependant des marques ostensibles de respect.

Les visiteurs burent le café. A quoi bon brusquer les choses. Le kvaen savait que Simon Sokki était quelqu'un et ses dettes minimes étaient réglées chaque printemps. Et Simon appréciait l'hospitalité de ce magasin familier.

« Nous avons profité de notre venue pour amener quelques rupés, dit enfin Simon. Et si ça t'intéresse, on te les propose. »

Il affectait un ton négligent, comme si la chose était de peu d'intérêt...

« Tu sais, en ce moment ! Si c'était à Pâques... » Johan Haetta faisait le dédaigneux.

« Comme tu veux, Johan, j'irai trouver Per Akkar... »

L'autre savait très bien qu'il en revenait... tout se sait ! Pas un geste, pas un mouvement de quiconque arrivant à Viddakaïno n'échappait à Johan Haetta.

« Per Akkar aime bien les laps ! fit insidieusement le kvaen.

— Pour amuser les touristes, enchaîna vivement Simon Sokki qui n'avait pu se contenir.

— Alors... »

Pour une fois ils étaient d'accord, car le commerçant n'aimait pas beaucoup l'hôtelier qui faisait tout venir directement de Tromsœ, via Alta, qui bénéficiait de la complaisance du gouvernement, et parfois achetait aux prix fort aux Lapons, faisant monter les cours.

« Allons toujours voir tes poules des neiges », dit-il.

Il alluma un falot à pétrole et sortit, levant la lampe à bout de bras. Les rennes attendaient, solidement attachés au pilier du pont, roulant des yeux apeurés. Ils étaient entravés trop court et le poids des chargements les liait aux brancards. Simon Sokki et le Finsk les sifflèrent doucement et les calmèrent...

On souleva les bâches. Les rupés formaient un monceau de plumes, de pattes, de becs entremêlés. Le kvaen en prit une, la palpa, fit la moue.

« Pas fameuse. Des poules d'hiver, on n'en tirera pas grand-chose !

— Pas grasses peut-être, mais bien en chair, fit remarquer le Finsk. Et les jabots sont vides... »

L'un vantait et l'autre dépréciait la marchandise, mais ils savaient tous deux que cela était inutile. Johan Haetta achèterait le prix qu'il voudrait, et pour cela il attendrait avec patience que Simon Sokki cédât.

« Il y a abondance sur le marché, dit-il. Tu n'as rien d'autre à me proposer ? »

L'autre avait rabattu la bâche d'un geste de colère.

« Rentrons, fit le kvaen, on parlera plus à l'aise de nos affaires. »

Simon fit la moue; il savait ce que cela signifiait : quelques dettes en retard. Heureusement, il avait tout prévu !

« Pour l'argent que je te dois, voici. » Il jeta sur le

comptoir un lourd paquet de peaux de rennes, gelées, raides comme des boucliers. Johan Haetta grogna, se radoucit.

Les marchandages commencèrent, interminables. Parfois le commerçant s'interrompait pour servir de nouveaux arrivants. Enfin ils furent d'accord. Haetta achetait le chargement. A très bas prix, mais il aurait fallu tôt ou tard en passer par là. Et tous deux, Simon comme le Finsk, avaient besoin d'argent. Et à tout prendre ils préféraient la cautèle laborieuse du kvaen au mépris hautain et sec de Per Akkar.

Ils comptèrent soigneusement les billets de dix couronnes, en firent deux parts égales, une pour le chasseur, une pour Simon, qu'ils enfouirent chacun au plus profond de leur pesk.

Détendu, Haetta s'intéressait maintenant au Finsk.

« Bien travaillé, Finsk ! C'est ta première livraison de la saison ! »

Il se frottait les mains. Les autres comprirent qu'ils avaient fait un mauvais marché, mais ne pipèrent mot. C'était dans l'ordre des choses. Les kvaens roulent toujours les Lapons, mais les kvaens n'ont pas de rennes.

De nouveaux venus entrèrent, s'accoudèrent au comptoir, examinèrent en silence les objets qu'ils convoitaient, demandèrent des prix, marchandèrent, ressortirent comme ils étaient venus, sans rien acheter, laissant comme un sillage l'odeur musquée de leurs fourrures. Ils reviendraient dans quelques heures, et le manège durerait peut-être plusieurs jours, jusqu'à ce qu'ils fussent décidés. Le temps ne comptait pas !

Il ne comptait pas davantage pour Simon Sokki et le Finsk qui avaient depuis longtemps conclu leur marché, et qui restaient là, immobiles, bien au chaud, Paavi tirant sur sa courte pipe, Simon Sokki ôtant son bonnet, se grattant le crâne, tâtant ses billets.

Johan Haetta avait disparu dans l'arrière-boutique, ne s'occupait plus d'eux.

Il revint un moment pour servir un client, puis comme il n'y avait plus personne dans le magasin qui pût les écouter :

« Alors, dit-il en prenant Simon à part, tu vas au Trondlag ? »

L'attaque était directe.

Simon Sokki grogna une vague réponse.

« Mauvaise affaire, Simon Sokki, si les tiens quittent Suojaurre, mauvaise affaire !...

— Pour toi bien sûr ! » répliqua Simon Sokki, agacé.

L'autre rit, nullement surpris de se voir découvert.

« Pour moi certainement, mais pour les tiens aussi, crois-moi, Simon Sokki, vous n'êtes pas faits pour la vie du Trondlag, vous autres ! Nous encore, à la rigueur !... »

Mais comme Simon semblait s'impatienter, il n'insista pas.

Depuis un bon moment le Finsk fouillait dans un amoncellement de fichus chatoyants et brodés comme en portent les femmes lapones aux cérémonies. Il hésitait entre les bleus, les rouges, les jaunes, les violets, examinait les dessins, choisissait des fleurs, revenait vers des oiseaux. On le sentait terriblement indécis, cependant nul ne s'occupait de lui.

Simon Sokki le quitta, hésitant et soucieux lui aussi.

« On se retrouvera ici... »

Ce pouvait être aussi bien tout de suite que dans deux jours. Le Finsk haussa les épaules en signe d'assentiment. Que lui importait la durée de l'attente. Il lui faudrait bien tout ce temps pour choisir son cadeau.

Deux jeunes filles entrèrent, vives et pimpantes, avec

leurs skallers blancs, leurs bas rouges, les jupes plissées aguichantes, les bijoux et les fichus brodés qui couvraient leur poitrine et le bonnet phrygien bien serré sur les oreilles par un ruban de soie.

Elles riaient aux éclats, se serrèrent sans façon contre le poêle, réchauffèrent leurs mains, aperçurent le Finsk dans son coin, toujours en train d'examiner les chiffons et les soiries.

« Tu veux qu'on t'aide ? » dit la plus effrontée. Et toutes deux pensaient : « Pour qui ce cadeau ? »

Mais comme il les regardait avec sévérité, elles se turent. Cet homme leur en imposait par sa gravité, par son allure.

Enfin il se décida, prit un fichu, et comme tous les regards étaient braqués sur lui, il paya sans marchander, ce qui surprit très fort puis déclencha les rires.

Mais déjà le Finsk avait ouvert la porte et s'évanouissait dans la nuit.

XVI

La sonnerie du téléphone tira le lennsmann Harald Sorensen de sa rêverie. Il se leva à regret du confortable fauteuil où il s'était calé. Cet appel en pleine nuit ne l'étonnait pas; le téléphone tient une grande place dans les relations humaines au Finmark, on l'emploie pour un oui, pour un non, pour bavarder tout simplement entre voisins éloignés, et les tarifs sont si bas que personne ne se prive de ce luxe. « Un collègue qui s'ennuie » songea-t-il. Mais il prit tout de même le ton officiel pour répondre.

« Allô, j'écoute ! Ici lennsmann Sorensen.

......

— Comment le savez-vous ?

......

— Peut-être avez-vous raison, Fru Tideman. Venez donc passer la soirée à la maison, nous causerons de tout cela avec Per Oskal.

......

— Vous avez tort, Fru Tideman. Je tiens l'avis de Per Oskal pour très important. Il les connaît mieux que nous.

......

— Je ne voulais pas vous froisser, Fru Tideman, mais nous devons prendre avis auprès du lappefogden.

......

— Ah non ! Pas le pasteur Brombdal !

......

— Non, j'insiste, Fru Tideman... J'ai le plus grand respect pour sa personne, mais il risquerait de gêner la négociation. Vous et Per Oskal, cela suffit. Davantage de monde l'effrayerait. »

Il raccrocha, réfléchit. Il était mécontent. S'il l'avait laissée faire, Fru Tideman aurait ameuté tout le monde, de Brombdal au major Thorp; elle était partisane d'une politique d'intimidation, lui pas.

Il décrocha de nouveau pour appeler Per Oskal.

« Pouvez-vous venir ? Fru Tideman a vu passer Simon Sokki en traîneau à travers le poste. Elle pense qu'il se décide peut-être. J'aimerais que vous soyez présent, s'il vient. »

En attendant, il disposa quelques fauteuils, jeta des bûches dans la cheminée, alluma des bougies, éteignit l'électricité. Il aimait la pénombre propice aux réflexions. Il écouta les bruits extérieurs qui filtraient à travers la double paroi de bois de sa maison. Ils lui parvenaient d'un peu partout comme des échantillons de vie : aboiements de chiens, cris solitaires d'un homme appelant quelque part dans la nuit, bruissement permanent du vent dans les bouleaux de la rive, tout cela martelé par le bruit stupide, haletant, du groupe électrogène.

Fru Tideman fut la première au rendez-vous. Harald Sorensen l'accueillit avec respect, se cassant en deux dans un salut sèchement cérémonieux.

Le lennsmann éprouvait pour elle une admiration teintée de crainte. Il accomplissait à Viddakaïno les fonctions de maire et d'administrateur. C'était une tâche bien difficile car il entendait rester neutre entre les deux communautés sédentaire et nomade, norvégienne et samisk. La politique de Fru Tideman il la connaissait : sédentariser les nomades, détruire les citas, disperser leurs membres dans la grande communauté norvégienne, les intégrer. Harald Sorensen, plus jeune qu'elle, était en poste depuis trois ans seulement; il venait de Tromsœ, et était très averti des questions lapones, mais il pensait différemment, persuadé que le bonheur des Lapons serait assuré si on parvenait à en faire des semi-nomades, c'est-à-dire à limiter leurs longs déplacements, à leur trouver des territoires où des pâturages d'hiver et les pâturages d'été se toucheraient, ou presque, comme c'était le cas dans le Trondlag. Il préconisait le système suédois dans lequel les Lapons continuent d'aller et venir avec leurs rennes, mais ont abandonné la tente, la gamma et les longues migrations pour des parcours courts et rationnels jalonnés de huttes permanentes.

Fru Tideman se débarrassa de sa fourrure de phoque noir et s'assit dans le meilleur fauteuil, face à la flamme. Ils ne jugèrent pas utile de parler. Harald Sorensen se cala dans un siège, oublia sa voisine, suivit ses pensées qui voltigeaient le long des volutes de fumée tirées de sa pipe, comme des balles sur un jet d'eau. Puis ses idées disparurent et il atteignit au bien-être suprême : il ne pensait plus !

Ce fut le pas lourd de Per Oskal, le lappefogden, qui les tira de leur somnolence. Depuis l'arrivée de Fru Tideman il pouvait s'être passé une heure, deux heures, peut-être moins, peut-être plus. La hauteur des bougies avait diminué, mais rien n'avait bougé dans la pièce.

Per Oskal était plus volubile.

Il pouvait avoir vingt-six ans, et il abandonnait volontiers pour rire, la gravité habituelle aux Norvégiens. Fru Tideman le soupçonnait de puiser cette joie dans l'alcool défendu, mais le lennsmann prétendait qu'au contact des Lapons le juge avait acquis leurs manières... c'était peut-être exact. En tout cas, s'il avait été choisi comme juge par le conseil des anciens, c'était justement pour cette gaieté, cette volubilité insolite, et le plaisir évident qu'il avait à converser avec les Lapons, à les visiter dans leurs campements. Et bien que sa tâche consistât surtout à recenser les troupeaux pour établir l'impôt, ils ne lui en tenaient pas rigueur : Per Oskal savait fermer les yeux quand il le fallait. Peut-être avait-il une comptabilité moins implacable que celle du pasteur, mais le résultat était là, de la sorte il faisait rentrer beaucoup plus d'impôts que son prédécesseur !

Avec Per Oskal, il devenait nécessaire de parler ou tout au moins de répondre : à l'inverse du lennsmann qui malgré sa haute position craignait Fru Tideman, Per Oskal n'avait en face d'elle aucun complexe. Attaquant le sujet, il alla tout de suite au cœur de la question.

« Ainsi Simon Sokki se décide à venir, dit-il. Vous avez gagné, Harald ! »

Poliment il ajouta :

« Et vous aussi, Fru Tideman -

— Attendez, attendez, dit vivement l'assistante sociale, tout n'est pas joué ! Il peut se rétracter, il s'effraie facilement, et puis ces laps sont tellement versatiles ! »

Harald Sorensen trouva qu'il était inopportun de discuter en l'absence du principal intéressé. A quoi bon interrompre une rêverie pour parler de choses qu'on a ressassées durant des mois, voire des années ? Il fit diversion :

« Parlez-nous de Kristina Sokki, Fru Tideman. Comment va notre petite sauvageonne ? »

La question était perfide, chacun savait ce qu'il en était.

« De plus en plus sauvage, à désespérer d'être bon et

patient ! Fru Ingrid qui l'aime pourtant comme on peut aimer un animal familier, me disait qu'à son contact toutes les autres oubliaient le sage enseignement de l'école, rêvaient de traîneaux, de rennes, de mariage, et parlaient samisk ! Kristina leur a mis dans la tête que tant qu'à apprendre à lire et à compter, mieux valait le faire en samisk que le faire en norvégien !

— Mais cela me paraît raisonnable, judicieux même, fit Per Oskal.

— Oh, vous !... Je m'étonne que vous n'ayez pas encore définitivement abandonné le pantalon de ski pour les belingers ! »

Per Oskal riait en-dedans de lui-même. Il se contentait d'entrouvrir les lèvres, mais sa forte poitrine était toute secouée par les soubresauts de la gaieté.

Harald Sorensen s'amusait beaucoup, encore qu'il le dissimulât à la perfection, ne voulant pas pousser plus loin l'avantage.

Dans le silence qui s'était rétabli après cette première passe d'armes, on entendit un raclement de bottes dans l'entrée.

« Le voici ! » dit le lennsmann.

Il alla ouvrir. Ce n'était pas Simon Sokki, mais le pasteur Brombdal. Il était devant lui, le dépassant d'une demi-tête, long et maigre comme un échassier, avec cependant un fin visage glabre d'ascète, où la fatigue se marquait en rides très fines autour des yeux. Il portait le dolman noir serré, d'où dépassait la petite lisière amidonnée du col empesé.

« Je ne vous attendais pas, pasteur. Entrez !

— Je ne suis pas de trop ? »

Harald Sorensen se mordit les lèvres, lui fit signe de passer. Fru Tideman se leva.

« Comment va Fru Brombdal ? Avez-vous des nouvelles des enfants ? commença-t-elle avec empressement. Oslo est excellent. Ici les jeunes ont tendance à jouer aux sauvages. Regardez : les enfants du docteur Olafsen sont de vrais Lapons ! » Elle soupira :

« Nous aurions pu nous réunir chez moi, mais j'ai pensé que Simon Sokki viendrait directement ici, alors j'ai préféré prévenir notre cher lennsmann... »

Elle était tout à coup prise de frénésie, persuadée de mener le jeu avec l'appui du pasteur.

Harald ne dissimula pas sa contrariété :

« J'ai bien peur, Fru Tideman, qu'il y ait trop de monde pour ce pauvre Sokki... Il aurait mieux valu me laisser seul avec lui.

— Mauvaises raisons !... Nous sommes là pour vous aider...

— J'ai l'impression, fit Per Oskal, que nous sommes là pour cerner une proie... Je vous préviens, je ne ferai rien qui ne soit compatible avec les coutumes lapones.

— Même si les lois norvégiennes nous y autorisent ?

— Nos lois sont les nôtres et elles ne nous ont pas été imposées...

— J'entends, coupa le pasteur, vous voulez dire aussi, sans doute, que nous leur avons imposé notre religion.

— Oh, dit Per Oskal en souriant, cette pensée ne m'était pas venue, pasteur...

— La loi de Dieu s'impose à tous, car nous sommes tous pécheurs, Per Oskal, crut habile de corriger Brombdal.

— Certes ! Au reste, il ne s'agit pas de cela, ai-je parlé de religion ?

— On croirait, en tout cas, que vous souhaitez voir revenir les Lapons à leurs superstitions, à leurs chamans !

— Encore une fois, s'exclama Per Oskal, ce n'est pas

du tout de cela qu'il s'agit ! Je n'entends parler ni de leurs chamans, ni de leurs stallos, ni de leurs tambours magiques...

— Tout se tient, vous le savez bien.

— Pas si vite, pasteur, pas si vite... »

On était arrivé au point critique, à la divergence fondamentale : le pasteur savait fort bien où Per Oskal voulait le conduire. L'adroit juriste feignait d'être beau joueur. Les superstitions, à l'entendre, n'existaient plus, ce n'étaient que des survivances mineures qui ne servaient plus qu'à habiller les récits merveilleux des veillées. Grâce à Dieu et au pasteur, les Lapons étaient devenus de bons chrétiens, de bons luthériens... Et comment le pasteur eût-il pu mettre en doute ce résultat maintes fois proclamé de quatre siècles d'apostolat, la moisson récoltée par douze générations de pasteurs ?

Per Oskal avait continué impitoyablement :

« Ce dont je voulais parler, c'était de leurs coutumes migratoires, c'était tout ! »

Le pasteur Brombdal était mortifié. Bien sûr, officiellement il n'y avait plus de païens en Norvège depuis trois ou quatre siècles. Mais ils n'étaient chrétiens qu'en surface et par commodité !

« Voire, lui avait un jour dit Per Oskal, toujours bon apôtre. Ils ne sont pas encore des chrétiens parfaits, cependant disparaissons et Dieu restera parmi eux, car ils sont très croyants ! Peut-être prendra-t-il définitivement la place de Thor ? »

Une chose était bien certaine, c'était que leurs superstitions étaient si profondément enracinées dans leur âme depuis plus de 30 000 ans, qu'il eût été vain de vouloir les en extirper.

Per Oskal les connaissait ! C'est qu'il était né dans le fjord d'Alta, d'une famille de pêcheurs. Et chaque été un grand troupeau venait à la côte près de la maison de ses parents, isolée sur un promontoire, face au large, et tout jeune il avait joué avec les petits Lapons autour des gammas ! Il parlait samisk et pensait en samisk, alors que Fru Tideman et le pasteur, tout en connaissant les finesses de cette langue difficile, ne pouvaient s'empêcher de penser en norvégien et de traduire ensuite : ils n'épousaient pas les formes de pensée lapones et les Lapons ne s'y trompaient pas. C'est pourquoi Per Oskal était si précieux pour le gouvernement, si irremplaçable ! songeait amèrement le pasteur.

Pourquoi Harald Sorensen, le lennsmann, le soutenait-il, bien qu'il ne fût pas tout à fait de son avis ? Car, à écouter Per Oskal, on aurait laissé les Lapons nomadiser dans le Grand Nord, dans cette taïga de bouleaux et de lichens... d'où il aurait suffi d'éloigner tous les Norvégiens, tous les Suédois et tous les Finlandais sédentaires ! Utopie, reconnaissait le lennsmann.

Utopie ! Certes, se disait le pasteur Brombdal. Mais Per Oskal avait-il tout à fait tort quand il prétendait que la religion chrétienne était une religion de sédentaires ? qu'elle n'était pas faite pour les nomades ? Elle avait fermenté au fond des prisons et des catacombes et il lui en restait ce besoin de regrouper les fidèles et peut-être aussi cette liturgie trop compliquée... Oui, peut-être Per Oskal avait-il raison.

A tout cela, le pasteur, finalement, ne voyait qu'une solution. Qu'il n'y ait plus de Lapons nomades asservis aux citas, soumis aux migrations des troupeaux, mais des citoyens épars, disséminés sur l'immense territoire presque vide de la Norvège des fjords ! Et Fru Tideman, dont les convictions religieuses étaient profondes, s'était ralliée à son point de vue. En faisant des Lapons des sédentaires, on en ferait automatiquement de bons chrétiens. Ils resteraient douze mois sur douze sous l'autorité du pasteur !

Un bruit de clochette tinta, précédant le claquement sourd du galop d'un renne sur la glace du chemin, et le crissement des patins d'un traîneau.

« Pourvu qu'il n'ait pas bu ! » songea Per Oskal, qui le premier l'avait entendu venir.

Mais Simon Sokki n'était pas ivre; il était venu directement de chez Johan Haetta, et après avoir attaché son renne à la barrière du jardin, il frappait, ôtait son bonnet, découvrant sa chevelure hirsute, mangée par places par le port de la lourde coiffure, attendant qu'on lui dise d'entrer.

« Te voilà donc, Simon Sokki », lui dit Harald Sorensen, l'accueillant à bras ouverts. Pour lui le lennsmann avait adouci l'expression trop sévère de son visage, il se voulait souriant et réussissait presque à l'être.

Le Lapon pénétra en se dandinant dans la pièce austère et confortable, répondant aux « boriz, boriz » des Norvégiens par des salutations répétées; mais il restait debout, planté là sur ses jambes torses, et de son pesk fauve se dégageaient déjà de forts effluves. Il détonnait prodigieusement dans le décor de ce salon. Le lennsmann le mit à l'aise en lui offrant un siège, et l'autre s'assit, l'air un peu inquiet, presque fautif, sur le bord de la chaise.

Il avait remarqué avec plaisir la présence du lappefogden et cela compensait les craintes qu'il avait éprouvées en apercevant le pasteur et Fru Tideman. Déjà ceux-ci s'apprêtaient à l'assiéger, de peur de laisser Per Oskal prendre l'initiative. Mais le lennsmann intervint :

« Nous ne sommes pas pressés. Laissons à Simon Sokki le temps de se remettre, et d'abord, dit-il en se tournant vers le Lapon, donne-nous des nouvelles de la cita. »

Per Oskal lança à Simon un clin d'œil d'encouragement :

« Comment se fait-il qu'Ellena ne t'accompagne pas, plaisanta-t-il, tu vas te perdre dans Viddakaïno. Si tu veux, je t'accompagnerai...

— Pas nécessaire, Per Oskal, pas nécessaire, fichtre ! il n'y a pas encore assez de vos damnées maisons pour m'empêcher de retrouver mon chemin... »

Il rit de bon cœur. Il était plus à l'aise ! Il parla d'abondance du troupeau, des rennes, de la cita, mais pas un moment il ne demanda des nouvelles de Kristina, et Fru Tideman, qui attendait cette occasion pour placer un mot, fut déçue.

— Le lennsmann m'a dit que tu t'intéresserais peut-être à mieux connaître la vie au Trondlag, dit doucement Per Oskal.

— Hum ! C'est bien loin... pourquoi aller si loin pour vivre, n'est-on pas bien ici ?

— On peut toujours se renseigner, ça n'engage à rien, Simon, observa Sorensen. D'ailleurs tu ne serais pas seul, ajouta-t-il après un moment, Mattis Eira et Aslak Siri ont eux aussi décidé d'aller voir...

— Ah ! » fit Simon Sokki décontenancé, car les autres étaient les chefs de deux importantes citas. Leurs terrains de parcours étaient assez éloignés, ce qui fait qu'ils se supportaient, sans plus...

« Et puis je t'accompagnerai », fit le lappefogden.

Les autres regardèrent Per Oskal, étonnés... Il n'avait jamais été question qu'il entreprenne ce voyage, qui devait être accompli par les trois Lapons, Fru Tideman et le lennsmann. Du moins était-ce ce qui avait été convenu en présence du pasteur Brombdal et celui-ci comptait sur l'influence de son collègue du Trondlag pour prendre en main les choses...

« Je serais heureux que tu sois du voyage, Per Oskal, fit Simon Sokki dont les craintes se dissipèrent cette fois tout à fait.

— Naturellement, précisa le lennsmann, le district prendra tous les frais à sa charge. Vous êtes d'accord, Fru Tideman, c'est sur votre budget ?

— Vous êtes généreux quand il s'agit des fonds de l'aide aux Lapons, dit Fru Tideman acide, mais j'accepte. Simon Sokki, tu n'auras rien à débourser. »

Les petits yeux vifs du Lapon brillèrent :

« Dans ces conditions, je pourrais peut-être emmener ma femme ?

— N'y songe pas, fit sévèrement le pasteur. Vous ne reviendrez que tard, à Pâques, et encore !... Il faut absolument qu'Ellena reste à Suojaurre ! N'est-elle pas chargée de rassembler tous ceux de votre cita pour les fêtes de Pâques ? Non, j'ai besoin d'Ellena, prenez les hommes, d'accord, mais laissez-moi les femmes, il y a les baptêmes ! »

Simon Sokki baissa la tête; on ne discutait pas les ordres du pasteur Brombdal.

« Il vaut mieux que tu sois seul, convint le lennsmann. Souvent les femmes ne voient pas les choses comme les hommes, et puis le troupeau, ça te regarde, hein ! D'ailleurs ni Mattis ni Aslak n'emmènent leurs épouses. »

Le Lapon faisait un grand effort de réflexion et les autres ne le troublèrent plus. Après tout, se disait-il, ce voyage pouvait être une bonne affaire. Il emporterait un chargement de peaux de rennes, de pesks et de skallers et il trouverait bien le moyen de les vendre plus cher là-bas; le voyage ne coûterait rien. Bien plus, comme il avait demandé une quote-part aux membres de la cita, ce serait autant de gagné ! Oui une bonne affaire, il verrait du pays. Après tout, la vie était peut-être meilleure là-bas. Le jour n'y venait-il pas un mois plus tôt ! Il allait se décider.

« Je crois, Simon Sokki, dit malencontreusement le pasteur, qu'un grand avenir se prépare pour le peuple samisk. Finis les tribulations, les famines, les dangers de toute sorte et finis aussi les vols de rennes », ajouta-t-il d'un air entendu.

Le Lapon dressa l'oreille. Il n'aimait pas qu'on parlât du vol des rennes, c'était une affaire entre Lapons. Mais le pasteur était lancé ! Il semblait pris d'une subite ardeur, comme si Dieu l'eût chargé brusquement d'un terrible et nécessaire message !

« Celui à qui on a causé du mal et qui ne dénonce pas son voleur au tribunal de Dieu, celui-là aussi est coupable ! La rumeur m'a appris qu'on t'avait volé des rennes, est-ce vrai, Simon Sokki ?

— Cela m'étonnerait, pasteur, fit Per Oskal, n'est-ce pas, Sorensen ? car nul ne m'a saisi d'une plainte... et je suis le seul qualifié pour la recevoir... »

Il entendait bien rester le seul juge des Lapons.

« Il me semblait, fit le pasteur qui ne put se retenir, que quelqu'un s'était étonné auprès du conseil des anciens...

— Quels sont ces ragots, pasteur Brombdal ? » dit Oskal d'une voix dure.

Fru Tideman sentit que le pasteur s'engageait sur une voie dangereuse. Il ne fallait pas mêler le vol des rennes au départ de Simon Sokki; le vol était un argument à ne pas employer. Pourquoi froisser la susceptibilité de Simon, éveiller sa méfiance, humilier son orgueil de propriétaire bafoué ? Déjà il s'était refermé sur lui-même et ne répondait plus.

Elle crut bon d'intervenir :

« Pour une fois je donnerai raison à Per Oskal, pasteur, pour cette fois et dans un cas bien précis...

— Dans ce cas, fit le pasteur Brombdal, continuez cette agréable discussion... Je dois partir, la veillée est avancée et je dois ouvrir le temple dans quelques heures. »

Il se levait, saluait.

« Attendez ! je pars avec vous, dit Fru Tideman qui ajouta à l'intention du Lapon :

— J'irai voir Ellena en votre absence, je la tiendrai au courant du voyage, car il est inutile que vous refassiez une nouvelle fois la longue route jusqu'à Suojaurre. Le lennsmann a besoin de vous réunir tous avant le départ. Il y a des tas de choses à mettre au point... Bazza derivan, Simon Sokki, bazza derivan...

— Mana derivan, Fru Tideman, mana derivan, pasteur...

— Mana derivan, Simon Sokki, mana derivan. »

Le pasteur Brombdal se hâta vers son presbytère et Fru Tideman dut allonger le pas pour se maintenir à sa hauteur. Comme ils arrivaient devant le temple, il se retourna et prit congé presque sèchement. Elle le regarda avec douceur :

« Cette attitude ne me paraît pas digne de vous, pasteur. Pourquoi cet affront à Sokki et cette animosité contre Per Oskal ? Il croit être dans le vrai et peut-être, au fond, connaît-il les Lapons mieux que nous ? Il ne s'opposait pas au voyage ! »

Brombdal secouait la tête, incrédule.

« Il croit connaître les Lapons, mais ne vivons-nous pas depuis toujours, nous aussi, dans cette Laponie du Finmark ? N'ai-je pas baptisé et marié tous les jeunes depuis une vingtaine d'années ? Exception faite de quelques sorciers d'une autre époque, de quelques très vieux nomades que nous n'avons jamais pu toucher, connaissez-vous des païens dans mon secteur ? Non ! Ce ne sont pas les Lapons qui font obstacle à notre apostolat, ce sont nos frères norvégiens, chrétiens comme nous et qui devraient nous aider, nous soutenir; quel besoin a Per Oskal, et même le lennsmann, de protéger, je dirais mieux de conserver malgré eux aux Lapons, les formes arriérées d'une civilisation qui n'a plus sa place ? Il faut que les Lapons vivent en chrétiens. Je lutterai jusqu'à ma mort pour cela.

— Orgueil et illusion. Regardez plutôt les choses en face; entre Per Oskal et vous, seules les méthodes diffèrent. Tous deux vous n'avez au fond qu'un même but, faire en sorte qu'un jour on ne distingue plus les Lapons des Norvégiens. Vous atteindrez au même résultat par des moyens différents. Per Oskal a le temps pour lui, vous et moi, avons peut-être voulu aller un peu vite ! Un jour viendra où non seulement les Lapons seront des chrétiens en profondeur, par leur vie, par leurs mœurs, mais où ils seront effectivement et non plus seulement en droit des citoyens norvégiens.

— Ce n'est pas ce que dit le docteur Olafsen, l'oracle de Per Oskal !

— Il y a, chez le docteur, une forme d'esprit assez déplaisante; il prend à plaisir le contre-pied de ce que nous faisons, mais je le soupçonne de faire cela par jeu beaucoup plus que par conviction. Bien sûr, lui et vous êtes en perpétuelle opposition, deux caractères entiers ! Aussi orgueilleux l'un que l'autre sous des apparences bonasses chez lui, froides et austères chez vous. J'aime mieux vous le dire franchement : Olafsen vous contre par antipathie personnelle, car lui aussi est profondément croyant. Et ceci vous feignez de l'ignorer et il en prend ombrage. De l'orgueil ! Lui, moi, vous ! nous croyons tous tenir la vérité alors que seul Dieu la détient. Au moins Olafsen a pour lui une chose : il est charitable et d'une inépuisable bonté, et il ne demande rien en échange. C'est sans doute pour cela qu'il est aimé des Lapons. »

Il la regarda, amer.

« Ainsi, Fru Tideman, vous passez de l'autre côté ! »

Elle baissa la tête :

« Pourquoi dire une chose que vous ne pensez pas ! Dois-je rappeler que depuis des mois, par mes visites à Suojaurre, je prépare patiemment cette rencontre; le lennsmann n'a eu qu'à cueillir Simon Sokki comme un fruit mûr.

— C'est vrai ! Pardon, Fru Tideman. La fatigue, l'énervement, cette sorte de coalition que je sens contre moi, tout cela m'empêche de juger sainement. »

Il serra les poings dans un geste de désespoir.

« Et voici que pour la première fois, je doute ! Oui, je doute de ma mission. Voilà où j'en suis ! Comprenez-vous, je crains de m'être trompé !

— Ne doutez pas de votre mission. Vous ne vous êtes trompé que sur vous-même, voilà tout; l'homme est faillible et le meilleur des serviteurs de Dieu peut se tromper; vous doutez de la méthode que vous avez employée. Moi aussi parfois, je suis ébranlée. Et si Olafsen avait raison ! Il est aimé et nous sommes redoutés. Mais sa part est trop facile. Pourquoi ne croirait-il pas détenir la seule vérité, puisque les Lapons sont ses amis ? »

Le pasteur hésitait :

« Tout ceci est très grave, laissez-moi maintenant. J'ai besoin de me recueillir. »

Elle s'éloigna. Il pénétra dans le temple vide, et, debout, la tête enfouie dans ses mains, pria.

Il priait d'une façon désordonnée et il s'humiliait devant Celui pour qui il luttait depuis tant d'années.

« Toi qui vois tout, qui juges tous nos actes, pénètre-moi de Ta vérité. O Christ, envoie-moi Ta lumière. Punis mes fautes et dirige-moi pour le salut de ceux que Tu as mis entre mes mains d'argile.

« J'ai péché par orgueil, en rêvant de faire de ma paroisse la plus chrétienne de la Laponie. J'aurais voulu que par amour pour Toi cessent soudainement les mœurs libres, les beuveries, ces fréquentations superficielles au temple, ce nomadisme d'un autre âge qui engendre tous ces maux, je voyais largement assis autour de moi ce peuple lapon que Tu m'as confié, et il m'écoutait et il ne péchait plus.

« J'ai voulu trop bien faire et peut-être suis-je allé trop vite. J'ai souhaité le nombre et je n'ai pas assez surveillé la qualité. Parmi tant de gens dans Ta maison, ô Christ, combien ont la Foi véritable ?

« J'ai attiré par intérêt, j'ai provoqué par la crainte de Ta colère des vocations que je devais inspirer par l'amour.

« Oui, j'ai péché par intérêt; n'ai-je pas favorisé matériellement ceux qui étaient les plus assidus et méconnu les autres ?

« J'ai mêlé trop intimement le matériel au spirituel. J'ai oublié que les Lapons à qui Tu as donné une âme sont mes frères, et que ceux qui ne connaissent point la joie pure de T'aimer méritent plus que les autres mon soutien fraternel.

« Oui ! ils sont tous mes frères, même ceux qui T'invoquent sous un autre nom, sans savoir que Tu es Unique, ceux qui croient en Toi, ceux qui croient ne point croire, ceux qui T'aiment, comme ceux qui Te craignent, ceux qui obéissent à Tes lois et ceux qui s'y dérobent.

« Toi seul sais quelle sera la part du juste et j'ai voulu en décider ! Dérision !

« De tous ces actes, de toutes ces pensées, je Te demande pardon Seigneur.

« Donne-moi Ta lumière et Ta force et permets-moi de les faire rayonner sur la vidda. Je ne suis que Ton humble serviteur au milieu des neiges.

« Que cette bienheureuse épreuve m'éclaire.

« Il fallait qu'on vienne à moi par amour, et c'est trop souvent par intérêt.

« Pour n'avoir pas su me faire aimer, à seule fin qu'à travers ma personne on T'aime davantage, O Christ, je Te demande humblement pardon.

« Tout ceci est ma faute. N'est-il pas trop tard ? »

Il était seul dans le temple glacial.

Par les vitres dépolies pénétrait la lueur du jour naissant. Dehors les bruits de la taïga prenaient plus de consistance, perdaient leur mystère; ils redevenaient des bruits d'hommes, d'oiseaux, de bêtes, qui se mêlaient au chant du vent.

Brombdal se sentit tout à coup pénétré par la lumière divine.

Non, il n'était pas trop tard. Cette épreuve était nécessaire, Dieu la lui avait envoyée pour qu'il y trouve sa vérité.

Il était maintenant presque en extase. Il ne voyait plus les défauts des hommes. Et dans chaque homme il se jura de faire lever l'étincelle de bonté qu'il contient. Il connaissait sa mission.

Inconsciemment il préparait son sermon de tout à l'heure. Il leur dirait :

« Mes frères, Dieu est Amour. Venez à moi sans crainte... »

Après le départ du pasteur et de Fru Tideman, les autres s'étaient resserrés autour du feu.

« Ouf ! fit Per Oskal, j'ai bien cru qu'il allait tout ficher par terre.

— Ne craignez-vous pas qu'un jour ou l'autre il vous

en cuise, Per Oskal ? dit le lennsmann. Il a la dent longue...

— Mon cher Sorensen, vous n'êtes pas assez combatif ou pas assez fataliste... Dans l'un ou l'autre cas, vous gagneriez... Moi, je suis les deux, et demain est demain, n'est-ce pas, Simon Sokki ?

— Le lennsmann a oublié de te dire, ajouta alors Per Oskal, qu'il sera lui aussi du voyage, c'est même lui qui l'organise.

— J'ai bien réfléchi, répondit Simon Sokki, et c'est tout décidé, je partirai...

— Merci de ta confiance, Simon tu n'auras pas à le regretter, nous souhaitons vivement le bien de ton peuple, et nous agissons dans ce but, dans ce seul but, tu en es convaincu, j'espère... »

Le Lapon ne répondit pas. Il s'était approché du foyer, rassemblait les bûches à demi calcinées, en ajoutait de nouvelles, repoussait la braise, mais Per Oskal savait bien que tous ces gestes n'étaient faits que pour lui donner le temps de réfléchir, et il respecta le silence.

Ils demeurèrent ainsi un long moment.

Puis Simon Sokki se leva le premier de son siège, avec une brusque détente, comme s'il venait de se réveiller.

« Il faut maintenant que je retrouve le Finsk, dit-il, il ramènera mon renne à Suojaurre.

— Où vas-tu loger pendant ces quelques jours ?

— J'ai plus de domiciles qu'il ne m'en faut, lennsmann !

— A ta guise, la maison commune t'es grande ouverte si tu préfères. »

Mais le lennsmann n'insista pas. Aux belles couchettes de la maison commune, alignées dans une pièce longue et bien chauffée qui servait pour les jours d'affluence et les rassemblements, il savait que Simon Sokki préférait aller de l'une à l'autre des huttes de Viddakaïno où vivaient les kvaens, parents éloignés de la cita; il rentrerait, il s'accroupirait à même le plancher, il boirait... surtout il boirait, songea amèrement le lennsmann...

« Mana derivan, Sokki.

— Bazza derivan », dit le Lapon, puis comme il détachait le renne de sa barrière, il se tourna une dernière fois vers le lennsmann.

« Le bonheur des uns n'est pas forcément le bonheur des autres... »

Il haussa les épaules :

« Enfin, on verra bien. »

Il sautait en voltige dans son traîneau, emporté par le renne au galop.

Per Oskal et le lennsmann s'aperçurent alors que le jour s'était levé pour quelques heures très brèves, que le soleil allait paraître, et comme une cloche grêle tintait dans le froid très vif, ils se souvinrent que c'était dimanche et se préparèrent pour aller au culte.

XVII

Tout reposait dans les vastes bâtiments de l'école lapone. En apparence, tout au moins, car du dortoir des filles s'élevaient des murmures étouffés, des rires, des « chut-chut ! » amusés. La petite Mikkela donnait son habituel numéro à succès. Debout sur sa couchette, un drap enroulé autour de sa taille en manière de robe, elle contrefaisait Fru Tideman présentant les élèves au pasteur Brombdal, lors d'une des nombreuses visites que ce dernier rendait à l'école. Mikkela commençait à parler fort correctement le norvégien, mais avec une volubilité toute lapone et l'effet sur ses compagnes était irrésistible : « Mes enfants, le pasteur Brombdal nous honore de sa visite, vous ne le méritez pas, petites effrontées, aussi je vous demande de réciter toutes en chœur *L'ours et le renard*, Bjornen og reven ! Allons, je commence. » Mikkela déclamait alors la poésie en samisk : *Guoviza ja riban*, et toutes riaient, car c'était une revanche spectaculaire sur Fru Tideman qui s'appliquait à les métamorphoser en petites Norvégiennes.

Imitant Fru Ingrid : « Pasteur, continuait Mikkela, voici ma meilleure élève, Kristina Sokki, la plus sage, la plus appliquée, on en fera une fameuse Norvégienne... » et les autres riaient alors aux éclats, sans souci de réveiller la grosse Inga. Cependant, furieuse d'être comparée, même ironiquement, à une sédentaire, Kristina bondissait sur Mikkela, lui arrachait ses draps, et toutes deux luttaient comme de petits fauves, toutes griffes dehors.

Cette nuit comme les autres, Kristina, malgré sa petite taille avait l'avantage; Mikkela abandonna la lutte et s'effondra tout essoufflée sur sa couchette.

« Chut ! fit-elle.

Le bruit sautillant d'une clochette tintait dans la nuit.

« Un traîneau, dit Mikkela. On dirait qu'il vient... »

Elles se précipitèrent aux fenêtres, relevèrent légèrement les stores de papier goudronné, collèrent leurs yeux aux vitres obscures.

Le bruit se rapprochait, à son rythme elles devinèrent le changement d'allure du renne qui, du galop, passait au trot, puis au pas. Il ne devait pas être commode car la sonnette tintait par à-coups, sans raison. Enfin le son s'arrêta; l'homme attachait son renne à la barrière.

Elles étaient toutes haletantes de curiosité. Ce traîneau dans la nuit, qui empruntait l'unique route dégagée desservant l'école, ne pouvait guère aller plus loin. Un homme grand et mince, vêtu à la manière scandinave, passa devant les bâtiments, inspecta les lieux comme s'il cherchait à se reconnaître.

« C'est un Norvégien, fit Mikkela déçue.

— Un Norvégien qui va chez Sara Johanna, ça m'étonnerait », dit Kristina.

L'homme, en effet, avait pris la trace mal marquée qui menait à la hutte où vivait Sara Johana.

« Que peut-il bien vouloir à notre chère Sara ? s'inquiéta Mikkela.

— Si tu veux le savoir, habille-toi et sors !

— Pour un Lapon, je me serais peut-être dérangée », dit Mikkela.

Elle esquissait une moue dédaigneuse, mais ne parvenait pas à effacer la jeunesse rieuse de son visage.

Kristina restait songeuse, le nez collé à la vitre gelée où se dessinaient des étoiles de givre, des fougères merveilleuses; la buée de son souffle dissolvait cette mince dentelle et lui ménageait un peu de visibilité sur la blancheur laiteuse du paysage de neige, piqueté çà et là par quelques lumières échappées des maisons. Les étoiles brillaient et Kristina, mélancolique, se mit à rêver aux vastes étendues où galopait son renne blanc; elle tenait ferme les guides et se laissait emporter dans un flot de neige qui giclait sous les sabots de la bête. Elle sentait sur sa joue le froid vif de la course, et elle entendait chanter le vent dans les bouleaux ! Parfois, dans sa rêverie, elle évitait du buste une branche qui menaçait de la frapper en plein visage, mais le renne galopait plus vite, toujours plus vite, et maintenant elle était couchée à plat ventre sur le traîneau, et elle s'arcboutait, car il fallait gagner la course, et battre le gros renne blanc de Mikkela qui courait, qui courait, qui courait !

Calmées, les autres s'étaient blotties sous leurs couvertures, et l'on n'entendait plus dans le dortoir que leurs respirations paisibles. Kristina rêvait toujours, puis elle reprit conscience. Ce n'était pas le vent libre de la taïga qui gelait sa joue, mais le froid glacial de la vitre sur laquelle elle appuyait son visage. Des larmes lui vinrent. Pourquoi était-elle prisonnière ? Que se passait-il à Elv et à Suojaurre ? Karin, une fois, lui avait rendu visite, mais aux différentes questions posées, sa cousine avait répondu que tout allait bien, au troupeau comme à la hutte. Etait-ce bien vrai ? Kristina eut tout à coup le pressentiment qu'on lui mentait.

Elle avait espéré avoir des nouvelles par Sara chez qui se rencontraient des gens venus de toutes les citas voisines; mais personne n'avait rien dit, devant elle du moins, et elle n'avait pas osé les interroger. Elle s'évadait de temps à autre de l'école chez la trafiquante, roulée par terre dans un chaud amoncellement de peaux de rennes. Les Lapons de passage, hommes et femmes, allaient et venaient, entraient et sortaient sans prendre garde à cette fillette qui paraissait dormir. Et elle se croyait revenue au bon vieux temps de la hutte d'Elv, quand ceux de Suojaurre venaient parler du troupeau...

Etait-ce encore une image de son rêve : il semblait à Kristina qu'une ombre féminine se silhouettait contre la fenêtre, tapotait la vitre. Kristina écarquilla les yeux : c'était bien Sara Hohanna. Elle ouvrit doucement la fenêtre. Un souffle d'air glacé pénétra dans le dortoir; il fallait faire vite.

« Kristina !

— Sara, que veux-tu ?

— Habille-toi et viens... Je te dirai plus tard. Ferme vite la fenêtre, le froid va les réveiller. »

Déjà Sara repartait en courant vers sa hutte.

Enfin, le mystère entrait dans la vie trop calme de l'écolière.

Kristina retourna à sa couchette, se déplaçant silencieusement dans l'obscurité du dortoir sans rien accrocher dont la chute pût donner l'éveil. Comme tous les Lapons qui rôdent sans cesse la nuit, elle était nyctalope et elle n'eut aucune peine à retrouver sa place, à s'habiller rapidement, puis elle se glissa sans bruit jusqu'à la fenêtre, l'ouvrit, sauta dehors dans la neige, repoussa le battant et le cala avec une branche. « Ces fenêtres qui ouvrent de dedans en dehors sont bien pratiques », songea-t-elle.

Elle fut très vite à la hutte de Sara.

Tout d'abord elle ne distingua pas l'homme dans l'obscurité. Par économie, Sara Johanna s'éclairait à la lueur du poêle. Et il y avait un tel désordre dans l'unique pièce que tout ce qui sert d'habitude à ordonner la vie d'une maison, la table, le vaisselier et jusqu'aux deux couchettes superposées, y était encombré et y favorisait l'encombrement.

« Que se passe-t-il, Sara ? » interrogea Kristina.

Elle grelottait, car elle avait simplement enfilé un tricot par-dessus ses vêtements de nuit.

« Bois d'abord ce café chaud, ensuite vous parlerez, toi et lui... »

Elle lui montra le Finsk, qui était assis immobile dans un coin de la hutte, et qui n'avait pas bougé à son arrivée.

« Paavi !... »

Elle était heureuse, puis elle s'inquiéta :

« Que se passe-t-il pour que tu sois là ? Un malheur est-il arrivé ? Aux rennes ? A mes parents ? »

Il avait hésité quand elle avait parlé des rennes, mais comme Kristina s'agitait, il l'avait laissée poursuivre.

« Il faut que ce soit grave pour que tu viennes en pleine nuit !

— Je suis venu pour toi », dit-il simplement.

Elle le regarda, il parlait sérieusement. Il y avait beaucoup de douceur dans ses yeux, et c'était nouveau chez cet homme qui lui avait toujours paru hautain, un peu méprisant, qui parfois la traitait en gamine. Elle se rappela leur dernière conversation, le pacte...

« Tu es venu me chercher ?

— Ce n'est pas encore le moment... J'ai accompagné ton père qui va partir en voyage au Trondlag. Nous avons vendu les rupés et moi je regagne Elv avec les trois attelages.

— Mon père s'en va ? Ainsi, c'est décidé, ils vont abandonner Suojaurre... Crois-tu, Finsk, qu'il vendrait le troupeau ? »

Elle s'affolait :

« Ils ne peuvent pas vendre mes rennes, ils sont à moi. J'interdis qu'on les vende !...

— Calme-toi, Kristina, tout n'est pas perdu. »

Lui avait conservé son sang-froid et tirait sur sa pipe de courtes bouffées d'un tabac fort qui se mêlait aux effluves des peaux entassées dans la hutte. Il laissa l'enfant reprendre son calme, il avait tout prévu. Il y aurait l'explosion de colère puis les pleurs. Ensuite il pourrait la raisonner.

Mais Kristina ne pleurait pas. Sa colère dominait son chagrin; elle avait les yeux secs et déjà envisageait les conséquences d'une émigration définitive de la cita. Simon Sokki était le maître. Où qu'il emmenât le troupeau, il lui faudrait le suivre car elle n'était pas mariée. Elle rageait, et le Finsk admirait sa colère.

« Tout n'est pas perdu, reprit-il. Simon m'a mis au courant, il va voir avec Mattis Eira et Aslak Siri si le projet est intéressant. Il y aura le lennsmann et Per Oskal. Celui-là tu lui fais confiance ? »

Elle eut un geste dubitatif.

« Mais il y aura aussi Fru Tideman.

— Ah, celle-là, soupira-t-elle, si elle pouvait rester au Trondlag ! »

Elle n'était pas satisfaite de ces explications. N'y avait-il pas autre chose ? Son père s'était décidé bien vite, et pourquoi n'était-il pas venu la trouver ?

« Il n'a pas eu le temps, mais il viendra demain ou après-demain. Il reste ici quelques jours pour organiser le voyage et puis... »

Il hésitait et, malgré son flegme, laissait percevoir son trouble.

« Et puis, je voulais te voir avant. Tu te souviens du pacte ?

— Je te dois deux rennes, c'est ce que tu veux dire ? »

Elle avait déjà un petit air méprisant.

Il secoua la tête. Il portait sur elle un regard tendre. Jamais un homme ne l'avait dévisagée ainsi. Aux yeux des hommes de la cita elle n'était qu'une enfant; seul Paavi qui l'avait vue piéger dans la taïga, savait de quelle énergie et de quelle efficacité elle était capable.

« Kristina, reprit le Finsk gravement, je suis venu parce que c'est important, et que je t'avais promis de t'aider. Fru Tideman passe au second plan. Depuis sa visite il y a eu un malheur et ton père a sans doute de bonnes raisons de quitter le pays. Il préfère la fuite à la vengeance...

— Que veux-tu dire ?

— Les hommes de l'Œstfjellet, ceux qui ont tué Mikkel Mikkelsen, mon oncle, ont surpris la vigilance de Thor Risak, ils ont repris leur bien et même davantage. Douze cents bêtes manquent au troupeau ! »

Elle était effondrée et l'énormité même du vol la déroutait. La vie passée dans la cita lui avait paru jusque-là comme une sorte de légende; elle se doutait certes que les siens étaient impliqués dans une affaire de rapt de rennes, une vieille affaire qui datait de six ans. Mais elle ne matérialisait pas les faits, elle était si jeune à l'époque ! Et voilà que la vieille vengeance s'était réveillée, que les anciennes craintes se confirmaient, que cette vague menace à laquelle on ne croyait plus était devenue réalité. Et maintenant il manquait douze cents rennes, douze cents... et elle les voyait s'enfuir, croupe contre croupe, emmêlant leurs bois, comme une forêt vivante et c'était comme si elle se retrouvait toute seule, nue, dépouillée, dans l'immense solitude de la taïga.

Il fallait qu'elle se fasse à son malheur ! Elle repoussa, coléreuse, la tasse de café que lui tendait Sara. La kvaen n'insista pas, revint s'asseoir dans son coin sur un vieux coffre. Le Finsk avait repris son immobilité. Son émotion ne se manifestait que par les bouffées saccadées qu'il tirait de sa pipe. Le poêle n'avait plus que des braises, mais personne ne songeait à ranimer le feu; d'ailleurs une lueur imprécise et livide se coulait de l'extérieur, annonciatrice de l'aurore.

Tout à coup Kristina fondit en larmes, et il n'y eut plus devant eux qu'une pauvre enfant inconsolable qui se roulait sur les peaux de rennes de la hutte, et sanglotait à s'en déchirer le cœur.

Ils laissèrent passer la crise, puis quand elle fut un peu calmée, Sara s'approcha de la jeune fille.

« Il te faut rentrer, maintenant. Si tu te faisais prendre j'aurais des ennuis. »

Oui, il fallait partir. Cette obligation, le peu de temps qui restait lui donnaient le courage de poser la question qu'elle n'avait pas encore osé formuler.

« Dis-moi, Paavi, parmi les rennes, combien de mon troupeau ? »

C'était comme si elle attendait un verdict de vie ou de mort.

« Une dizaine, dit-il. Mais rassure-toi, le grand renne blanc est toujours là, et tes meilleures femelles. D'ailleurs on a réparti les pertes et tu en recevras deux ou trois nouveaux en dédommagement. »

La colère montait en elle comme un flux irrésistible.

« Paavi, il faut préparer notre vengeance. Toi et moi, on ira leur reprendre les rennes. »

Il l'admira.

« Tu parles en vraie Samisk, Kristina... Mais le

voudrions-nous que nous ne le pourrions pas. Ton père paraît avoir abandonné l'idée de vengeance pour la fuite. Et les autres lui donnent raison. Mais moi, dit-il avec fureur, je pense comme toi, et je regrette, oh oui ! je regrette que par méfiance à mon égard Simon m'ait éloigné du troupeau... A cette heure, je le jure, le ravisseur ne serait plus qu'un squelette déchiqueté par les loups et que personne ne viendrait réclamer... Ce n'est pas Paavi, tu le sais, qui aurait somnolé pendant la tourmente !

— Qui es-tu, Paavi, pour parler mieux qu'un Samisk ?

— J'aime la vie libre de la taïga, cette vie libre qui est la nôtre et qu'on veut nous enlever... Mais maintenant, tu vas rentrer à l'école, Kristina. Prends patience, demain ton père viendra sans doute. Qu'il ignore ma visite. Et s'il ne t'apprend pas le rapt... Il ne l'osera peut-être pas... tu sais, il te craint plus que sa femme... »

Ils ne purent s'empêcher de rire.

« ... S'il ne t'apprend rien, joue l'indifférence. Sois prête le jour qu'il faudra... Qu'ils aillent au Trondlag, moi je retourne à Elv, je reviendrai pour Pâques. D'ici là ils seront de retour, et toi tu en auras terminé avec l'école. Ne bouge pas, Kristina... Je serai toujours là quand il le faudra même en pleine nuit. Si tu es en danger, appelle-moi, je répondrai... Nous avons dix ans d'écart, Kristina, mais tu as plus de tête que Karin ou Martha, tu es une femme ! Ta vengeance, nous la préparerons ensemble. Va, maintenant ! »

Elle se leva comme une automate, frileuse, et comme elle ouvrait la porte, il bondit vers elle :

« Tiens, fit-il en lui tendant un fichu de soie aux couleurs vives, pour te rappeler le pacte ! »

Elle le prit sans le regarder et s'enfuit à travers la neige.

XVIII

LE crépuscule s'éternise déjà.

Bientôt les jours égaleront les nuits, puis les dépasseront en longueur, et dans trois mois, il n'y aura plus de nuit. La lumière de l'Arctique éclairera la terre. A cette époque, les Lapons feront leur lente et longue migration vers la côte, et les jeunes rennes naîtront un peu partout au hasard des fourrés, cependant que les chiens, rassemblant le grand troupeau qui s'égaille sur les collines, grogneront en montrant leurs crocs lorsqu'ils flaireront la trace des loups. La neige fondra partiellement, les lichens réapparaîtront en larges plaques jaunes, et les bouleaux déchargés du poids des neiges tenteront vainement de se redresser. Les poules des neiges voleront librement, plongeant vers les ravins pour éviter les serres de l'aigle polaire. Partout s'étireront les grandes citas en marche vers la mer, et les rennes et les hommes poussés par leur instinct millénaire regagneront leur campement d'été sur les îles farouches couronnées de glaciers.

Ainsi songent les grands nomades de la taïga, ainsi songent mélancoliquement les élèves de l'école lapone, cependant que Fru Ingrid qui se veut sévère en l'absence de Fru Tideman, passe l'inspection du soir, dit la prière et confie pour la nuit les enfants aux soins d'Inga la kvaen.

Le crépuscule s'éternise et la lueur déclinante du jour projette des ombres allongées à travers le dortoir où les élèves se groupent par deux, par quatre, selon leurs affinités, pour jouir de l'heure de liberté. Elles rêvent des prochaines vacances, des fêtes de Pâques qui précèdent la grande migration. Leur corps est parcouru par les ondes du printemps; un besoin impérieux leur vient de partir, de regagner la vidda. Leur instinct migrateur se réveille, elles frissonnent sans raison. Elles étaient tout à l'heure joyeuses, turbulentes, et maintenant elles deviennent songeuses. Il faut revivre ! Passer de la nuit polaire au grand jour de trois mois !

Revivre et découvrir pour trois mois la joie du soleil et de la lumière, puis mourir à nouveau. Pour les petites Samisks, le printemps arctique est une époque où le sang coule plus chaud, où les passions sont plus violentes, suivies de dépressions inexplicables. Comme leurs rennes tournent en rond dans les pâturages d'hiver, pointant parfois le mufle en direction des montagnes, elles tournent dans la cage de leur école, sans but, sans pouvoir dormir, se lèvent, vont aux fenêtres, contemplent la taïga endormie, le ciel phosphorescent, soupirent, se recouchent.

Si Kristina attend le printemps et Pâques avec angoisse, c'est pour une autre raison. Elle craint le pire : le retour de son père et sa décision hâtive de vendre le troupeau. Simon Sokki est si facile à influencer ! Il suffit de quelques bouteilles d'alcool, de quelques couronnes.

Depuis cette nuit où, chez Sara Johanna, Kristina a appris de la bouche du Finsk le malheur qui a frappé le grand troupeau, elle ne dort plus, ne joue plus, vit à l'écart de ses compagnes. Comme on ne la trouve plus à l'origine des mille désobéissances collectives qui sèment le désordre et l'indiscipline dans la classe, Fru Ingrid la croit assagie, domptée et la félicite. Kristina accepte avec détachement les compliments qu'elle ne mérite pas; sa sagesse, son application à l'étude n'ont d'autre but que de détourner les soupçons, d'endormir la méfiance des maîtres. Elle fait d'ailleurs des progrès surprenants.

« Fru Tideman sera fière de vous », lui dit Fru Ingrid.

Si elle pouvait savoir à quoi pense Kristina ! Mais Fru Ingrid ne percera jamais le secret de l'âme lapone. Elle est née à Bergen, c'est une fille de commerçants, encore moins pourra-t-elle imaginer tant d'audace et de résolution chez une fille si jeune. Kristina prépare son évasion avec une patience de chasseur.

Comment Fru Ingrid pourrait-elle concevoir qu'une fillette puisse s'enfuir toute seule à travers cette taïga aux bois infestés de loups, et parcourue par les grands vents des tourmentes de printemps ? C'est à peine si la jeune femme, l'hiver, ose aller d'une extrémité de Viddakaïno à l'autre. Elle craint tout : les rennes, les loups, les ours, les Lapons même la déconcertent.

Cette fois, Kristina a bien joué. Même ses compagnes ne comprennent plus. Au début elles l'ont plainte, maintenant elles trouvent qu'elle s'est vite consolée, certaines disent qu'elle fait trop de zèle, et regrettent les punitions collectives qu'elles ont subies pour l'avoir trop souvent écoutée. C'était bien la peine de prêcher la révolte !... Mais Mikkela resta sa fidèle amie.

Ce soir, à l'écart des autres, elles font l'inventaire du trésor de Kristina, jalousement enfermé dans le coffret en bois peint qui ne la quitte jamais et qu'elle glisse le soir sous son lit. Au début, Fru Tideman avait voulu s'opposer à ce que les élèves apportent ainsi des campements ou des huttes leurs petits coffrets individuels;

Per Oskal lui a fait comprendre l'importance que les Lapons attachent aux objets puérils qu'ils y enferment. Pour ce peuple qui met tout en commun : rennes, traîneaux, tentes, huttes, ustensiles, le coffret est chose personnelle et sacré; ce qu'il contient n'appartient qu'à son propriétaire, et c'est peut-être ce qui à ses yeux en fait le prix. Un Lapon laissera traîner son argent partout dans la hutte mais fermera avec un cadenas solide son coffre qui ne contient que des objets sans valeur.

Et ce soir Kristina dit à Mikkela :

« C'est toi qui en auras la garde ! Alors, il faut bien que je te montre ce qu'il y a dedans. Je prends simplement ceci. »

Elle couvre ses épaules du fichu brodé offert par Paavi.

« ... Et cet argent qui me sera utile. Fais surtout attention aux marques, que personne ne les voie !... »

Mikkela ouvre tout grands ses yeux. Elle va savoir enfin qui des deux est la plus riche. Kristina plonge les mains dans le fouillis de chiffons, de papiers, de cartes postales, de bibelots, d'illustrations jaunies découpées dans des magazines et sur lesquelles on lit en norvégien : « Petite fille lapone et son renne devant la gamma. » Elles rient en contemplant ces photos prises dans l'île durant l'estivage par les touristes qui visitent les fjords.

Le fond du coffre est bourré de feuilles d'écorce découpées, représentant des oreilles de rennes avec la marque de leur propriétaire. Quand Kristina ne savait pas compter, elle avait pris l'habitude de dénombrer ainsi son troupeau. A chaque naissance d'un faon, à chaque cadeau, à chaque acquisition, une paire d'oreilles en écorce est venue rejoindre ce qui symbolise son troupeau personnel, ses richesses. Elle les connaît toutes, les étale sur son lit, les identifie, fait le compte de son troupeau, se trompe, recommence, discute avec son amie, en norvégien, en samisk. Finalement, elles sont d'accord.

« Tu en as plus que moi ! » fait Mikkela avec envie.

Kristina rayonne. Elle est encore, malgré le vol, la plus riche de toutes, ici ! Elle prend une écorce découpée, plus grande que les autres :

« Vois la marque de mon grand renne blanc ! Je le ferai courir à Pâques. »

Peu à peu la nuit est venue, qu'elles attendaient. Kristina a refermé le cadenas, gardé la clef, confié le coffre à Mikkela.

« C'est toi et toi seule qui le gardes, personne ne doit y toucher !

— Personne n'y touchera, je te le promets ! »

— Maintenant, tu vas m'aider, c'est l'heure ! »

Elles sont convenues d'un plan. Il est simple : dans la couchette de Kristina, l'oreiller simulera assez bien sa présence. Mais il faut qu'elle récupère ses habits lapons, ses fourrures, et ceux-ci sont enfermés dans un casier numéroté, au vestiaire; pour y parvenir il faut traverser la chambre de Fru Ingrid, et Fru Ingrid n'est pas comme Inga la kvaen, elle a le sommeil très léger. Elles ont leur idée.

« Viens », dit Kristina.

Elles sortent du dortoir à pas de loup, dans leurs vêtements de nuit; Mikkela frappe à la porte de la chambre de Fru Ingrid, Kristina se cache dans une encoignure.

« Fru Ingrid, Fru Ingrid ! » implore Mikkela d'une voix gémissante.

La jeune femme vient ouvrir, projette le faisceau de sa lampe de poche sur le petit être recroquevillé devant sa porte et qui paraît souffrir.

« Tu es malade, Mikkela ?

— J'ai mal, j'ai mal !

— Où ça ? »

Elle montre son cœur, elle montre son estomac, elle montre sa tête, gémit :

« J'ai mal ! »

Le couloir est glacé, on ne peut la laisser là, il faut prendre une décision.

« Peux-tu marcher... ? Oui. Viens à l'infirmerie ! »

Fru Ingrid jette un châle sur les épaules de Mikkela, l'entraîne à travers les couloirs du bâtiment silencieux.

Alors Kristina va droit au vestiaire. Elle a repéré depuis longtemps son casier. Voici son koufte court et brodé, ses grosses mitaines, ses sous-vêtements de laine épaisse et ses cuissards de peau qui faisaient tant rager Fru Tideman, voici son pesk blanc, des skallers neufs... Vite, vite... Elle s'habillera dehors. L'important est qu'elle récupère son costume lapon. On ne peut pas vivre habillé autrement, dans la taïga.

Dehors il fait très froid, mais la nuit est propice, où courent sous des guirlandes d'étoiles, les cavales blanches des nuages. A l'abri d'un rideau de neige que le vent a plaqué contre le lattis d'une barrière, Kristina s'habille méthodiquement. Qui reconnaîtrait à présent la petite élève modèle dans cette nomade couverte de fourrures épaisses ?

Il faut qu'elle rejoigne le troupeau avant le retour de Simon Sokki. Avec l'aide du Finsk, elle convaincra les autres.

Elle éprouve un intense bonheur à sentir à nouveau peser sur son corps les lourdes peaux à l'odeur forte et c'est comme si elle s'imbibait du sang sauvage des rennes. Qu'importent le vent ou le froid ? Son corps est comme protégé par la chaleur du troupeau.

Elle court chez Sara.

Elle la trouve silencieuse, veillant devant son poêle à

bois. Sans bouger de sa place, Sara Johanna interroge :

« Tu es donc décidée, Kristina ?

— Oui et tu m'as promis ton aide, tu l'as promis au Finsk...

— Je vais avoir des ennuis !

— Avec qui ? Pas avec les Lapons... les autres tu ne les crains pas ! Et puis, voici pour toi ! »

Elle jette l'argent sur la table. Et l'avide Sara compte les billets avec une évidente satisfaction.

« J'attendais ce jour, dit-elle. Tout est prêt. Voici un havresac, j'ai mis dedans de la viande de renne bouillie, du pain, du poisson gelé, du sucre, du café, des allumettes, une louche... Maintenant, change l'herbe de tes skallers. »

C'est Sara qui brasse elle-même la senna, l'herbe longue des marais dont elle bourre les mocassins de Kristina, puis la jeune fille remet soigneusement les bandes rouges des chevilles, désormais les skallers font corps avec les cuissards; elle ne craint plus le contact de la neige. Deux paires de mitaines pendent à son cou. Elle est prête.

« Tu prendras les skis devant la remise... Pars vite avant que l'alerte ne soit donnée à l'école ! Par où passeras-tu ?

— C'est mon secret.

— Es-tu sûre de tes forces ? Soixante milles dans la neige... Si la tourmente arrive... Je me demande si j'agis bien en t'aidant !

— Je sais creuser un trou, Sara... Rassure-toi, j'ai piégé souvent des rupés loin de Suojaurre. »

Il y a tant de décision et de fermeté chez la jeune Kristina que la kvaen n'insiste pas. « Après tout, cela ne me regarde pas. »

Kristina est prête.

« Si on vient te questionner, tu ne sais rien, Sara, tu

ne sais rien ! Il n'est pas dit que j'aille directement chez nous. Je ne veux pas qu'ils me reprennent, comprends-tu... Le Finsk me cachera...

— Celui-là est un homme ! concède Sara Johanna.

— Adieu, Sara ! Bazza derivan...

— Mana derivan, mana derivan », dit Sara qui ajoute en norvégien : « A la grâce de Dieu ! »

Kristina chausse les skis, coupe à travers les champs de neige, réveillant au passage des chiens qui aboient. L'important est qu'on perde ses traces dès le départ. Il n'est pas question de rentrer à Suojaurre par la vallée de l'Elv. On la rattraperait dans la journée, car il passe des dizaines de traîneaux par jour sur cette piste. Non, elle doit s'enfoncer au cœur même de la taïga, couper les parcours de migration d'est en ouest, franchir deux cols et l'Agjiet. Là, au moins, personne ne la poursuivra...

Vite, il faut quitter Viddakaïno !

Elle franchit l'Elv, à l'est du village, là où le cours de la rivière se resserre entre deux falaises, provoquant un courant d'air qui durcit la neige et disperse les traces. Puis elle escalade sur l'autre rive la colline qui domine, au nord, Viddakaïno. Dans la nuit froide et sombre elle se guide aux étoiles et cela lui rappelle ses chasses de l'hiver. La pente est raide, les fourrés épais, elle doit ôter ses skis qui s'ajoutent à sa charge.

Kristina brasse maintenant une neige poudreuse qui ne porte pas, s'y enfonce jusqu'à la ceinture, parfois davantage, tombe, se relève, repart... Où prend-elle sa résistance ? Devant, à droite, à gauche, partent dans un claquement d'ailes des poules des neiges effrayées; elle surveille leur envol par habitude, mais ne s'attarde pas, il faut qu'avant le jour elle ait mis une grande distance entre elle et ses poursuivants. La voici enfin au sommet de la colline, épuisée, haletante, ivre de liberté.

Un instant elle s'arrête et, accroupie sur ses talons, mi-enfouie dans la neige profonde, adoptant la pose familière aux bergers, elle contemple le paysage nocturne au fond duquel scintillent les lumières de Viddakaïno. Et tous ces feux lui semblent le reflet des astres sur un lac.

De temps en temps, l'aboiement d'un chien monte de la vallée assoupie, parvient avec peine sur le rebord du plateau et se perd dans la solitude. Puis c'est le cri lointain d'un loup en chasse, le glapissement d'un renard auxquels succède à nouveau le silence. Ce silence au travers duquel Kristina perçoit la palpitation secrète de la vie des animaux, des plantes et des hommes. C'est merveilleux. Elle est libre, le monde est à elle... Cette immense solitude qui l'entoure, elle ne la redoute point, le froid et le vent l'enveloppent amoureusement de neige légère et le baiser du froid sur ses joues, qui serait pour d'autres une intolérable brûlure, n'est pour elle comme pour tous ceux de sa race qu'une rude caresse.

La triple rangée de montagnes chauves et blafardes qui couronne l'horizon s'éclaire. Leurs contours se précisent. Derrière, c'est le pays de Suojaurre, et Kristina imagine le Finsk en train de piéger les sauvagines; peut-être a-t-il réussi à capturer d'autres hermines pour son pesk ? Dans un vallon désert le grand troupeau énervé par l'apparition du jour tourne en rond, creusant la neige. Les rennes frottent leurs bois contre les branches des bouleaux pour les dégager du velours des peaux mortes. Un cliquetis de branches brisées couvre la rumeur indéfinissable qui s'élève des hardes.

Puis tout à coup Suojaurre lui semble très loin dans le temps et dans l'espace, comme s'il lui fallait une vie pour y parvenir. Son séjour à l'école a rompu en elle le rythme du temps propre à sa race. Elle commence à compter en journées, en heures... alors que les siens ne connaissent que le va-et-vient des saisons, la lente relève des générations.

A ses pieds, l'Elv décrit ses méandres, et cela fait dans le paysage un large ruban plat, immaculé, ondulant à travers les grises collines boisées. Bientôt le jour naîtra; Kristina est à la lisière de la taïga de bouleaux. Quelques pas et elle peut disparaître, s'incorporer à la nature. Déjà, comme le loup et le renard, elle n'est plus qu'une fourrure à l'affût dans le Grand Nord, et s'il n'y avait la tache rouge de son bonnet, elle passerait inaperçue car son pesk de renne blanc se confond étonnamment avec la neige.

Elle devrait fuir, mais une force la retient au bord du belvédère. En bas était sa prison, et pour mieux goûter sa liberté, elle contemple longuement l'une après l'autre toutes les maisons de Viddakaïno éparpillées le long de la rivière; le temple, l'hôpital, les pavillons administratifs groupés au flanc de la colline. Les bâtiments officiels du gestgiverei sortent peu à peu de la nuit, précisent leurs silhouettes, découpent leur masse sur la neige, révèlent enfin tous leurs détails. L'école dort, on ne sait encore rien de sa fuite. Tout à l'heure, Fru Ingrid découvrira son absence, perdra la tête, hésitera à appeler le lennsmann, téléphonera certainement au pasteur, et tout cela prendra du temps. Trop tard, Kristina sera loin !

Elle se relève, secoue la poussière de neige qui la recouvre, chausse de nouveau ses skis. Le froid est intense mais elle n'y prête aucune attention; elle a chaud sous ses fourrures, et la montée rapide de la colline a brassé son sang; la neige est tellement froide que ses skis glissent mal, crissent et qu'elle doit pousser dur sur ses cannes. Et ses pensées dansent au rythme de la course... Les autres la chercheront sur la piste de la rivière. Au bord de la vidda ses traces se confondent avec les trous creusés par les rennes du pacage. Elle peut marcher sans être inquiétée un jour ou deux. Elle estime, calcule, combine... Cet itinéraire est difficile, jamais elle ne l'a parcouru. Peut-être mettra-t-elle beaucoup plus de jours qu'elle n'escomptait ? Et puis le beau temps se maintiendra-t-il ?

Elle skie depuis deux ou trois heures à travers les fourrés de plus en plus denses, franchissant des ravins, remontant des collines, évitant les grandes clairières, les espaces découverts, les lacs gelés, au long desquels se trouvent des huttes d'hivernage. Non pas qu'elle mette en doute l'hospitalité des siens, mais il est indispensable qu'elle échappe à toutes les sollicitudes, toutes les sollicitations. Elle peut se suffire à elle-même, elle a assez de provisions si le beau temps persiste. Qu'importe le froid qui serre ses pommettes, gèle la buée de sa respiration sur le bord de fourrure de son pesk. Le vent ne s'est pas levé; tout est possible !

Elle avance rapidement malgré la neige profonde dans laquelle elle doit faire sa trace. Sara lui a donné deux bâtons légers en bambou, bien préférables à la perche unique des Lapons et Kristina a très vite su s'en servir. Elle s'enfonce de plus en plus à travers les fourrés inconnus de la taïga, se guide au soleil qui a surgi des collines, gros disque orange voilé par une nébuleuse transparence. Elle goûte à plein cœur les joies débordantes de sa liberté retrouvée, de sa course grisante, et si elle ne craignait d'éveiller l'attention de quelques chasseurs isolés qui fréquentent certainement ces parages, elle chanterait son bonheur, improviserait des yoks déchirants d'espoir, clamerait comme un hymne son retour au troupeau.

Cette course sauvage dans la solitude enneigée lui fait tout oublier : les raisons de sa fuite, le rapt du troupeau, le voyage au Trondlag, la grande menace qui pèse sur la cita des Sokki... Sur le chemin de la vie elle est seule et libre ! Elle a pris mesure de sa puissance ! Qui donc, hormis ceux de sa race, oserait la poursuivre dans ce désert de neige, de glace et de rocs noirs, à travers ces halliers où rôdent les loups et les gloutons ? Et Kristina se grise de sa victoire, songe à la fillette apeurée que comptait dresser, transformer, policer Fru Tideman ! Elle sait maintenant que sa vie est ici, parmi les bêtes ses amies, dans le grand mystère de la nature.

Mais son euphorie ne l'aveugle pas, elle est d'un peuple de chasseurs, et voici la première alerte : la trace récente d'un homme venu du sud et qui se dirige vers le nord. Kristina s'arrête brusquement, recule jusqu'à l'abri d'un fourré, creuse un trou de neige dans lequel elle s'enfouit pour mieux voir sans être vue. Alors elle réfléchit, étudie, déduit. La trace inquiétante va d'un buisson à l'autre; c'est donc un chasseur qui l'a faite, car un berger à la recherche de son troupeau marcherait tout droit. L'homme va vers le nord, or, à quelques milles dans cette direction il y a, elle le sait, un campement d'hiver et le mieux est de traverser rapidement sans attirer l'attention des chiens, car le troupeau n'est peut-être pas loin... Pourtant si elle osait ! Elle brûle de curiosité ! Contempler le grand troupeau d'une cita c'est goûter le fruit défendu, pourquoi ne pas tenter l'aventure ? Elle aimerait se poster à distance, surveiller les bergers sans être vue, dénombrer les bêtes du troupeau, les femelles, les jeunes, puis disparaître après avoir semé l'inquiétude chez les gardiens qui découvriraient ses traces...

Ce serait commettre une grande imprudence ! Elle n'a parcouru qu'une quinzaine de milles, elle est encore trop près de Viddakaïno. Avec leurs wesels et leurs snow-cars, les gendarmes polaires ont vite parcouru des distances aussi courtes, même en pleine neige... Non, il vaut mieux fuir plus loin, traverser rapidement la large clairière que forme un lac gelé, s'enfoncer au-delà, dans les halliers.

Sur le lac la neige est meilleure, Kristina glisse de plus en plus vite. Elle ne sent pas la fatigue, rien ne pourrait l'arrêter; elle alterne les pas glissés et les poussées énergiques sur les cannes ! Sur la rive opposée, abrupte, la forêt reprend; l'une des dernières de la région, car, après les prochaines collines, il n'y aura plus que la vidda toute blanche, des lacs gelés, des croupes déboisées, et les redoutables montagnes caparaçonnées de glace noire au-dessus desquelles trône l'Agjiet.

XIX

L'ALERTE du matin n'aura pas été vaine.

C'est avec une volonté nouvelle que Kristina s'enfonce dans la taïga boisée où seules émergent de la neige les branches les plus élevées des bouleaux nains dont les fines ramures dépouillées croisillonnent le paysage. Il fait grand jour, mais à moins de descendre du ciel, personne ne pourrait la découvrir dans ce maquis, juste assez haut pour la dissimuler, mais suffisamment clairsemé aussi, pour que la lumière pénétrant partout, projette sur le mol et profond tapis de neige, des ombres délicates comme des filigranes.

Elle est décidée à marcher jusqu'à l'épuisement de ses forces; jamais elle ne s'éloignera assez de Viddakaïno où l'on doit commencer les recherches. Une sourde inquiétude l'accompagne depuis que, traversant le lac gelé, près de la cita des Caskias, elle a rencontré les traces du chasseur. Mais aucun autre signe n'est venu l'avertir d'une présence. Il serait facile, maintenant, de suivre sa propre trace. Dans cette dépression abritée où le vent ne souffle pas, les skis laissent une marque profonde que rien ne vient effacer. Kristina ne devrait pas s'arrêter malgré sa lassitude. N'en pouvant plus, tout à l'heure, elle s'est faufilée comme une perdrix blanche sous les branches recourbées chargées de neige et sous cet abri elle s'est reposée, haletante, écoutant battre son cœur à un rythme accéléré. C'était le seul bruit qui lui parvînt, et il lui semblait que c'était un tapage effrayant qui s'entendait au loin, comme le roulement du tambour magique des chamans aux cérémonies interdites ! Mais comment contenir ce cœur ? Peu à peu, les pulsations étaient redevenues normales, sa respiration s'était apaisée. Creusée par l'émotion et la faim, elle avait tiré de son sac un morceau de renne bouilli, mangé avec gloutonnerie, puis elle avait rampé hors de son trou, avait chaussé ses skis, était repartie...

Elle se dirige d'instinct, à la marche du soleil, car dans la taïga tout est uniforme, un fourré ressemble à un autre fourré, une clairière à une clairière, un lac à un autre lac. On retrouve partout le même bouleau poussé à l'écart de ses congénères et qui domine les autres arbres, et sur ce repère sans cesse renouvelé on risque de s'égarer. Kristina n'éprouve aucune appréhension de cette sorte; elle traverse la taïga comme elle le ferait d'un jardin familier. La vie de son peuple s'y déroule; elle pourrait au besoin y trouver tout ce qui est nécessaire pour vivre. D'ailleurs elle n'est pas seule. Des frémissements secrets, des vies cachées se révèlent par des traces légères qui pointillent la neige en touches délicates : traces de lièvres, de renards, de poules des neiges, de tétras !

Kristina marche, marche, va de plus en plus lentement à mesure que les heures passent. La traversée de la forêt est interminable, beaucoup plus longue qu'elle ne l'avait supposé. Au-delà, il lui faudra toutes ses forces pour gravir les montagnes, dans le vent et le froid déchaînés. Son sang bouillonne, et lui pèsent ses fourrures. Les trois mois passés à l'école ont amoindri sa résistance physique. Elle peine de plus en plus à faire glisser ses skis qui parfois se coincent sous des branches dissimulées par la neige, se piquent dans une congère; ses bras à force de pousser sur les cannes sont devenus raides et pesants comme du plomb. Il lui faudrait dormir, récupérer des forces car si longue que soit la route déjà parcourue, il lui reste, et de beaucoup, le plus dur à faire. Elle décide de marcher quelques milles encore; à la nuit tombée, elle s'arrêtera.

Déjà aux ombres portées qui s'allongent, à la douceur de la lumière, s'annonce le crépuscule. Il sera long, mais les heures suivantes laisseront à Kristina quelque répit. Ses poursuivants, s'ils ont repéré ses traces, ne pourront guère les suivre dans la nuit. Il faut être Lapon et Lapon de la taïga, pour affronter la nuit de l'Arctique. Déjà le froid devient plus vif, la neige recommence à crisser sous les skis, et du corps moite de Kristina, de son visage rougi par l'effort, se dégage une buée qui gèle aussitôt sur le col de sa fourrure.

Et voici la fin du jour, le soleil s'est caché, il n'y a plus d'ombres, un clair-obscur indéfini baigne le sous-bois, le ciel prend les teintes de l'acier.

Tout à coup un bruit de branches brisées la fait sursauter, s'arrêter. Elle s'accroupit dans la neige, immobile, et retient son souffle ! Elle écoute. Le bruissement diminue, s'éloigne, s'éteint. Alors Kristina se relève lentement, écarte les branches sans crainte, un sourire de mépris aux lèvres. C'était bien ce qu'elle pensait, la neige est piétinée, tassée, les traces reconnaissables. Elle a dérangé l'affût du loup devant le trou d'un lièvre blanc ! La jeune fille examine l'emplacement abandonné par le fauve, mesure les empreintes : « Un gros mâle », songe-t-elle. La louve ne doit pas être loin... La nuit venue les deux fauves hurleront pour s'appeler, le mâle signalera le danger : un être humain chasse dans la taïga !

Kristina qui tout à l'heure tremblait en pensant à ceux qui la poursuivent pour la ramener à l'école, oublie ses angoisses; son instinct de chasseur se réveille. Elle lit dans la neige l'histoire de leur rencontre. Effrayé, surpris, le loup a bondi, marquant chaque fois sa réception par un trou profond dans la neige. Après deux ou trois sauts gigantesques, il s'est enfui au galop. « Dès qu'il sera rassuré, il se mettra au petit trot », songe Kristina. Alors plus personne ne pourra l'atteindre... Il peut ainsi trotter pendant des nuits et des jours, invisible et vagabond, retrouvant sa femelle en des rendez-vous connus d'eux seuls... Peut-être y a-t-il dans un fourré plus profond, une portée de louveteaux, à la fourrure duvetée, qui gémissent affamés, attendant le retour des chasseurs...

La nuit apporte enfin à Kristina la détente. Les étoiles brillent sur sa tête. Le nord-lys, l'aurore boréale, tisse sa merveilleuse tenture entre ciel et terre, parant celle-ci des teintes les plus éclatantes, les plus inattendues et la lueur éclaire le grand désert blanc de couleurs féeriques. Il est temps de s'arrêter. Kristina meurt de soif. Ce matin, quand elle a traversé le lac gelé, elle a eu si peur de se faire prendre par une patrouille des neiges, qu'elle n'a pas osé creuser un trou d'eau. Et elle fait comme les rennes, les chiens, et les loups, tout ce qui vit dans la taïga, elle lappe la neige poudreuse et cela lui procure sur le moment une sensation délicieuse. Mais bien vite la soif revient, ardente comme une brûlure que rien ne peut apaiser; il faut qu'elle trouve une mare solitaire et gelée, ou bien qu'elle gagne le lit du torrent inconnu qui doit descendre des collines ! Elle aurait dû s'orienter pendant qu'il faisait jour, grimper au sommet d'un bouleau, repérer la direction du ravin, mais, tourmentée, pressée, elle a marché d'instinct vers l'ouest, suivant une direction générale qui coupait au plus court à travers la forêt. Maintenant il est trop tard, il faut continuer, continuer dans la taïga couverte de nuit.

A des signes qui échapperaient à tout autre qu'un Lapon, dans cette pénombre surtout, Kristina sait qu'elle se dirige vers des clairières. Les bouleaux se groupent, laissant des couloirs vides où il fait meilleur skier. Bientôt voici un premier ravin, abrupt et étroit, une courte gorge entre deux blocs de granit noir dénudés et verglacés; l'eau n'est pas loin. Elle ôte ses skis, se laisse glisser le long de la pente, s'engloutit dans la neige, se relève. Malgré l'obscurité elle reconnaît sous la glace et les blocs le lit du ruisseau. Elle remonte la gorge. La neige y est piétinée par les bêtes sauvages qui empruntent ce passage resserré et abrité pour descendre du plateau : sans doute y a-t-il un lac en aval. Le lieu est sinistre ! A droite, à gauche, les plaques de granit bleu brillent d'un éclat insoutenable, reflètent les couleurs irisées du nord-lys, et confèrent une étrange irréalité au site. Quelques saules courbés par les congères se rejoignent en abri sur le fond du ravin. On est là comme dans un puits !

Un plan de neige parfaitement horizontal atteste la présence d'un laquet minuscule, peut-être simplement d'une gouille creusée au pied de la falaise par les cascades de l'été. Kristina oublie sa fatigue, se précipite, tombe à genoux, sort son couteau à large lame, creuse la neige dure avec un acharnement de bête sauvage. Elle colle son oreille sur la glace... Non, elle ne s'est pas trompée : au-dessous, l'eau coule ! Alors, rassurée, elle taille méthodiquement, écaillant la glace, piquant, découpant, agrandissant le trou. Cette fois ça y est ! S'il faisait jour, on verrait l'eau par transparence... Un coup de poignard plus violent rencontre le vide. Il ne reste plus qu'à élargir l'orifice afin de pouvoir y passer la louche à long manche qu'elle a emportée dans son sac. Manœuvre délicate car le trou a trois pieds de profondeur... Enfin, tendue à bout de bras et de manche, la louche de bois a plongé dans l'eau, et Kristina la retire lentement, en cherchant à éviter les chocs contre la paroi, mais elle ne ramène qu'un peu de liquide. Qu'importe, Kristina peut boire ! Elle boit encore, à petites gorgées, marque un temps d'arrêt, recommence... Et bientôt il lui semble que coule dans ses veines un sang nouveau. Elle ne sent plus sa fatigue, elle peut continuer.

Pour cela, il lui faut remonter les pentes escarpées du ravin. Escalade difficile, car sous la neige apparaît la glace noire, ses mocassins glissent. A plusieurs reprises elle retombe jusqu'au fond. Changeant de méthode, elle se hisse aux branches des saules, des bouleaux, rejoint le plateau, retrouve ses skis ! Elle a bu, il ne lui reste plus qu'à dormir un peu. Elle cherche un endroit favorable. A l'orée du bois elle hésite, c'est un simple rideau d'arbres, mais plus loin une échancrure s'ouvre et la nuit est assez claire pour qu'elle distingue vaguement, à quelques centaines de mètres, la lisière opposée de la clairière; plus loin, la forêt doit fournir un abri sûr. Mais tout à coup elle songe que sa silhouette va se détacher sur le ciel et que, s'il y a un chasseur au poste, il va l'apercevoir ! Elle fait taire sa peur, le trajet est court, légèrement en pente, et la neige unie lui permettra de glisser vite, sans secousses. Elle n'a remarqué aucune trace inquiétante aux abords des arbres, hormis celles, familières, des bêtes de la forêt. Pour elle, le danger vient des hommes.

Elle se décide, pousse très fort sur ses bâtons et la voici qui glisse très vite; la pente était plus raide qu'elle ne le pensait, l'obscurité l'a trompée. En fait, c'est un talus déboisé qui plonge vers un ravin et qu'elle dévale au jugé, s'arcboutant en arrière sur ses cannes. Mais pourquoi tout à coup bascule-t-elle en avant sans un cri, arrêtée net dans son élan ? Tête la première, engloutie sous la neige, elle tombe et ses fourrures ont heureusement étouffé son cri de surprise... On la tient par les jambes, par les épaules, par les bras, par le ventre, des épines d'acier transpercent son pesk, l'égratignent... Une ronce a traversé la peau mince de ses cuissards et lui déchire la jambe, une autre a tracé un sillon douloureux sur son visage qui saigne; c'est comme si elle était immobilisée par un piège diabolique ! Elle craint le pire, mais les cris s'arrêtent dans sa gorge. Il ne faut pas donner l'alerte !

Elle se raisonne, ce piège ne lui était pas destiné. C'est sans doute, dissimulé sous la neige, un filet métallique pour capturer les élans; peut-être un système de lasso qui risque de l'étrangler, dont elle doit se dégager avec précaution en évitant tout mouvement brusque... Elle s'immobilise, s'impose un effort de réflexion pendant lequel, de nouveau, elle entend son cœur battre, marteler les secondes de la nuit... Puis, peu à peu, par des mouvements imperceptibles, elle essaie de se libérer de ses skis. Elle dégage un mocassin, l'autre, se redresse à moitié. La tête hors de la neige, elle respire à fond, regarde, ne distingue rien d'autre que le ravin livide sous la clarté du ciel. Le silence est absolu, puis très loin, très loin, elle entend hurler le loup ! « Il a rejoint sa louve », songe-t-elle avec amertume, tandis qu'elle est seule, perdue, abandonnée; elle envie le loup qui erre en liberté. Ce n'est pas lui qui se laisserait prendre au piège !

Quel piège étrange ! Dès qu'elle bouge elle se sent retenue de toute part par un réseau de fils d'acier garnis de pointes, croisillonnés sous la neige, qui s'accrochent à ses fourrures et à ses vêtements, griffent un peu partout sa peau; heureusement le gros pesk de renne blanc la protège. Soudain elle comprend : ce n'est pas un piège ! Ou plutôt si, c'est un piège pour les hommes comme en ont disposé dans certains endroits autour de leurs camps les soldats qui depuis la guerre montent la garde en Laponie. Elle en a vu autour de l'observatoire à Viddakaïno ! Il y a donc un camp tout près ! Il faut se dégager, fuir ! Maintenant qu'elle sait, elle n'a plus peur; une écorchure de plus ou de moins, qu'est-ce, en échange de la liberté ? A tâtons, elle retrouve ses skis, les rejette en arrière dans la trace de sa descente et bascule par-dessus les barbelés, déchirant sa fourrure dont les lambeaux restent accrochés aux pointes. Elle s'est libérée. Enfoncée jusqu'au ventre, elle nage à pleins bras dans la poudreuse, mais voilà qu'elle accroche au plus profond de la neige un fil invisible. Elle avait passé dessus avec ses skis, mais à pied n'a pu l'éviter. C'est sans doute la dernière barrière ? Et brusquement elle tressaille, écoute, perçoit dans le silence parfait de la nuit une sonnerie grêle et lointaine, ininterrompue, comme celle du téléphone de Fru Ingrid... Cette fois l'alerte est donnée, on va retrouver sa trace, elle est perdue. Ils vont la ramener à l'école, et quand Fru Tideman reviendra à Pâques, qui sait si elle n'exigera pas qu'elle y reste jusqu'à l'été ? Alors les autres feront le grand voyage vers la côte sans elle, et peut-être ne verra-t-elle plus jamais le grand troupeau...

Elle brasse la neige, affolée comme quelqu'un qui se débat, sans même penser à chausser ses skis qu'elle tient à la main par la courroie des étriers, et sur lesquels elle s'appuie comme sur une rampe mobile. Elle songe enfin à les porter sur l'épaule et se fraie difficilement une trace vers la forêt, s'arrêtant épuisée, écoutant, scrutant la nuit blanche. Là-bas, la petite sonnette tinte toujours, grêle, énervante, inquiétante. Kristina avance en titubant, nage littéralement dans la couche profonde, creuse un véritable sillon sur son passage.

Encore cent mètres. Un nouvel effort... Plus que cinquante mètres... Du fond de la nuit, des lumières s'approchent, deux points lumineux balancés selon un rythme régulier : des hommes ! Kristina bondit vers le refuge de la taïga...

Les premières branches lui caressent le visage. Un bond, encore un autre ! Comme le loup !

Elle se glisse entre les branches, au cœur d'un fourré de saules, se tapit sous la neige, couverte de son pesk blanc, ne bouge plus. Personne ne pourrait deviner qu'il y a un être humain, là, sous ce monticule de neige. Ah ! si le vent pouvait se lever, souffler sur ses traces et les effacer ! Mais la nuit est merveilleuse, froide, constellée, et pas un souffle ne fait frémir les branches.

Là-bas les lumières oscillent au rythme des skieurs ! Ceux-ci approchent. Kristina, de sa cachette, entend leurs voix, et bientôt peut comprendre leur dialogue :

« C'est ici, sergent ! Regardez, la neige est toute piétinée ! »

Il se passe un temps. Les hommes se sont rejoints. Ils portent une lampe frontale qui leur laisse le libre usage des mains.

« On dirait par endroits des traces de skis... Qui donc a voulu s'introduire dans le camp ? dit le sous-officier soucieux.

— Ce n'est pas un skieur, sergent. Regardez, c'est un renne, un renne blanc, il a laissé des poils sur les barbelés...

— J'aime mieux ça, fait l'autre. Tu as raison... Regarde, les traces s'éloignent vers la forêt. C'est une bête. Un renne égaré sans doute ! Ces sacrés laps devraient bien garder leurs bêtes plus sérieusement. Les rennes et les radars, ça ne va pas ensemble. »

Des rires à présent succèdent aux voix et dans sa tanière, Kristina rit aussi, mais comme on rit lorsqu'on vient d'échapper à un grave danger; elle rit nerveusement, écoute décroître le crissement des skis qui s'éloignent, et soupire de soulagement.

Vite, maintenant ! Il faut fuir avant qu'il fasse jour. Et son repos ? Plus loin, plus tard. Elle rechausse ses skis, contourne la zone dangereuse, fait un large crochet pour éviter les espaces découverts. Combien de temps va-t-elle marcher ainsi ?

XX

La petite Marit était ce matin-là de corvée de chauffage. Elle s'extirpa de ses draps, enfila frileusement sa grosse robe de drap bleu. Le froid très vif pénétrait le dortoir où entrait un jour tamisé par le givre qui fleurissait aux fenêtres. Marit gratta le poêle, secoua les cendres, souffla sur les dernières braises de la nuit, jeta des écorces sèches qui flambèrent instantanément, dégageant une soudaine chaleur.

« Marit, Marit ! appela à mi-voix Mikkela, approche de mon lit, il faut que tu saches... Tout à l'heure la grosse Inga va se réveiller, et Kristina est partie ! Oui, partie, cette nuit... Ne fais pas cette tête ! Et je l'ai aidée à partir, et nous devons toutes protéger sa fuite... Fais passer la consigne; on ne sait rien, on n'a rien vu, rien entendu, on n'était au courant de rien...

— Bien sûr ! fit Marit qui, étourdie par l'effarante nouvelle, s'assit sur le rebord du lit de sa camarade et réfléchit aux conséquences immédiates de l'événement.

— Il faut faire vite, Inga va bientôt se réveiller ! »

D'emblée, elle entrait dans le jeu et allait d'une couchette à l'autre, répétant :

« Kristina est partie, on ne sait rien !... Kristina est partie ! Kristina est partie ! »

Et d'un lit à l'autre se propageait la nouvelle. Et toutes juraient de ne rien dire.

Puis comme bougeaient les rideaux de l'alcôve où dormait la surveillante, les filles s'enfoncèrent sous leurs draps.

Inga la kvaen, habillée, mal peignée, encore tout engourdie de sommeil allait procéder au réveil. L'habitude lui avait enseigné qu'il ne suffisait pas de crier : « Debout ! » pour que son petit monde obéisse. Elle passait de l'une à l'autre des dormeuses, découvrait brusquement les draps, un courant d'air glacial faisait le reste. Alors éclataient des cris perçants, des rires, des protestations feintes, car les élèves aimaient bien l'indulgente Inga. La plupart se levaient d'un bond, passant du sommeil à la vie avec la soudaineté propre aux Lapons. Pour les retardataires, Inga usait d'un argument frappant : une grosse claque débonnaire de sa large main rougeaude sur les formes endormies.

Mais ce matin, il n'y avait pas d'éclats de voix, pas de rires, et à peine Inga arrivait-elle à la hauteur d'une couchette que son occupante était déjà debout. Mikkela n'avait pas attendu qu'on la secoue : assise sur son lit, elle suivait des yeux le trajet de la surveillante.

« Tiens ! s'étonna celle-ci, Mikkela déjà debout ! Quel jour extraordinaire se prépare ? »

Mikkela et Kristina étaient toujours les plus longues à se lever.

« Tu ne crois pas si bien dire ! » dit Mikkela entre ses dents.

Inga se pencha sur la couchette de Kristina :

« Allons, Kristina ! Debout ! Tu ne vas pas faire ta mauvaise tête ni... »

Elle allongea la main, tâta la forme immobile. Rien ne bougeait. Subitement inquiète, Inga d'un geste brusque découvrit le lit, Un traversin simulait la dormeuse. Elle poussa un cri de stupéfaction :

« Kristina n'est pas rentrée ? »

Puis s'adressant à Mikkela qui détournait la tête :

« Kristina n'est pas rentrée ? » répéta-t-elle. Tout ça finira mal... Sans doute ne s'agissait-il que d'une petite escapade, elle l'espérait.

La kvaen n'était pas aussi lourde d'esprit qu'on aurait pu le penser. Elle savait fort bien que certaines pensionnaires sortaient la nuit pour aller se retremper dans l'atmosphère chaude et enfumée des huttes et palabrer avec les Lapons de passage; elle savait aussi que Sara leur accordait volontiers l'hospitalité moyennant finance, mais elle fermait les yeux. A quoi bon s'inquiéter ? Jusque-là les élèves étaient toujours rentrées avant l'appel du matin... Ni Fru Ingrid ni Fru Tideman ne se doutaient de rien; dans ces conditions, pourquoi les dénoncer et se créer une vie impossible ?

« Kristina n'est pas rentrée et Fru Ingrid sera là dans quelques minutes », songea Inga. Elle tournait la tête à droite et à gauche, mais ne rencontrait que des regards fuyants. Cela s'était déjà produit une fois avec une autre, et toutes les filles l'avaient aidée à retrouver la coupable et à la ramener à temps. Mais cette fois, aucun rire, aucune plaisanterie ne fusait. Personne ne lui venait en aide.

« Kristina n'est pas rentrée et Fru Ingrid va venir... Mon Dieu ! »

Inga joignait les mains, levait les yeux au ciel, se révoltait, furieuse de son impuissance.

« ... Et vous serez toutes punies et moi aussi ! Mikkela, Mikkela, saute ! Cours, va voir si elle n'est pas chez Sara ! »

Elles se regardèrent, ayant la même pensée.

Ainsi la grosse Inga savait et ne disait rien ! Il fallait

donc la prévenir, la mettre dans la confidence, s'en faire une alliée.

« Inutile, Inga. Kristina ne reviendra plus. Elle est partie, répéta-t-elle avec force car l'autre faisait mine de ne pas comprendre.

— Je te dis qu'elle est loin, loin, et que personne ne la rattrapera !

— Ça n'est pas possible ! gémit Inga effondrée.

— Ecoute, fit Mikkela pleine d'autorité, tu es samisk, oui ou non ? »

Elle savait qu'on ne faisait jamais appel en vain au sang lapon d'Inga. Celle-ci acquiesça.

« Alors, reprit Mikkela, tu dois comprendre qu'après le rapt du troupeau, Kristina ne pouvait plus travailler à l'école ?

— Elle est donc repartie à Suojaurre ! dit Inga pleine d'espoir.

— Elle ne me l'a pas dit, et même si elle me l'avait dit je ne le dirais à personne, et même si tu l'apprenais, je te défends de le dire... Tu entends, Inga, nous te le défendons... Tu ne sais rien, tu ne dis rien, ni à Fru Ingrid, ni plus tard à Fru Tideman... Malheur à qui trahira !... »

Une frayeur rétrospective prenait Mikkela à l'idée que Fru Tideman aurait pu être là. Alors tout ne se serait pas passé aussi simplement ! Elle baissa le ton :

« Tu ne diras rien, Inga ?

— Je ne dirai rien, articula Inga vaincue. Mais il faudra bien que j'avertisse Fru Ingrid...

— Chut ! la voici ! Débrouille-toi avec elle, mais souviens-toi... Malheur à qui trahira !... »

Fru Ingrid pénétrait dans le dortoir. On eût dit une apparition tant elle était pâle, mince et légère. Le silence se fit miraculeusement à son entrée. Elle était tout sourire et bienveillance.

« Bonjour mes petites. Vous avez bien dormi ? »

Un murmure d'approbation courut à travers la salle.

« Et toi Mikkela, où es-tu ? Comment va ce malaise ? »

Celles qui n'étaient pas au courant s'étonnèrent. La jeune fille, se cachant derrière ses compagnes, répondit avec hésitation :

« Très bien, Fru Ingrid, je vais très bien... Ça n'était rien, merci !

— Un simple coup de froid pendant la digestion sans doute. Eh bien ! rendons grâces à Dieu ! A genoux pour la prière. »

Fru Ingrid récita la prière du matin debout, les yeux clos, les mains jointes, avec une grande ferveur, au milieu du cercle des élèves agenouillées, et après chaque phrase les filles reprenaient ses paroles, mimant le ton et l'onction de l'orante, et beaucoup, comme Mikkela, ajoutaient *in petto :* « Et faites, mon Dieu, qu'on ne la rattrape pas. »

Puis Fru Ingrid claqua dans ses mains :

« Maintenant, mesdemoiselles, toilette et réfectoire, et ensuite à l'atelier de couture ! Inga, veillez à la discipline et à la propreté... Il faut que Fru Tideman retrouve à Pâques une école en grand progrès, n'est-ce pas, mes petites chattes ?

— C'est que, fit Inga gênée, évitant les yeux clairs et candides du jeune professeur, c'est que, mademoiselle, j'ai une chose importante à vous dire...

— Mais oui, Inga, vous me direz cela tout à l'heure...

— J'aime mieux le faire tout de suite, dit Inga en se jetant à l'eau. Il faudra bien que vous l'appreniez : Kristina est partie !

— Kristina est partie ? Que voulez-vous dire ?

— Kristina est partie cette nuit...

— Et elle ne reviendra plus, dirent en chœur toutes les élèves.

— Vous ne voulez pas dire qu'elle s'est enfuie de l'école ? »

Fru Ingrid ne semblait pas comprendre exactement. Inga restait silencieuse.

« Bah ! dit-elle pour se rassurer, elle aura fait une petite fugue, elle était si triste depuis la perte de son troupeau. Pauvre Kristina ! Comment a-t-elle pu sortir ? Vous ne surveillez donc pas, Inga ? Vous dormiez ? »

Elle se voulait sévère, n'y parvenait pas.

« J'ai le sommeil dur », concéda Inga.

Il y eut un rire général, discret, vite étouffé.

« Je n'ai rien vu, rien entendu...

— Ne nous affolons pas, dit Fru Ingrid qui commençait à trembler et cherchait à se convaincre :

— D'abord Kristina va revenir, où voulez-vous qu'elle aille ? »

Elle haussait les épaules.

« Avec ce froid, cette neige, elle n'a pu quitter Viddakaïno ! Je vais aviser, elle est sans doute dans une famille amie...

— Peut-être, peut-être... » fit Inga sans se compromettre.

Elle se ressaisissait.

« Inga, je vous confie les élèves ! Toilette, réfectoire, atelier de couture. Pendant ce temps, je vais aviser. Vous autres, soyez raisonnables, nous aurons assez d'ennuis comme ça !

— Oui, Fru Ingrid », dirent en chœur les jeunes filles.

La surveillante se retrouva seule dans le grand dortoir désert, et ce fut soudain comme si elle avait reçu un coup de masse ! La fuite de Kristina lui apparaissait lourde de conséquences : comment réagirait Fru Tideman devant cet événement et qui avertir en son absence ? Le lennsmann dont dépendait l'administration de l'école était au Trondlag avec elle et le lappefogden; il ne restait plus que les autorités militaires et religieuses, le major Thorp commandant la gendarmerie polaire, et le pasteur Brombdal. Elle frémit : auquel des deux s'adresser ? Un instant elle pensa aller trouver le docteur Olafsen, si bon, si averti, puis elle réfléchit que Fru Tideman ne lui pardonnerait pas cette intervention. Pas plus qu'elle n'admettrait qu'on ait laissé l'initiative des recherches au major Thorp, officier brave et brave officier mais peu enclin à se mêler d'affaires qui ne figuraient pas sur ses ordres de service, et ennemi des complications. Il ne restait que le pasteur Brombdal, et elle se dit que très certainement c'est à lui que se serait adressée Fru Tideman.

Elle s'habilla rapidement, chaudement, et sortit.

Le pasteur habitait sur l'autre rive; il fallait passer devant la boutique de Johan Haetta, traverser le pont de bois, s'engager dans un chemin creux entre deux hauts talus de neige qui masquaient la vue, puis déboucher de ce couloir devant le tertre sur lequel, à l'abri des inondations, étaient bâtis le temple et la maison du pasteur. Pendant tout le trajet, elle dut éviter les traîneaux lancés au galop qui dans les courbes heurtaient les côtés empierrés de la route.

Frêle, timide, elle n'avait jamais pu s'habituer au rude climat du nord, à l'exubérante nature lapone.

Le pasteur Brombdal l'accueillit à sa façon polie, un peu condescendante.

« Que se passe-t-il, Fru Ingrid ? »

Il soupçonnait une catastrophe et, jaugeant sans indulgence le peu d'assurance de la jeune femme, prit un air glacial.

Fru Ingrid qui s'apprêtait à parler se sentit soudain paralysée et fondit en larmes.

Mécontent de cette attitude, Brombdal la fit asseoir.

« Parlez, voyons ! Cessez ces enfantillages... »

Elle aurait bien voulu, mais les mots ne sortaient pas. Et lui cherchait à savoir, provoquait la confidence.

« Des ennuis à l'école, bien sûr ! Je vous ai toujours dit que vous vous montriez trop faible... Les laps n'aiment pas les faibles, ils vous rouleront toujours ! Qu'est-ce que c'est ? Une petite révolte, un chahut !... On profite sans doute de l'absence de Fru Tideman... Le mal est fait, sans doute, et vous venez me demander de le réparer ?... Je vous écoute. Allons, courage Fru Ingrid, calmez-vous, ne suis-je pas votre pasteur ? Serait-ce si grave que vous ne puissiez le confier à votre directeur de conscience ? »

Il parlait, et cela permettait à Fru Ingrid de se reprendre, de refouler ses sanglots. Les reproches mêmes que lui adressait le pasteur la confirmaient peu à peu dans une volonté qu'elle ne soupçonnait pas : s'il fallait lutter, elle lutterait.

« J'aurais dû normalement aller trouver le major Thorp en l'absence du lennsmann, dit-elle, mais j'ai pensé que Fru Tideman serait venue se confier à vous. »

Il allait bondir d'indignation. Quoi ! Cette petite écervelée le reléguait au troisième plan, après ce rustre de Thorp, après ce fonctionnaire sans énergie ! La fin de la phrase l'adoucit.

« Vous avez bien fait... est-ce donc si grave ? »

Alors elle raconta tout, comment au matin elle avait découvert la fuite de Kristina, comment elle avait d'abord pensé à unc petite fugue, comment Inga l'avait détrompée; Kristina était bel et bien partie, sans doute pour s'en retourner à ses campements. Cela, c'était ses compagnes qui le disaient, mais c'était tout ce qu'on avait pu en tirer, et l'on n'en tirerait vraisemblablement rien d'autre... Mais Fru Ingrid ne pensait pas qu'elle soit allée si loin. Le froid, la neige, comment ferait-elle ?...

« Détrompez-vous, dit le pasteur, Kristina est fort capable de rejoindre les campements. »

Il était soucieux, en oubliait Fru Ingrid qu'il s'apprêtait l'instant d'avant à charger de reproches amers. Il ressentait la fuite de Kristina comme un échec personnel. C'était le triomphe du docteur Olafsen, qui n'avait jamais mâché ses opinions.

« Avez-vous fait part de cette fugue à quiconque à Viddakaïno ?

— A personne.

— Pas même au docteur Olafsen ? »

Il soupira de soulagement.

« Pourtant, je ne serais guère étonné d'apprendre que Kristina est chez ce bon docteur... Et naturellement, il s'est bien gardé de nous en avertir. Je vais téléphoner... »

Il décrocha l'appareil.

La médecin répondit lui-même. Il avait une voix grave mais nullement soucieuse :

« Vous dites, pasteur, que Kristina s'est enfuie ! Ça ne m'étonne pas. »

Comme il allait continuer, le pasteur Brombdal l'interrompit d'un ton sec :

« Je ne vous demande pas votre opinion, je voudrais simplement savoir si Kristina n'est pas chez vous.

— Ne soyez pas injurieux, pasteur. Si Kristina était chez moi, Fru Ingrid aurait été rassurée à la première heure. Même si j'avais cru nécessaire par la suite de garder Kristina à la maison.

— Vous n'en auriez pas eu le droit ! » tonna Brombdal.

Un ricanement s'échappa de l'appareil.

« Mais si, et vous le savez bien ! Je suis à Viddakaïno le tuteur de Kristina, ses parents ne l'ont confiée à l'école lapone que sur mon intervention, c'est chez moi qu'elle venait passer ses jours de congé, je ne l'aurais rendue qu'à ses parents. Mais nous ne sommes pas là pour vider nos petites querelles. Je vous rejoins.

— Au presbytère ?

— Non, à l'école. Pourquoi au presbytère ?

— C'est bon, j'y vais », fit le pasteur refrénant sa très mauvaise humeur.

Ils s'y retrouvèrent un peu plus tard. Olafsen avait pris en passant le major Thorp, un peu ennuyé par cette histoire.

« C'est vous qui commandez en l'absence du lennsmann », avait dit le docteur. Et comme l'autre hésitait, mettait en avant le pasteur, Olafsen avait ajouté un peu rudement :

« Le pasteur a suffisamment à faire à s'occuper de nos âmes pour ne pas se mêler des petits drames quotidiens de Viddakaïno. Une fuite, une vie humaine en danger, cela vous regarde, major Thorp, et vos snowcars ne seront pas inutiles. Venez ! »

Dès ce moment, Olafsen avait pris l'enquête en main. Il avait tout de suite admis que Kristina était repartie chez les siens, et comme Fru Ingrid s'étonnait qu'elle ait pu oser effectuer un tel trajet, il l'interrompit :

« Comment était-elle habillée ?

— Avec les vêtements de l'école, je pense.

— Avez-vous vérifié son vestiaire ?

— Non, pourquoi ? »

Ils se rendirent au vestiaire; le casier de Kristina était vide.

« Maintenant, vous admettez qu'une jeune fille qui reprend ses belingers, son koufte, son pesk et ses vêtements de piste puisse affronter la taïga ! »

Ils en convinrent tous. Le docteur qui, jusque-là avait été assez arrogant, se radoucit :

« Il faut maintenant la retrouver. Non pas pour la ramener à l'école, cela viendra plus tard, mais pour la sauver... Une tourmente se prépare, je connais Kristina. Elle a dû voyager de nuit, se cacher pendant le jour, et il y a soixante milles d'ici à Suojaurre ! Il lui faudra au moins trois jours. Je concède, pasteur, que vous représentez ici Fru Tideman, et qu'en son absence vous avez hérité une partie de ses responsabilités. Je désire vous aider. Kristina n'a jamais abdiqué, cette fille est un miracle d'énergie et de volonté, jamais fin de race n'aura été si dignement représentée...

« Nous devons nous mettre d'accord. Je vais de mon côté essayer de rassembler des renseignements que je glanerai auprès des camarades de Kristina, sans grand espoir. Je sais par ailleurs certaine hutte de Viddakaïno où je peux également me renseigner, sans beaucoup plus de résultats, sans doute, car dans toute cette histoire, il y a nous et il y a les autres, c'est-à-dire les Lapons ! Et entre nous un grand, un profond fossé ! C'est pourquoi il faut faire vite... Le major Thorp devrait envoyer une patrouille; un wesel parcourant la piste habituelle par Galanito recueillerait des informations auprès des huttes, des campements d'hiver, vérifierait que Kristina ne s'y cache pas... Entre nous, cela m'étonnerait. Une seconde chenillette pourrait prendre l'itinéraire par le sud et les lacs, plus long mais moins fréquenté. Les deux patrouilles se retrouveraient chez Ellena Sokki. Nous serions avertis de leur jonction par radio. Car si vous n'aviez rien trouvé alors, il faudrait conclure que Kristina a pris par le nord ! Dans ce cas prions Dieu qu'on la retrouve, car dans cette région il n'y a que la taïga serrée, les montagnes, l'Agjiet, et malgré la résistance étonnante des Lapons, je me demande si Kristina pourra résister au froid, à la faim, à la fatigue. A-t-elle seulement des skis ? Si les Lapons et les kvaens voulaient parler... Mais ils ne diront rien. »

Le major Thorp prit juste le temps de faire chauffer les moteurs, et une demi-heure plus tard les deux wesels s'engageaient sur les pistes. Le temps était beau et froid, mais des nuages laissaient prévoir la neige.

Le docteur Olafsen regagna sa maison, soucieux et triste. Il avait eu un instant l'intention de se joindre à la patrouille. Il renonça à cette idée. C'était à Viddakaïno qu'il résoudrait l'énigme. Il fallait enquêter auprès d'Inga, de Mikkela, de Sara, et même de Johan Haetta. Hélas, il était plus que certain qu'ils ne diraient rien ! Or, sans eux, retrouver Kristina dans la taïga c'était rechercher une aiguille dans une botte de foin.

Le docteur avait passé une partie de la journée chez Sara.

Il était l'un des rares à savoir que la fugitive fréquentait la kvaen; Kristina le lui avait confié comme un secret, un jour qu'elle était venue passer le dimanche à la maison, ravie de mettre le docteur dans la confidence, de lui conter les bons tours qu'elle jouait à Fru Tideman. Olafsen l'avait grondée pour la forme, car il estimait nécessaire ces diversions :

« Si tu me promets d'être rentrée avant l'appel, je ne dirai rien ! Sinon... ! »

Elle avait ri de la menace et s'était enfuie en courant.

Sara avait été d'emblée hostile et renfermée.

Pour triompher de son attitude butée, le docteur Olafsen avait usé d'intimidation, lui disant qu'il connaissait les visites nocturnes de Kristina. Il menaça : s'il n'avait rien dit jusqu'alors, cela pourrait changer !

Il connaissait le point faible de la kvaen.

« S'il arrive malheur à Kristina, il y aura une enquête, on t'interrogera et tu n'oseras pas mentir à la police. Alors ? Tu perdras de l'argent, Sara ! Les petites perdront quelques heures de détente, et nous aurons tous des ennuis. Je ne te demande pas de trahir Kristina, mais tu dois bien savoir par où elle est partie ? Elle court un grand danger, nous devons la sauver. »

Sara avait haussé les épaules. Quel danger courait Kristina ?

« Je ne l'ai pas laissée partir comme une écervelée, elle est bien équipée, je lui ai donné des skis, des provisions. Ne savez-vous pas comment vivent les nomades ?

— Je sais, je sais, dit Olafsen. Tu as bien fait de l'équiper, et je la crois capable de réussir. Mais songe qu'elle n'a que quatorze ans, qu'il y a soixante milles à parcourir, et le temps menace de se gâter... Si elle n'a pas pris la piste habituelle, elle est livrée à elle-même. Parle ! »

Sara avait secoué la tête :

« Je ne sais pas, dit-elle, et si je savais je ne dirais rien. Crois-moi ! Kristina ne court aucun risque, les laps savent vivre dans la neige, le froid et la tourmente, et s'ils la savaient en danger, ceux de la cita auraient vite fait de la rejoindre... »

Il n'en avait rien tiré d'autre.

Prise à part à l'école, Mikkela avait été encore plus catégorique.

« Je ne sais pas, je ne sais pas », avait-elle répété,

sans que le médecin réussisse d'autre part à la faire se couper dans ses déclarations.

Chez Johan Haetta il avait recueilli quelques renseignements.

Hypocrite, le commerçant avait cherché à se ménager le médecin sans trahir les Lapons :

« Tout ce que je sais, docteur, c'est que, depuis le jour où elle a appris le vol du grand troupeau, Kristina n'est plus la même. Ma fille Ella qui est dans sa classe m'en a parlé. Kristina, qui était vive et gaie, est devenue du jour au lendemain rétive et renfermée. Sa fuite n'a surpris personne; il fallait la candeur de Fru Ingrid pour ne pas s'en méfier...

— Et selon toi, par quelle route s'est-elle enfuie ? »

Le marchand avait haussé les épaules :

« Elle connaît mieux la taïga que nous... Que vous et moi, en tout cas. Qui sait ! dit-il enfin, après avoir marqué une hésitation, elle a peut-être rejoint son amoureux... »

Le docteur marqua son étonnement :

« Que dis-tu ?

— Le Finsk a acheté l'autre jour chez moi un fichu brodé; ma fille l'a reconnu sur les épaules de Kristina. »

Le docteur n'était pas convaincu :

« Que le Finsk offre un cadeau à Kristina, soit ! Kristina paraît beaucoup plus que son âge, mais une fille lapone ne prend pas la fuite pour rejoindre un amoureux ! Les raisons de sa fugue sont profondes, Kristina craignait pour le troupeau. A mon avis...

— Peut-être, docteur, peut-être ! Mais cela ne l'empêchera pas de rejoindre le Finsk... Une fille lapone qui arbore le fichu offert par son amoureux est consentante ! Je n'irais pas chercher Kristina à Suojaurre. »

Dans la nuit qui suivit, le major Thorp fit parvenir

un message radio à Viddakaïno. Les deux snow-cars s'étaient rejoints à Suojaurre; nulle part sur la piste, ni à Galanito ni dans les huttes de passage on n'avait retrouvé trace de Kristina. A moins que les Lapons fassent la conspiration du silence, elle n'avait pas pris cette route. A Suojaurre, Ellena n'avait manifesté aucune émotion, et le major Thorp s'en indignait. Selon la mère, si Kristina avait l'intention de revenir il ne fallait pas la contrarier, elle connaissait le chemin et elle rencontrerait bien des chasseurs qui la protégeraient en cours de route. Elle ne semblait pas craindre un danger quelconque pour sa fille. Cette passivité exaspérait le major Thorp; elle ne surprit nullement le docteur Olafsen. Les laps ne parleraient pas.

XXI

Ainsi Kristina n'avait pas pris la piste de l'Elv, elle n'avait pas demandé asile dans une hutte amie; elle était bien équipée et munie de skis, mais elle ne se rendait pas chez elle. Johan Haetta aurait-il eu raison ? Allait-elle rejoindre le Finsk ? Olafsen imaginait mal Kristina fuyant par amour : ce sentiment est pratiquement inconnu des Lapons; chez eux le mariage est toujours une association d'intérêts; on met en commun des rennes, on forme un troupeau qui permette de vivre. Or, ce n'était pas le cas, le Finsk n'apportait rien.

Ellena Sokki se serait inquiétée. Sa passivité, pour ne pas dire sa complicité, plaidait en faveur de l'innocence de Kristina. Olafsen s'en félicita, il ne savait pas trop pourquoi, d'ailleurs. Pauvreté mise à part, le Finsk était un homme sérieux, et les histoires qui couraient sur son compte à propos du rapt étaient dans la pure tradition lapone. Mais Paavi, encore une fois, était pauvre et cela suffisait pour détruire cette hypothèse.

Une autre idée lui vint : Kristina, consciente des sentiments qu'elle inspirait au Finsk, aurait pu se servir de ce dernier pour réaliser son plan. Il avait dû tout préparer, et en ce moment elle suivait la trace du grand coureur des bois.

Séduit par cette hypothèse, Olafsen bondit à la gendarmerie polaire. Le sergent-chef radio gardait la liaison avec le major Thorp. Les équipages se reposaient à Suojaurre, mais ne tarderaient pas à prendre le chemin du retour, car les Lapons leur avaient annoncé une forte chute de neige et ils ne voulaient pas se laisser surprendre.

Olafsen pria le major de vérifier si le Finsk se trouvait bien à Suojaurre. La réponse vint au bout d'une heure. Le Finsk posait ses pièges aux alentours de la hutte; il avait commencé sa tournée peu avant l'arrivée des militaires et cela excluait qu'il fût présent la nuit d'avant à Viddakaïno, caché dans les environs, attendant que Kristina vînt le rejoindre.

On était maintenant au matin du deuxième jour. La neige annoncée tombait, le temps s'était radouci, bientôt la taïga serait impraticable.

Le docteur Olafsen allait quitter les bureaux de la gendarmerie lorsqu'un nouvel appel retentit. Il écouta machinalement la conversation : il s'agissait d'un réseau de barbelés endommagé à la station de radar. Le chef de poste avait été réveillé en pleine nuit et, vérifications faites, avait constaté qu'un renne égaré avait brisé les fils de la sonnerie d'alerte; il demandait qu'on prévienne les campements d'hiver du danger qu'il y avait à laisser errer des bêtes autour du poste. Olafsen dressa l'oreille :

« Sont-ils bien sûrs qu'il s'agisse d'un renne ? Je désire tout passer au crible. Demandez-leur des précisions. »

Le chef de poste confirma : ils avaient bien reconnu à la lueur de la torche électrique les traces d'un renne, profondes et larges. La bête, un renne blanc, s'était prise aux barbelés, avait laissé un peu partout des touffes de poils, puis s'était dégagée et avait rejoint la forêt.

« Il aurait fallu retourner sur les lieux ce matin, vérifier en plein jour, grogna Olafsen. Maintenant il est trop tard, la neige fraîche et le vent auront tout recouvert. »

Le médecin prit congé, sortit, et chaussant ses skis se rendit à nouveau chez Sara. Il était soucieux.

« Peux-tu me dire la couleur du pesk de Kristina ?

— Il est en peau de jeune renne blanc, le plus beau pesk de la région, concéda Sara après quelques hésitations. Mais pourquoi ?

— Je ne sais pas, répondit le médecin, mais cela peut être utile. »

En une heure, la couche de neige fraîche avait considérablement augmenté, le temps se maintenait couvert, toutes recherches devaient être arrêtés désormais.

« Maudite neige ! jura le docteur Olafsen. Si au moins elle cessait... »

Il revint chez lui, mûrissant une idée qui ne voulait pas percer. Il poussait durement sur ses cannes de ski comme du temps qu'il courait le fond dans les championnats, et cet exercice physique le calma. Il se retrouva avec l'esprit plus clair.

Un pesk de renne blanc ! Ce serait bien invraisemblable, pensait-il. Il faudrait qu'elle ait coupé à travers la forêt. Mais puisqu'on ne trouvait aucune trace sur les itinéraires habituels !

Il interrogea longuement la carte à grande échelle qui ornait le mur de son bureau; les moindres huttes y étaient mentionnées, mais dans la zone où se cachait le radar, il n'y avait rien, rien que des montagnes chauves, dominées par l'Agjiet dépassant l'uniformité de la taïga très serrée. C'était d'ailleurs cette solitude, à peine troublée pendant quinze jours au moment des migrations, qui avait décidé le haut-commandement de l'O.T.A.N., à y installer une de ses stations de détection aérienne. Le docteur traça machinalement une ligne droite entre Viddakaïno et la station de radar; en la prolongeant il aboutissait quelque part au nord de Suojaurre. Peut-être était-ce sur cette ligne qu'il fallait rechercher Kristina. Il fallait avertir Thorp !

Il entreprit de nouveau le long trajet à skis jusqu'aux bureaux de la gendarmerie polaire. Le radio eut beaucoup de mal à obtenir la liaison; les deux véhicules étaient bloqués par les neiges peu avant Galanito. Il était impossible d'avancer, ils avaient aménagé un bivouac d'urgence dans une boucle abritée de l'Elv et attendaient que cessât le mauvais temps.

Olafsen revint chez lui. Il était désespéré, faisait le compte des heures écoulées et songeait que depuis deux jours et deux nuits Kristina errait dans la taïga. Malgré toute sa confiance en la robustesse lapone, il ne pouvait envisager qu'une jeune fille puisse résister aussi longtemps là où des hommes endurcis comme ceux de Thorp se voyaient contraints à bivouaquer, renonçaient à poursuivre leur route.

Il lui sembla cependant que la neige tombait moins fort. Par moments un souffle de vent du nord venait désagréablement surprendre et glacer son visage ruisselant de sueur. Il s'arrêta de skier, observa le ciel; le temps se rétablirait peut-être à la tombée du jour. Et demain on continuerait les recherches. C'est alors qu'il songea à Sven Haraldsen, le pilote chasseur de loups.

Il le retrouva au gestgiverei. Le mauvais temps l'avait contraint lui aussi à interrompre ses activités et il avait posé son *Piper Cub* l'avant-veille sur le lac gelé, précédant de quelques heures le grand vent de la tempête.

Sven, il le savait, n'avait pas un caractère commode. Après avoir été pilote de reconnaissance côtière durant l'invasion de la Norvège, il était passé en Angleterre où il s'était engagé dans la R.A.F. Il avait alors débuté une incroyable carrière qui l'avait mené de la Birmanie au Groenland, volant de nuit sur la France occupée pour y déposer des émissaires de la Résistance, au Canada pour ravitailler les postes éloignés de l'Extrême-Nord, survolant surtout avec son *Lysander* cette partie septentrionale de la Scandinavie découpée en mille fjords qu'il connaissait mieux que quiconque. Partout où l'on demandait des volontaires pour des missions secrètes, périlleuses et dont on avait peu de chance de revenir, partout Sven Haraldsen avait répondu « Présent ». A lui les atterrissages de fortune sur des terrains d'où l'on n'était pas sûr de pouvoir décoller, les vols en rase-mottes entre les nuages et les calottes glaciaires pour repérer les bâtiments ennemis camouflés, la plongée entre deux tornades sur une savane à peine défrichée !

Mais aujourd'hui Sven Haraldsen, l'aventurier, le casse-cou, le pilote décoré, était un quadragénaire blasé et usé par cinq années d'une guerre impitoyable et par l'abus de l'alcool. Ce dernier point, à vrai dire, l'avait empêché de rester dans une formation régulière de chasse, de bombardement ou d'observation, cette dernière spécialité étant la sienne. La discipline n'était pas son fort !

En sa qualité d'ancien pilote des armées alliées, il avait pu acquérir à bon compte un avion de transport avec lequel il avait fait du tramping aérien, au hasard des contrats. Puis il avait accompli la première action raisonnable de son existence agitée en vendant son vieux coucou rafistolé à des trafiquants chinois, pour s'acheter avec les dollars reçus en paiement et complétés par des économies, ce joli petit *Piper Cub* spécialement équipé pour les vols dans les régions polaires et muni d'un train d'atterrissage mixte, skis et roues. Avec ses volets hypersustentateurs, ce petit avion se posait partout sur la neige. Haraldsen le pilotait avec maîtrise et expérience, et ses états de service lui avaient valu d'obtenir ce poste envié de l'Arctique : chasseur de loups professionnel et subventionné par le gouvernement norvégien, dans le cadre de l'aide aux Lapons. Dès lors, ç'avait été pour lui la belle vie; libre de ses actes et de ses heures de vol, il écumait la taïga du Troms au Finmark, fouillant les moindres buissons, dénichant, selon son expression, les loups au gîte, et rapportant chaque fois ses prises à Viddakaïno pour toucher la prime.

Le docteur Olafsen, en se remémorant ces faits, se demandait anxieusement dans quel état il trouverait l'aviateur. Celui-ci pouvait, selon son humeur, se laisser tenter par l'aventure la plus risquée, comme aussi se refuser à quitter son fauteuil.

Il le trouva attablé en compagnie de Per Akkar devant une bouteille d'alcool de contrebande. Les deux complices, le teint un peu congestionné, rêvaient devant le feu de cheminée qui brûlait à longueur d'année. Une seule bougie entretenait un semblant de clarté dans le living-room.

« Vous tombez à pic, s'écria Haraldsen en levant les bras, il en reste ! »

Il lui tendit la bouteille, un verre. Olafsen accepta sans se faire prier. C'était de bonne politique et il ne refusa pas le second verre. Il en avait bien besoin après toutes ces émotions.

Il observait Sven à la dérobée. Per Akkar s'en aperçut.

« Vous paraissez inquiet, lui dit-il.

— Un malade grave ? » enchaîna Sven.

C'était ce que le médecin attendait, mais il crut bon d'attendre encore.

« Non, dit-il. Mais cela n'est sans doute guère mieux. Enfin !... Et vous, Sven, combien de loups à votre tableau ?

— Dix dans la région de Karasjoc, huit au sud de Tromsœ, une dizaine à la frontière russe... A croire qu'ils nous envoient tous ceux de la péninsule de Kola à travers le rideau de fer... Je comptais écumer votre région pendant les jours à venir, mais les renseignements me manquent... Le lappefogden est absent, le lennsmann aussi, le pasteur n'entend rien aux loups, il préfère les brebis ! Alors j'attends la fin du mauvais temps et j'irai me poser à tour de rôle près des campements; les bergers me renseigneront à coup sûr !

— Bonne idée, s'exclama le médecin. Et si je vous demandais...

— Un autre verre », plaisanta Haraldsen.

Olafsen accepta le troisième verre.

« Ne plaisantez pas, dit-il, après en avoir vidé d'un trait le contenu. L'affaire est sérieuse, Sven. Je voudrais que vous m'aidiez. »

Haraldsen fixa le docteur qui reprit :

« Je voudrais que vous m'aidiez à retrouver une jeune Lapone que je crois en danger de mort.

— Bigre ! »

Il n'interrompit pas une seule fois le médecin, mais quand ce dernier eut cessé de parler il haussa les épaules :

« Vous vous faites bien du souci pour une petite lap ! Elle se retrouvera bien toute seule, ces gens-là ont l'âme chevillée au corps, c'est comme les Birmans de la montagne... Tenez, je me souviens... »

Il allait commencer l'un de ses éternels récits de guerre.

Le docteur l'arrêta :

« Le temps passe et n'arrange rien, Sven. Je vous demande encore une fois de m'aider... Je prendrai à ma charge les frais d'essence. »

Sven bondit :

« Vous ne pensez pas que cette question puisse influencer ma réponse ! Non, je ne vois pas du tout comment je pourrais retrouver une fillette dans cette immensité.

— Vous retrouvez bien les loups, vous devez pouvoir retrouver Kristina...

— En général, on m'indique où ils doivent se trouver, et puis les loups ont des habitudes, laissent des traces... Quand on a un peu l'expérience de leurs mœurs on va à coup sûr ! Mais votre Kristina ne réagit pas comme un loup...

— Presque, Sven Haraldsen, presque ! C'est une vraie nomade. Comme ceux que vous aimez, ceux dont vous protégez les troupeaux en détruisant les fauves qui les déciment.

— Vous savez, je fais ça pour gagner ma vie, ne me prenez pas pour un philantrope.

— Presque ! S'il fallait compter vos heures de vol, vos recherches, vos peines, vos échecs, on s'apercevrait bien vite que votre métier exige non seulement du dévouement, mais du désintéressement.

— Admettez que je le fasse tout simplement pour vivre libre...

— Kristina aussi a voulu vivre libre !

— Très juste ! Envisagée sous cet angle, la fugue se justifie. Elle commence à m'intéresser, votre perdrix des neiges !

— Alors, vous voulez bien ? Demain à la pointe du

jour... Vous avez les cartes ? Je vous montrerai le cap qu'il faut suivre, la zone à prospecter buisson par buisson. Déjà, sur plus de la moitié du chemin nous sommes renseignés, Kristina a dépassé la station de radar.

— Demain si vous voulez, grogna Haraldsen. Tenez, buvons une dernière goutte, à la réussite de nos recherches...

— Et puis, qui sait, on rencontrera peut-être des loups... Vous ne perdrez pas tout à fait votre temps ! »

Sven haussa les épaules :

« Loup ou pas loup, qu'importe puisque je vous ai dit que j'acceptais...

— Merci, Sven, vous m'enlevez une belle épine du pied. Thorp est enlisé quelque part dans une congère avec ses wesels et si l'on veut que Fru Ingrid échappe à la sévérité du pasteur il nous faut retrouver Kristina, et la retrouver vivante... Je passe chez moi prendre des provisions, ma trousse médicale, des ampoules de sérum. Je serai au terrain un peu avant le jour, on décollera dès que vous y verrez suffisamment clair... »

Dehors le ciel était encore sombre sous les étoiles et il songea avec angoisse aux longues heures qui le séparaient encore de l'aube. Mais à mesure qu'il avançait sur ses skis silencieux, une lumière s'infiltrait à travers la masse de l'ombre et il s'aperçut avec surprise qu'il venait de passer une nuit blanche.

XXII

Le décollage avait eu lieu à l'aube.

Le froid était très vif et Sven Haraldsen avait dû laisser chauffer son moteur pendant plus d'une heure. Ils avaient revêtu les combinaisons chauffantes, les survêtements polaires, chaussé les longues bottes en peau de renne, coiffé le bonnet de fourrure complété par un masque en toile protégeant le visage. Aucune partie de leur corps n'était laissée à découvert, ils pouvaient ainsi affronter les rigueurs de la température, qu'accentueraient en vol l'altitude et la vitesse.

« Moins 35 ° centigrades ! » avait observé Olafsen en enjambant l'habitacle.

Poussant la manette des gaz au maximum, Sven avait arraché le petit avion au double et profond sillon tracé par les skis métalliques dans la neige. Il avait l'habitude de cette manœuvre, et il avait décollé très court, dans le jour naissant.

Le paysage qui s'abaissait sous ses ailes lui était familier; comme sur une carte géographique il y voyait se dessiner les méandres des fleuves gelés, les taches massives de la taïga, les espaces découverts des lacs, offrant autant de plans d'atterrissages faciles.

Olafsen admirait, captivé par cette féerie de teintes

délicates, blanches et grises, qui rehaussaient comme au lavis le contour minutieux des choses. Mais parfois, sous la lumière plus rare, le tableau se glaçait et se figeait et alors il découvrait un paysage hostile, une terre étrangère qui ne ressemblait en rien aux rives habitées de l'Elv. La Laponie prenait alors son vrai visage, ce faciès de planète morte, de terre pâle visitée en hâte par un soleil oblique. Et il lui fallait faire effort pour y replacer ces havres de chaleur et de confort que sont les postes civils ou militaires où ses compatriotes vivaient en reclus à longueur d'année, ignorant le désert qui les cernait ou voulant l'oublier.

En survolant cette terre primitive, il comprenait mieux les Lapons, et mesurait alors l'abîme qui séparait ces nomades de ses compatriotes scandinaves. Et ceux-ci croyaient pouvoir les intégrer dans leur civilisation ! Chimères !

« Vingt mille ans nous séparent de ces gens-là ! conclut-il tout haut.

— Vous parlez des laps ? fit Haraldsen.

— Oui ! Ce désert est le leur, ils y vivent, nous ne ferons jamais qu'y survivre. »

Sven Haraldsen grogna une approbation.

Il n'avait pas envie de causer. Toutes ces réflexions il se les était faites bien des fois ! Les laps il les connaissait mieux que quiconque. Au Finmark il les voyait d'en haut, il avait accompagné leurs migrations, il s'était posé partout où ils vivaient, près des campements, au bord des lacs, le long des rivières, et il avait du pays et de ses habitants une vue d'ensemble qui échappait à ses compatriotes, confinés par leur charge dans un poste, ne faisant que de courtes randonnées dans l'intérieur, variant rarement leurs itinéraires.

Et puis son métier de chasseur le rapprochait des nomades. Les Lapons lui étaient devenus familiers. Ils lui indiquaient les fourrés où se terrait l'ennemi héréditaire : le loup et pour le remercier, ils lui offraient dans leurs huttes le café traditionnel ou les os à moelle fumant dans le bouillon noir. Il était pour eux une espèce de chien de berger fidèle, peu encombrant, qui ne coûtait rien et qui protégeait mieux les troupeaux que tous les gendarmes réunis de la Laponie scandinave. Sven Haraldsen aurait pu, s'il l'avait voulu, peser de tout son poids dans les tractations en faveur de la politique lapone du gouvernement. Il était au courant des projets de transfert au Trondlag des grandes citas nomades, mais il ne les approuvait pas. Personne n'avait pu le décider à faire pression sur ses amis des campements. C'est pourquoi il vivait un peu en marge et préférait s'enfermer au gestgiverei, plutôt que de rendre visite au lennsmann ou au pasteur.

Mais en cet instant Sven repris tout entier par son métier éludait ces problèmes. Le palonnier entre les genoux, fixant la taïga de son regard aigu, il volait en rase-mottes, tenant le cap indiqué au départ par Olafsen. Parfois, il était obligé de prendre de la hauteur afin de mieux se repérer.

Le docteur le laissait faire à sa guise. Personne ne pouvait, mieux que Sven, découvrir Kristina dans ces innombrables taillis de bouleaux nains. Rien n'échappait au regard du chasseur, et tout en pilotant, il lisait les traces qui se détachaient de la neige tantôt plus claires, tantôt plus sombres, et traduisait ses observations en phrases brèves, hachées, jamais terminées :

« Là, un renard ! Vous l'apercevez, docteur !... »

Olafsen écarquillait les yeux.

« Une renarde, spécifiait le pilote. Voilà ses petits qui rappliquent... »

Enfin Olafsen apercevait, gros comme des rats, les renardeaux qui s'enfouissaient sous le ventre de leur mère allongée sur la neige, museau dressé vers ce danger qui venait du ciel.

Après un long vol de recherche au cours duquel il avait décrit des S et des 8 sur un large secteur, n'oubliant aucune clairière, aucun ravin, ils arrivaient au-dessus de la station de radar. Vue d'avion, elle se présentait comme un camp rectangulaire établi dans une zone défrichée, entouré d'une triple ligne de barbelés protégeant les bâtiments et les hangars. Les gros paraboliques des radars qui dépassaient les constructions basses tournaient lentement sur leur axe, en perpétuelle alerte. Des hommes sortaient des baraquements, faisaient à l'avion des signes d'amitié.

« Ils doivent s'amuser, murmura Sven. Hein ! qu'en dites-vous, docteur ? Ils sont bien camouflés, qui donc se douterait de l'existence de ces installations ! Je les reconnais et il y en a plus que vous ne croyez, disposées en quinconce jusqu'à la frontière russe... Rien ne leur échappe. Chaque fois que je les survole, je suis obligé de me faire reconnaître officiellement. Ecoutez, leur radio m'appelle. »

Le poste de phonie crépitait, puis la longueur d'onde s'établit et Sven Haraldsen signala son immatriculation et sa destination.

Olafsen resta songeur. Ce poste de radar était une chose insolite en ces lieux. Il pouvait signaler au monde entier le moindre danger venant de l'Est. De son fonctionnement dépendait la sécurité de l'Occident, la guerre ou la paix. Sous ses hangars les appareils les plus compliqués et les plus précis de la technique humaine étaient installés. Cette station était non seulement à l'avant-garde de l'Europe mais à l'avant-garde du progrès. Et cependant, une fois franchis les barbelés qui les protégeaient, ces hommes qui repéraient la moindre image insolite sur les écrans, ces techniciens au cerveau conditionné pour les expériences les plus délicates, se trouvaient en danger de mort beaucoup plus sûrement que s'ils avaient eu à subir une attaque aérienne. Mais dans ce désert glacial qu'on pouvait comparer aux champs de névés de la haute montagne, des hommes vivaient comme dans leur élément naturel. Et Olafsen se disait, une fois de plus, que les Lapons représentaient peut-être le peuple le mieux armé pour survivre sur la terre en cas de grande catastrophe.

Mais ce n'était pas le moment de poursuivre une méditation. Les recherches sérieuses commençaient. Dans cette clairière, Kristina avait peut-être marqué pour la dernière fois son passage. Olafsen s'était fait expliquer au téléphone la disposition des traces présumées de la fugitive le long des barbelés, en les prolongeant pour obtenir une direction générale. Il fallait maintenant reprendre un cap exact au départ de la station de radar.

« Nous allons tourner à basse altitude, dit-il au pilote. Mais je doute qu'on distingue encore les traces ! »

En effet, le vent avait tout recouvert, et ils devaient procéder par déduction :

« Un Lapon marche toujours directement de cap en cap, continua Olafsen. Il ne fait pas de détour inutile. Si Kristina a l'intention de rejoindre Suojaurre par cette route, elle a pris d'instinct une direction fixe et ne s'en écartera pas... Il est donc vraisemblable qu'après son aventure dans les barbelés, elle a dû contourner le camp et repartir sur l'autre rive dans le prolongement de sa direction initiale. »

Haraldsen approuva.

Ils rétablirent donc le cap, et Sven constata que le nez de son appareil pointait directement sur la cime de l'Agjiet.

« Aurait-elle franchi la montagne ? dit-il tout surpris. Il faut être chaman pour oser cela ! Il est vrai qu'elle est jeune et inconsciente...

— Ne croyez pas cela, Sven. Kristina n'est pas une fille ordinaire, rien ne l'arrêtera dans sa décision, et si son chemin passe par l'Agjiet, elle franchira la montagne sacrée...

— Malgré les stallos, malgré les légendes ? Hum, je ne suis pas convaincu !... »

Sous eux, la forêt était maintenant très dense. Le relief beaucoup plus accentué était fait de petites rides parallèles, séparées par des ravins s'évasant parfois en clairières à fond plat qui n'étaient autres que des lacs. Mais l'Agjiet se rapprochait, imposant et massif, avec son manteau de taïga boisée qui le recouvrait jusqu'à mi-hauteur, puis cessait. Alors le dôme s'élevait, pur et immatériel dans sa blancheur éclatante, avec ses plaques de granit bleu brillant au soleil comme des coupoles d'acier. Pas un nuage ne troublait le ciel, mais le vent d'est soufflait avec force et chassait sur la terre des comètes de neige fraîche qui fuyaient toutes dans la même direction, et cela formait au sol un rideau de fumée blanche qui effaçait les traces, et prenait l'apparence lointaine d'un grand incendie.

Ils volaient ainsi depuis le matin et rien n'avait pu leur donner une indication quelconque. Olafsen doutait, maintenant. Mais Sven ne désespérait pas :

« J'ai cherché des loups pendant trois jours de suite, et je les ai trouvés parce qu'on m'avait dit qu'ils existaient... Kristina existe et elle est sous nos ailes, quelque part. Je la découvrirai, foi de Sven, ou je fiche le feu à mon appareil !... »

Olafsen s'agita sur son siège, tendit le bras :

« Tenez, tenez, là-bas !... »

Sven avait aperçu en même temps qu'Olafsen la

masse grise qui bondissait sur la neige profonde, laissant derrière elle un sillon profond, que comblait presque aussitôt le vent d'est.

« Un loup... Vous l'avez vu le premier. Bravo docteur. Il est à vous. » Mais il se reprit :

« Il n'y a pas de chasse prévue dans notre contrat. Ce sera pour une autre fois.

— Allez-y, Sven, je vous accorde cette exception.

— Dans ce cas », dit le pilote ravi...

D'un coup sec, il avait armé sa mitrailleuse et piquait droit sur le loup qui, surpris par le bruit du moteur, fuyait, effrayé, et cherchait à se réfugier sous les fourrés. Déjà, la bête utilisait ses défenses naturelles, procédait par crochets, par sauts énormes, s'arrêtait, revenait sur ses traces. Sven se laissa glisser sur l'aile, puis au dernier moment, il rétablit d'un coup de pied et tâcha d'encadrer la bête dans son collimateur, à bonne distance de tir. Olafsen comprit que le métier de chasseur était plus difficile qu'il ne l'avait imaginé, à chaque passage du petit avion, le loup feintait au dernier moment, passait sous les ailes, se tapissait dans la neige. Sa ressource achevée, ayant repris de la hauteur, le pilote le cherchait à nouveau, avait toutes les peines du monde à le retrouver dans le fouillis de la végétation.

Passionnés par leur chasse, les deux hommes en avaient oublié Kristina. Sven s'aperçut tout à coup que le loup les écartait de leur route :

« L'animal ! dit-il, il manœuvre bien, regardez ! après chaque passage, il gagne vers l'est, là où les saules polaires complètent le sous-bois et forment les taillis impénétrables. Il nous éloigne de sa louve et de ses petits ! Quel bel animal ! Le plus intelligent des carnassiers chasseurs... »

Il parlait avec tendresse de celui qu'il pourchassait,

il n'aurait pu expliquer pourquoi il massacrait ainsi ce fauve qu'il aimait. Sans le savoir, il rejoignait les peuples chasseurs de la préhistoire dans leur amour pour le gibier-roi.

« Si je ne l'ai pas avant les taillis, il est sauvé ! dit-il tout à coup. J'en ai perdu des tas comme cela. C'est pourquoi les Lapons ne peuvent en venir à bout, même avec leurs chiens... Le loup est un marcheur infatigable, et ses remises sont inaccessibles. Et puis il a la faculté de se camoufler sur-le-champ, de rester immobile sur la neige, et on peut passer vingt fois à côté de lui sans qu'il bouge ! D'en haut c'est quand même plus facile. On le voit se glisser d'un arbre à l'autre... Ah, fit-il avec satisfaction, cette fois, je crois que je le tiens !... »

Le loup avait décidé de couper au plus court et il galopait maintenant sur la surface plane d'un petit lac, essayant d'atteindre l'autre rive.

« Il est fichu ! » hurla Sven. Et, poussant la manette des gaz à bloc, il dépassa le fauve, fit un demi-tonneau qui faillit arracher de son siège Olafsen non prévenu, et par une glissade de virtuose, vint se placer face au loup vers lequel il piqua à vitesse réduite.

Surprise, la bête s'était arrêtée l'espace d'un dixième de seconde, juste le temps nécessaire au tireur d'élite pour l'aligner dans son collimateur et presser la détente... Les reins brisés, l'arrière-train paralysé, le loup boula sur la neige en poussant un hurlement de douleur qu'ils entendirent de l'avion malgré le bruit du moteur.

« Il a son compte ! » fit Sven en redressant l'appareil dont les skis frôlaient dangereusement la surface du lac.

Il remit les gaz, prit de la hauteur, et décrivit des orbes au-dessus de sa victime qui se traînait sur la neige, la gueule ouverte dans un râle d'agonie qui impressionna le médecin. Enfin il ne bougea plus.

Ils atterrirent sur le lac, se dirigèrent vers leur victime, découvrirent le silence éternel qui succédait au bruit du moteur.

« Un gros mâle ! fit Sven. Il a dû en boulotter, des rennes ! »

Il disait cela pour sa justification. Le loup est en effet le grand destructeur des troupeaux. Surtout le loup solitaire de la Laponie, le grand loup imprenable qui tue, disparaît, recommence, toujours insaisissable, invisible. Une vilaine bête, somme toute. Mais il n'était pas convaincu.

« Une belle bête », dit-il.

Et c'était comme s'il lui rendait hommage.

Tout à coup, ils furent conscients de leur solitude, face à ce cadavre de loup encore chaud. Dans cette clairière la protection des bouleaux ménageait un havre de tranquillité, et maintenant que tout bruit avait cessé, le silence de la forêt pesait sur leur dos comme une étrange menace.

Sven revint le premier aux réalités :

« Si nous cassions la croûte ? Nous n'avons pas fini notre journée... En temps normal, je filerais sur Viddakaïno toucher ma prime et boire un bon whisky. Rien ne nous empêche de le faire ici... »

Il avait dissimulé une bouteille derrière son siège.

« Elle me sert de parachute, dit-il en souriant. Buvez le premier ! »

Olafsen ne se fit pas prier. Il découvrait avec intérêt le métier de chasseur, si nouveau pour lui, si différent dans ses efforts et dans ses risques de la vie pourtant mouvementée de médecin de la taïga. Le docteur se sentait bien plus isolé, plus coupé du monde dans cette clairière inconnue qu'il ne l'avait été aux plus mauvais jours de son existence, lorsqu'il bivouaquait dans son wesel perdu en pleine tourmente.

Ils burent, ils mangèrent, puis Olafsen fit le point avec application. Kristina était de nouveau dans leurs pensées. Sven suivait par-dessus son épaule la rectification de tracé qu'il faisait sur la carte.

« Vous feriez un bon navigateur, dit-il. Et je m'y connais ! »

Une vive sympathie naissait entre les deux hommes.

Ce fut Sven qui donna le signal du départ après avoir exposé son plan de travail.

« Si Kristina possède la force et la résistance que vous lui donnez, elle a dû depuis longtemps gagner la zone découverte. Nous sommes en plein cœur de l'après-midi, et devons songer au prochain bivouac, près des huttes de Suojaurre. Nous allons donc piquer sur l'Agjiet, survoler le sommet, n'en déplaise au dieu Thor que nous allons déranger... Il en a l'habitude, je dois être pour lui une vieille connaissance... Puis nous foncerons sur l'autre versant. »

Ils firent le plein du réservoir et s'allégèrent des jerricans vides.

« L'Agjiet est à plus de 1600 mètres ! dit Sven. Et nous aurons des vents rabattants. »

A peine eurent-ils décollé qu'ils atteignirent la limite de la forêt. Désormais plus rien ne masquait la vue. Aucune trace ne pouvait leur échapper sur ces moutonnements sans végétation où la neige soufflée se formait en vagues successives comme une mer agitée par les vents.

Sven prit de la hauteur et s'éleva de façon à pouvoir plafonner sur le sommet.

« Vous êtes déjà monté à l'Agjiet, docteur ?

— Non ! Qui voulez-vous qui m'y emmène ? C'est la montagne sacrée !

— La montagne des chamans et des sorciers, vous voulez dire ? Tenez, regardez, je suis sûr que vous n'y croyiez pas ! »

Le *Piper Cub* volait en rase-mottes sur la dernière croupe de la montagne. Au-delà se découvrait en son ensemble le pays de Suojaurre, mais au lieu de piquer entre les deux sommets jumeaux de l'Agjiet, Sven décrivait à faible hauteur des cercles réguliers au-dessus d'une étrange construction.

« L'autel des rennes !

— Ça existe donc vraiment ! » dit Olafsen abasourdi.

Il connaissait les légendes, les rites des anciennes religions samisks, mais on lui avait tant répété que les Lapons, chrétiens depuis trois siècles, avaient détruit leurs idoles, leurs autels des rennes, qu'ils n'écoutaient plus leurs chamans ! Et voici que sous les ailes de l'avion lui apparaissait l'estrade couverte de massacres et de bois de rennes, la tête de bois grossière figurant le dieu Thor, l'allée de pierres conduisant à l'autel...

« Prodigieux ! répéta-t-il.

— On croit connaître les Lapons, fit Sven. Mais quel est celui qui peut se vanter d'avoir assisté à leurs cérémonies secrètes ? Quand ils y viennent, c'est en cachette, la nuit, en petits groupes, et le secret est jalousement gardé ! »

Une violente rafale de vent faillit plaquer l'avion sur l'autel même des rennes; elle rappela brutalement à Sven que ce n'était pas l'instant de philosopher.

« Oh ! oh ! fit le pilote. Thor se venge, fichons le camp... »

Il avait dit cela en riant, mais il n'était pas bien loin d'y croire.

Ils étaient durement secoués et le pilote eut beaucoup de peine à rétablir sa ligne de vol. Quand il y parvint, il avait perdu de l'altitude et se trouvait bien au-dessous du sommet.

Les constructions avaient disparu.

Il leur sembla respirer mieux.

« On pique sur Suojaurre ? interrogea Sven.

— Que pouvons-nous faire d'autre ? » dit tristement Olafsen.

Sven poussa le manche et l'avion commença sa descente.

XXIII

KRISTINA dormit toute une journée et toute la nuit qui suivit. Sans doute aurait-elle continué plus longtemps son sommeil — alterné par des moments de somnolence pendant lesquels elle percevait, très atténuées, des sensations extérieures telles que le son et la lumière — si un courant d'air glacial se glissant sous son pesk n'avait atteint son visage moins bien protégé, et mordu cruellement à même la peau. Recroquevillée sur elle-même en demi-cercle à la manière des animaux à fourrure, elle avait dormi la tête enfouie dans le coude bien fourré de la manche de sa pelisse.

Une impalpable poussière de neige s'était peu à peu insinuée sous ses vêtements, avait glissé entre la peau et la laine et là, fondu tout doucement sous l'action de sa chaleur. Ces gouttes froides qui coulaient le long de ses aisselles et sur sa poitrine la réveillèrent doucement, progressivement.

Elle sut qu'il faisait jour par la lumière diaphane et blonde qui lui arrivait tamisée, à travers l'épaisse couche de neige fraîche tombée pendant son sommeil. Elle lui était comme un manteau léger fait de duvet, tissé de flocons qui la recouvrait entièrement; Kristina hésita à le disperser, elle lui devait sa chaleur. Elle gardait son immobilité, cherchant à renouer le fil des rêves merveilleux qui l'avaient bercée comme un chant féerique. Elle éprouvait un sentiment de bien-être incomparable; toute sa fatigue avait miraculeusement disparu, résorbée par un sommeil réparateur, et bientôt elle n'eut plus qu'une hâte, se lever, continuer son voyage.

Elle se dégagea d'un geste brusque de sa couverture de neige poudreuse, s'ébroua comme un jeune chien, et ses pelisses et ses jambières immédiatement dégagées apparurent sèches et nettes.

Le soleil était levé depuis longtemps. Sa lumière aveuglante lui fit cligner les yeux, et tout à coup étourdie d'air vif et de froid, elle s'accroupit sur ses talons dans la pose favorite des bergers et regarda rêveusement autour d'elle. Des cristaux de neige accrochés aux mèches folles de ses cheveux dépassant du bonnet, fondaient sous l'action du soleil et son visage semblait paré de mille perles à l'eau très pure.

Les visiteurs de la nuit, renards, martres, hermines, avaient tracé alentour le rébus de leurs hésitations. Elle identifia sans grande surprise la trace épaisse du loup dans la neige foulée. Tout cela lui était familier. Elle était chez elle, comme autrefois à Suojaurre. Elle était heureuse.

Il lui faudrait, sans doute encore une grande journée de marche, peut-être deux, avant d'arriver. Elle n'avait aucune idée précise du temps ni de la distance, mais savait que derrière la coupole bleutée de l'Agjiet se trouvait Suojaurre. Que ferait-elle une fois arrivée ? Gagner directement le grand troupeau, rester chez ses parents dans la douceur de la hutte ? On avait dû les avertir, qui sait, on attendait peut-être son retour pour la ramener à l'école ? Elle frémit à cette idée. Non, elle irait au grand troupeau et, avec la complicité des bergers, personne ne la retrouverait.

Elle fouilla la neige pour récupérer ses skis, son sac. Au fond de celui-ci il ne restait qu'un peu de sucre, du café moulu, c'était tout ! Et elle se souvint d'avoir tout mangé avant de s'endormir. Qu'importait désormais le manque de nourriture. Ce soir ou demain, ou après-demain, elle serait au grand troupeau; elle pouvait bien jeûner deux jours, davantage même. Mais pour cela il fallait boire. Elle dégagea facilement au couteau le trou d'eau gelé en surface, puis ranima le feu allumé la veille avec les branchettes qu'elle avait amassées pour former sa couche; bien sèches, elles flambèrent vite. Quand elle eut renouvelé dans sa louche le miracle des pierres chauffées à blanc, elle obtint à nouveau une infusion de café sucré. Ayant bu, elle pouvait partir.

Le temps n'était plus menaçant, le ciel lavé par la tourmente de neige était pur et brillait comme de l'acier en fusion. Un vent violent soufflait au ras des collines, gémissait un peu partout, charriant une épaisse poussière de neige. Déjà les traces s'effaçaient, mais comme le vent venait de l'est Kristina sut qu'il n'apporterait que du froid, et que le beau temps se maintiendrait quelques jours.

Elle chaussa ses skis, sortit du ravin bien abrité dans lequel elle avait dormi et chancela sous la violence du vent. Heureusement, celui-ci la frappait de dos, favorisait sa marche.

La taïga se continuait vers l'ouest pendant un ou deux milles, puis se faisait plus clairsemée pour escalader les premières pentes des montagnes. Deux heures plus tard Kristina n'eut plus devant elle qu'une immensité blanche, aveuglante, déboisée, où les reliefs amollis des collines se confondaient en un vaste moutonnement imprécis.

L'Agjiet était devant elle et elle frémit : trop de

légendes se rattachaient à la montagne magique !

Un instant elle pensa l'éviter, mais il lui faudrait pour cela tirer au sud jusqu'à la piste de Galanito, et c'était se fourrer dans la gueule du loup. Elle renonça à ce projet dangereux.

Il fallait donc traverser l'Agjiet.

La route était facile, n'eussent été les histoires surnaturelles et les drames qui jalonnaient son passé. Remarquable point de repère, la montagne était la plus haute des vieilles cimes usées de la Laponie intérieure ! Le vent avait poli ses neiges et leur avait, par places, donné le brillant de la glace bleue. Des arêtes de rocher couvertes d'une gangue de verglas formaient sur ses pentes très raides des nervures grises qui délimitaient les passages.

Tout en l'Agjiet était à la fois débonnaire et effrayant.

Kristina s'éleva lentement, favorisée dans son ascension par la neige épaisse et serrée tassée en vagues de fond par les vents; ceux-ci devenaient de plus en plus violents, avec des rafales soudaines qui obligeaient la jeune fille à s'arrêter, à résister à cette force surnaturelle qui tentait de l'arracher à la terre. Puis tout se calmait. Elle retrouvait le rythme de sa marche un instant interrompu. A cette allure souple et régulière elle pourrait tenir longtemps.

Parfois, cependant, parvenue au sommet d'une crête qu'elle croyait proche du but elle s'arrêtait, déçue; le sommet était toujours plus loin, plus loin et plus haut, et ce qu'elle avait pris pour la cime n'était qu'un épaulement perdu dans l'immensité de la montagne.

Peu à peu, le paysage s'élargissait en un vaste panorama déroulé à ses pieds. Vers le sud, une grande partie de la Laponie s'étendait à perte de vue, rejoignant le ciel, et Kristina contemplait avec émotion la taïga grise, tavelée par les plaines blanches des lacs enchâssés dans les vallonnements. Un appel irrésistible et sauvage montait de cette immensité. Kristina frissonnait de fierté. Elle était la reine de ce pays !

Viddakaïno, l'école, les Scandinaves, les militaires, les kvaens : un mauvais rêve ! Rien n'existait plus hormis ce désert blanc et glacé qui était sa source de vie.

Marit, la vieille sorcière, le lui avait dit souvent : « Tant qu'il y aura du lichen, des rennes et des fourrés de bouleaux nains on ne manquera de rien. »

Marit hivernait toute seule sous sa tente en vieilles toiles cousues de tendons de renne, rapiécées de peaux usées. Elle semblait insensible au froid et aux tourmentes, insensible à la fumée âcre qui stagnait longtemps dans son antre avant de pouvoir s'échapper par le trou de ciel dont dépassaient trois perches fourchues. Marit racontait à ses visiteurs la pérennité de la race samisk. Elle était hostile au progrès, et pour cela Fru Tideman et le pasteur la pourchassaient sans répit, jetaient sur elle l'anathème. Mais tous les Lapons la protégeaient car elle détenait la vérité sur leurs origines.

Le bon docteur Olafsen avait dit un jour à Kristina qui lui contait les histoires de Thor, dieu suprême aux multiples faces, tantôt soleil bienfaisant, protecteur des rennes, tantôt Jupiter tonnant répandant la foudre et les éclairs : « Marit se trompe, son dieu c'est le nôtre ! Il n'y a qu'un seul Dieu, tu le sais bien. Elle l'appelle autrement, voilà tout ! Ne te laisse jamais prendre au piège des sortilèges, petite Kristina ! Il n'y a pas de stallos et vos chamans sont des imposteurs. Mais si tu pries Dieu, même à ta manière, il te protégera, car Dieu est bon. Il n'est pas seulement le justicier, le personnage sévère que se plaît à décrire le pasteur Brombdal... »

Et cela avait raffermi Kristina dans sa foi qui déclinait, car son séjour à Viddakaïno l'avait quelque peu ébranlée.

Mais maintenant qu'elle gravissait l'Agjiet, elle commençait à perdre son assurance. Marit lui avait dit :

« Si un jour tu vas sur l'Agjiet, sois pure et apporte des présents pour apaiser Thor. »

Elle pensa : « Et si le docteur se trompait ? » Et si brusquement elle rencontrait le stallo capable de la changer en pierre ? Elle arrivait là-haut sans rien, sans bois de rennes... Certes, elle était pure, mais comment apaiser le dieu ?

Et la montagne qu'elle n'avait jamais vue de si près, dont elle découvrait les formes géantes, étranges, changeantes, si différentes des collines familières de Suojaurre, la montagne en se rapprochant lui paraissait tout à coup hostile.

Les blocs de rochers lisses, polis par les vents, sortaient de la neige et de la glace comme autant de fantômes pétrifiés. Peut-être étaient-ce là les restes des disparus, comme le contait la saga de l'Agjiet ! Ces pierres avaient été des personnes ou des bêtes vivantes. Car chacun sait que les stallos s'attaquent aussi aux rennes qu'ils considèrent comme les frères inférieurs des Lapons...

Kristina, par une sorte de réflexe, de sursaut volontaire qui trahissait aussi son angoisse, décida d'augmenter l'allure, mais la glace vive qui apparaissait par endroits entravait sa marche, ses skis dérapaient, et elle redescendait en glissade ce qu'elle avait péniblement gravi. Et puis le terrain la dirigeait, la guidait, la canalisait dans un large, long, interminable couloir qui striait le dôme de l'Agjiet et formait au sommet un ensellement. Elle avait de plus en plus la sensation d'être engagée sans retour dans un monde infernal. Elle était dans l'allée du stallo, celle qui conduisait au temple;

elle abordait les régions interdites aux femmes, et les rochers qui bordaient le passage semblaient s'animer en sa présence.

La violence du vent indiquait que le sommet était proche. Malgré l'orientation favorable, malgré l'épaisseur de ses fourrures, Kristina était transpercée par le froid. Sa seule chance était de monter vite, très vite, puis redescendre sur l'autre versant, abrité. Mais ses skis étaient de plomb, et aussi ses bras qui poussaient avec peine sur les cannes. Elle trébuchait, chancelait, il lui eût fallu s'arrêter, boire, manger. Mais s'arrêter dans ces espaces dénudés et ventés, c'était la mort.

Boire, boire, atténuer cette brûlure du palais ! Mais il n'était plus question de chercher de l'eau; il fallait marcher, atteindre le sommet. Et le sommet, c'était là-haut, où le ciel épousait la neige.

Un ciel d'acier plus gris que bleu, plus froid que la neige et la glace et qui pesait de tout son poids sur le paysage, l'enfonçait ici, le modelait ailleurs, épargnait cette colline toute proche mais aplanissait la terre jusqu'aux distances inconnues de l'horizon circulaire.

Kristina avançait, pourtant, elle arrivait.

Devant elle le ciel montait, montait et c'était comme si elle couchait la montagne sous ses skis. Elle avait retrouvé sa vigueur, le ciel triomphait de la montagne, et parce qu'elle dominait le monde, elle se sentait allégée. Olafsen avait raison : Dieu était bon qui la protégeait !

Sur le col, entre les deux crêtes à peine plus élevées que le passage, une étrange construction se dressait. Un échafaudage de branches de bouleaux délimitait une sorte d'estrade que le vent perpétuel déblayait des neiges. Une allée de pierres dressées conduisait directement à la plate-forme sur laquelle gisait un amoncellement de bois de rennes blanchis par les intempéries; ils étaient entrelacés en forme de décor et entouraient une grosse loupe de bouleau dressée sur un plot comme une tête décapitée, et qui avait vaguement figure humaine.

Kristina s'arrêta, pétrifiée !

Cela correspondait exactement aux descriptions de Marit, aux récits de ceux qui assuraient être venus jusqu'ici en cachette, et qui effectivement y avaient laissé sur place, en hommage à Thor, ces trophées de bois de renne, ces crânes particulièrement appréciés du protecteur des troupeaux. Kristina restait figée sur place. Chose étrange, il lui semblait que le sortilège maléfique qui pesait sur son ascension avait subitement disparu, maintenant qu'elle touchait le mystère. Quoi ! Etait-ce là l'autel des rennes ? Rien de solennel ne s'exhalait de ce lieu, on eût dit les restes d'un charnier, et cette boule de bois semblait ridicule, qui prétendait représenter Dieu ! Kristina avança, hésita, toucha la croix d'argent sous son pesk pour raffermir sa foi, puis, quittant ses skis, prise d'une rage subite, elle bondit sur la plate-forme, dispersa les trophées.

Alors seulement elle regarda au-delà de la montagne, le versant de Suojaurre.

Tout lui était familier, désormais. Là-bas, au-dessous d'elle, s'allongeait Suojaurre aux eaux figées, et elle voyait les huttes parsemées sur la taïga au gré des clairières et des rivières; l'Elv contournait la montagne et remontait vers le nord. Kristina aurait pu nommer le moindre relief, le plus petit lac. Là-bas, sous ces vallons abrités du vent d'est, elle piégeait des rupés, quand le Finsk était apparu...

Mais elle s'arracha à ces pensées heureuses. Elle ne devait pas s'attarder. Déjà l'ombre de la montagne planait sur la taïga et couvrait le versant que Kristina avait gravi. Les rochers livides avaient pris soudain des formes fantastiques. On eût dit qu'ils bougeaient, et elle perdit d'un coup sa belle confiance. Les spectres renaissaient. Il lui semblait voir ricaner la vieille Marit. N'était-ce pas elle, hélas ! plutôt que le Finsk qui tout à l'heure viendrait à sa rencontre ? Fébrilement elle chercha à remettre en placc les trophées qu'elle avait dérangés, s'agenouilla, priant le Christ et Thor à la fois.

Mais la prière, elle le sentait, ne réussirait pas à vaincre ses terreurs. Il fallait partir, quitter ces hauts lieux qu'elle n'aurait jamais dû fouler. Elle se releva, rechaussa ses skis et serrant bien fort ses deux cannes sur le même côté, s'appuyant sur celles-ci comme elle l'avait vu faire au Finsk, elle se lança dans la grande pente dénudée, très raide, qui menait aux premiers arbres de la taïga. La forêt lui paraissait toute proche, et elle voulait l'atteindre avant la nuit. De ses terreurs, de ses angoisses et de ses hésitations, il ne lui restait plus qu'une oppression physique, mais le vent de la vitesse sifflait à ses oreilles, tempérait la fièvre qui brûlait ses joues. Elle bondissait sur les vagues de neige soufflée, résistant au maximum aux chocs qui pliaient ses genoux, puis parfois, perdant l'équilibre, elle tombait sur le côté, roulait, perdait ses skis, se relevait, rassemblait son matériel épars dans la chute et repartait tout droit sur la pente convexe qui lui masquait le bas de la montagne.

Déjà elle distinguait les détails de la forêt, les petits bosquets espacés, les fourrés de saules favorables au gibier. Ce soir elle passerait la nuit bien au chaud dans sa forêt, la sienne, celle de sa cita... Ce serait de nouveau comme avant.

Et voici que tout à coup, comme elle se relevait d'une chute plus violente que les autres et qui l'avait laissée tout étourdie sur la neige, un grondement fit vibrer la masse de la montagne.

Alors il lui sembla qu'une voix monstrueuse retentissait derrière elle. Thor ! Etait-ce Thor qui la poursuivait ? Elle hurla de peur, cacha un instant son visage entre ses mains. Puis, bredouillant des lambeaux de prière où se mêlaient les noms du Christ, du Finsk, du docteur Olafsen, elle remit ses skis et, arc-boutée sur ses bâtons, toujours poursuivie par le grondement, que se renvoyaient les échos, elle fonça droit vers l'aval, face au vide.

Les idées défilaient dans sa tête à une vitesse effrayante, moins vite cependant que ne glissaient ses skis. Elle ne fut bientôt capable de contrôler ni sa vitesse ni sa direction. Quand elle devina la falaise il était trop tard. Elle ferma les yeux, poussa un hurlement de terreur et plongea dans le vide en une chute qui lui parut interminable. « C'est fini, pensa-t-elle, je suis morte. »

XXIV

« Kristina ! hurla Sven. Là ! Elle est là devant nous !... Trop tard, nous l'avons dépassée, elle est maintenant sous nos ailes... Je vire sec, attention ! »

Sven manœuvrait pour venir se placer en position favorable, et il voyait de nouveau la petite tache du bonnet rouge de Kristina dans son viseur.

Olafsen, surpris au plus profond de ses pensées, réalisait mal qu'ils avaient retrouvé la fugitive au moment même où ils désespéraient.

Sven jura : il avait perdu à nouveau Kristina.

Il fallait manœuvrer, virer comme pour le loup.

Enfin il la revit dans l'axe de l'appareil. Il était excité au plus haut point :

« Regardez-la descendre à toute vitesse !... Mais elle est folle, hurla-t-il, elle va se tuer ! »

Une nouvelle rafale de vent les avait durement secoués et ils avaient dû s'éloigner de la montagne pour reprendre de la hauteur. Le docteur, visage collé au pare-brise de l'habitacle, sondait l'immensité blanche où se déplaçait un point rouge. Sa tristesse, son inquiétude avaient disparu. Sven et lui avaient retrouvé la petite fugitive, dans un instant ils iraient l'attendre au bas de la colline, et ils la ramèneraient à sa mère. Il était bigrement soulagé.

« On est quand même vernis, Sven ! »

Le pilote ne l'écoutait pas. Il était subitement crispé, anxieux, et par une nouvelle et audacieuse manœuvre, il était descendu très bas et très près de la skieuse; on distinguait maintenant mieux son bonnet rouge, son pesk blanc, ses skis. Elle paraissait sauter de bosse en bosse, bien cambrée sur ses bâtons.

Olafsen réalisa tout à coup le danger :

« Kristina ! Kristina !... Attention !... » cria-t-il, comme si la jeune fille pouvait l'entendre.

« Elle va droit sur la falaise, dit Sven. Elle ne la voit pas, sans doute... Il faut l'arrêter, l'avertir... Comment faire !... »

Il ne restait plus que quelques secondes. Ils mesuraient leur impuissance mais Sven gardait son sang-froid, puisait dans sa science du pilotage les ressources nécessaires pour affronter les dangereux courants rabattants qui pouvaient à tout instant les plaquer sur la montagne. Il fallait à tout prix descendre plus bas, passer en rase-mottes, se faire reconnaître de Kristina, l'arrêter dans son élan, l'empêcher de continuer.

Il manœuvrait sec, tournait et repassait sur la skieuse. Olafsen avait, malgré le froid intense, ouvert la vitre de côté; il se penchait, agitait les bras, criait !

Une nouvelle fois Sven dut échapper aux rabattants, déborder la montagne, réduire les gaz pour filer vent dans le dos à distance respectueuse de l'Agjiet. Quand il put « remettre la gomme », reprendre l'altitude perdue et revenir péniblement en tanguant sous le vent debout, jusqu'à l'endroit où pour la dernière fois ils avaient survolé Kristina, il était trop tard : la grande pente immaculée de l'Agjiet était nue et déserte ! Kristina avait disparu.

Ils cherchèrent longtemps ses traces, au haut et au bas de la falaise, mais il leur fallut plusieurs passages et l'appoint des puissantes jumelles du chasseur pour découvrir, accrochés comme des épaves à diverses hauteurs sur la pente, les skis brisés de Kristina et ses bâtons. Quant à elle, on eût dit que la taïga l'avait engloutie...

Sven s'éloigna de la montagne maudite, mit son moteur au régime de croisière, fit de longs paliers, tournant inlassablement au-dessus de la taïga, ne pouvant se résoudre à quitter les lieux du drame.

« Elle voulait fuir, et nous lui avons fait peur... dit Olafsen, effondré.

— Du vilain travail, docteur, j'en conviens ! Mais qui aurait pu penser qu'elle s'effraierait ainsi d'un avion ! »

Puis, comme Sven ne pouvait songer à atterrir dans cette neige épaisse et molle, ils décidèrent de gagner Suojaurre.

Il fallait avertir les Lapons au plus vite. Eux seuls étaient désormais capables de la retrouver.

Haraldsen haussa les épaules :

« Je chasse mieux les loups que les filles ! »

Olafsen ne sut jamais s'il avait voulu plaisanter ou s'il le pensait vraiment. Dix minutes plus tard ils atterrissaient sur l'Elv, juste en face de la hutte des Sokki.

Ils y furent surpris par le crépuscule.

Là-haut, en effet, la lumière était encore toute dorée de soleil, mais les bords du fleuve gelé étaient plongés dans une pénombre bleue qui conférait au paysage un aspect sinistre.

De la hutte sortirent Ellena et le Finsk, attirés par le bruit du moteur. Ils restaient plantés devant la porte, regardant les aviateurs qui se dirigeaient vers eux, marchant gauchement, empêtrés dans leurs vêtements de vol.

« Boriz, Boriz, Ellena ! » fit Olafsen.

Et, la précédant, il entra dans la cabane. Il avait besoin de sentir autour de lui la protection de ces minces parois; elles étaient faites de travail d'homme, et il avait besoin dans sa détresse d'une note humaine, de la chaude intimité d'une maison.

Les minutes qu'il venait de vivre étaient trop chargées de drame, les événements trop denses, qui les avaient précipités des sortilèges millénaires de l'Agjiet sur la pente nue plongeant vers l'abîme où de toute la vitesse de ses skis fuyait Kristina. Rien ne pourrait effacer de ses prunelles l'ultime vision de la jeune fille glissant vers la mort dans une fuite éperdue ! Il se tenait responsable de cette fin.

Les Lapons avaient raison : cette histoire leur était personnelle, il aurait mieux valu ne pas s'en mêler, et à cette heure Kristina aurait rejoint sa famille...

Il ne se décidait pas à parler.

Ellena leur avait présenté des bols de café, du sucre, et elle attendait, debout, silencieuse, qu'ils veuillent bien expliquer leur présence.

Dans un coin de la hutte, assis sur un coffre, le Finsk tirait sur sa pipe chuintante. Il regardait fixement Olafsen, et l'autre se sentait pénétré jusqu'au plus profond de ses pensées; le Finsk le regardait en ennemi et attendait une explication.

Une bûche de bois éclata dans le poêle, lança une grande flamme, puis le feu se mit à gronder très fort et le bruit emplit la cabane en même temps qu'un renouveau de chaleur.

Alors Olafsen se décida, conta toute l'histoire.

Ellena se signa toutes les fois qu'il parlait de l'Agjiet. Elle tremblait de tous ses membres; c'était une vengeance du stallo, elle en était sûre. Aussi, pourquoi Kristina avait-elle gravi l'Agjiet ! Elle sentait lui revenir ses anciennes terreurs, qu'elle croyait englouties à jamais sous le limon fertile de la religion. Elle se crut possédée et se signa fébrilement.

Quand Olafsen eut fini de parler, un grand silence se fit qui permit d'entendre les bruits les plus intimes de la cabane : le craquement d'une poutre, le coup de gong des tôles du toit se rétractant sous l'action du froid. Ellena pleurait en silence, mais parfois sa douleur lui échappait en brefs sanglots qui cascadaient comme des grêlons sur une vitre. Olafsen laissait couler cette plainte, il se disait qu'elle contrastait avec l'indifférence manifestée par Ellena au major Thorp et à ses compagnons. Il ne comprendrait jamais les laps : Ellena aimait comme une mère norvégienne !

Il fallait prendre une décision :

« Il faut partir tout de suite, Finsk, dit-il. Dieu permettra peut-être qu'on la retrouve vivante... »

L'homme acquiesça, disparut dans la pièce du fond.

Quand il revint il était équipé pour un long voyage dans le froid et la neige, et il portait en bandoulière sa besace de chasseur lourdement garnie. Il prit les deux hommes à part.

« Montrez-moi l'endroit exact de l'accident, pendant qu'on y voit clair !

— Vous n'allez pas partir seul ? fit Olafsen.

— Les fils d'Ellena sont à Viddakaïno, ceux de Suojaurre sont au troupeau... Je suis seul !

— Je vous accompagne, dit le docteur.

— Inutile, vous ne feriez que me retarder. »

Le Finsk avait dit cela sans ménagement comme sans intention blessante : il constatait. Olafsen ne se froissa pas, se sentant incapable de suivre à skis, en pleine nuit et par neige profonde, l'allure du Finsk.

« Comme vous voudrez, dit-il. Sven et moi nous décollerons dès l'aube pour aller survoler la falaise de l'Agjiet. Quand vous nous entendrez, faites un grand feu pour signaler votre présence. Evitons toute perte de temps, Kristina n'est peut-être que blessée, et avec votre aide nous la ramènerons très vite à l'hôpital de Viddakaïno. Nous la sauverons ! »

Les trois hommes sortirent de la hutte.

L'Agjiet n'était plus qu'une silhouette massive sur le ciel clair, les étoiles s'allumaient un peu partout, préludant au grand scintillement nocturne. Le Finsk se fit expliquer l'endroit exact où Kristina avait sauté la barre rocheuse. Il ne paraissait pas trop inquiet :

« Si elle n'a pas donné de la tête sur le rocher ou la glace, elle peut s'en tirer, en-dessous la pente est raide comme la réception d'un tremplin de saut ! »

Ce qu'il ne dit pas c'est qu'il avait sauté la barre une fois, involontairement, emporté par sa passion pour la chasse, derrière un renne sauvage.

Ses paroles rendirent un peu d'espoir à Olafsen.

Sven semblait se désintéresser de tout; il ne manifestait pas ses sentiments, pour lui cette recherche était un échec. Kristina lui avait échappé, jamais loup adulte ne lui aurait donné tant de mal !

Au moment de partir, le Finsk se sentit partagé entre des sentiments contraires qu'il masqua sous une apparente froideur et une gravité qui lui était naturelle.

Debout devant lui, Olafsen et le pilote lui souhaitaient bonne route. Il aimait ces deux hommes qui étaient les meilleurs alliés des Lapons, qui avaient tout fait pour retrouver Kristina. Il aurait dû les remercier, serrer chaleureusement les mains qu'ils lui tendaient, mais il restait figé, glacial, poussé par une sorte de haine inexplicable qui montait en lui. A travers les deux Norvégiens, il condamnait tous ceux qu'il tenait pour responsables de la fuite de Kristina, peut-être même de sa mort. Pourquoi ne l'avaient-ils pas laissée à son troupeau, à ses campements ? Il se promit, si jamais il la retrouvait vivante, de ne plus jamais la leur rendre. « Même les mieux intentionnés se trompent, qui veulent nous donner leur bonheur et pour cela nous enlèvent le nôtre ! » pensa-t-il.

Il feignit de ne pas voir le geste d'Olafsen, détacha son puissant renne gris qui piaffait, agité, inquiet, roulant ses yeux globuleux, et l'attela rapidement au pulka qui servait au ravitaillement des bergers. C'était une barquette solide et légère qui permettait de passer partout. Il y entassa des peaux de rennes, y plaça sa besace et, sur un vague geste d'adieu, ayant rendu les guides, sauta en voltige dans le petit traîneau et se laissa emporter au galop de sa bête.

XXV

Dans la nuit lumineuse de l'Arctique, Paavi glisse silencieusement. A peine dépassé le tournant de l'Elv il a mis son renne au trot. Il faut le ménager car le trajet sera long. Le Finsk fait un long détour pour éviter les huttes des Bongo. Il a menti aux aviateurs, il y a des hommes à Suojaurre, mais il veut être seul à retrouver Kristina. Il faut qu'il marche toute la nuit, sans répit, à travers une taïga vierge de traces où son renne peine énormément. Dès qu'il a quitté les pistes, durcies par les passages journaliers, qui relient les unes aux autres les diverses huttes de Suojaurre et sur lesquelles les traîneaux glissent facilement, il s'est empressé de soulager son attelage. Il a sauté du traîneau, chaussé ses skis, et maintenant il glisse dans la paix nocturne, tirant derrière lui le renne assagi que gêne à peine le fardeau léger du pulka. La neige est poudreuse et froide, les taillis rapprochés bordés de ravins dangereux, mais le Finsk connaît toute la taïga arbre par arbre, buisson par buisson, rocher par rocher, et il va sans hésitation, se guidant aux étoiles, indifférent au gibier qui se lève de toute part sur son passage, insensible aux sortilèges qui planent autour de la montagne magique. La force de son amour, plus puissante que l'envoûtement de l'Agjiet, lui donne cette résistance surhumaine qui le fait avancer si vite. Non, jamais Olafsen n'aurait pu soutenir une telle allure ! Parfois il en oublie son renne qui derrière lui rechigne, langue pendante, et s'extirpe avec peine d'une congère. Il l'excite alors d'un sifflement, et la courageuse bête d'un grand coup de collier se dégage et le rejoint.

S'il ne s'arrête pas, il sera au jour sur les lieux de l'accident.

Le premier !

Il ricane. Les aviateurs lui ont dit de faire un grand feu pour signaler sa position, mais quand ils se poseront sur la glace d'un lac entre la montagne et Suojaurre, il sera loin !

Et il imagine sa fuite, leur fuite. Car il aime Kristina et dans ce jeune amour il puise de nouvelles forces, une nouvelle volonté.

Les skis crissent régulièrement au pas alterné de l'homme, et les rondelles des cannes soulèvent à chaque mouvement de ses bras un nuage de poudre glaciale, mais le rythme de la marche ne se ralentit pas. Des bruits familiers l'accompagnent dans le calme nocturne; le halètement du renne assoiffé, le claquement sec des sabots qui s'entrechoquent, la morsure sifflante des skis sur la neige. Et ces bruits simples couvrent les autres, lui tiennent compagnie. Pourtant le vent gémit sa complainte à travers les bouleaux, et des fourrés peuplés sortent les cris de la nuit : piaulement aigu du renard, souffle apeuré du tétras, battements d'ailes de la perdrix !

Lui n'entend plus qu'un appel, celui de son amour !

Il marche d'instinct vers l'Agjiet, et le voici soudain à la limite de la forêt, au pied même du géant qui surplombe la taïga de sa muraille de glace et de granit.

Pas une seule minute il n'a fait halte. Ni pour boire

ni pour manger. Il marche depuis des heures, et il devine à la clarté des étoiles qu'un nouveau jour se prépare. Déjà les ombres et les lueurs précisent le relief. La fourrure grise de la taïga drape le bas de la montagne, au-dessus apparaissent ses flancs immaculés, ceinturés en leur milieu par la barre noire d'un ressaut rocheux.

La pente qui jusque-là montait insensiblement se redresse très fort.

Et, enfonçant jusqu'au ventre dans les amas de neige pulvérulente accumulés par le vent, le grand renne gris ne pourra traîner beaucoup plus haut le pulka. Il s'arrache par bonds énergiques à la masse profonde et mouvante dans laquelle il s'enlise; parfois il semble à bout de forces et tend désespérément l'encolure puis s'arrête, roulant des yeux globuleux pleins d'inquiétude. Le Finsk lui parle doucement, le laisse se reposer, lapper la neige à grands coups de langue, et ces arrêts sont de plus en plus fréquents, de plus en plus longs. Le renne souffle deux jets de vapeur par les naseaux, ses flancs se creusent et se gonflent par saccades, et son maître doit le battre, crier pour le décider à repartir. En vain ! Le Finsk se décide à l'abandonner. Il l'attache à un arbre, dispose devant lui une botte de rennmoss que la bête trie délicatement du bout des lèvres.

Ayant chaussé ses skis, épaulé son sac, Paavi continue dans le jour naissant sa montée, évitant les fourrés épais, contournant les arbres, peinant, enfonçant. Il a faim, il a soif, mais il ne s'arrête pas : il s'est juré de ne rien boire ni manger avant d'avoir retrouvé Kristina. D'ailleurs il approche, les arbres s'espacent, des buissons caparaçonnés de givre s'avancent en estafettes au-delà de la taïga, les bouleaux se raréfient à l'extrême, et bientôt il n'a plus devant lui que le grand espace dénudé qui monte jusqu'au sommet. Un glacis régulier de cinq cents mètres de dénivellation, épaulé par une sinistre barre de rochers luisants, de quarante à cinquante mètres de hauteur.

Il s'oriente.

Les aviateurs lui ont affirmé que Kristina fonçait tout droit depuis le sommet. C'est donc dans cette sorte de petite goulette naturelle qu'elle s'est engagée. L'été, il doit y avoir là une cascade. En hiver, cela forme comme un toboggan de glace. Paavi reprend espoir, il connaît bien l'endroit, c'est le point faible de la falaise, moitié moins haut qu'ailleurs : si son élan était suffisant, elle aura bondi au-delà des rochers, roulé sur la pente...

Le soleil s'est posé sur la coupole de l'Agjiet et sa nappe de lumière dorée descend lentement le long de la montagne. Là où il éclaire la neige, les moindres détails apparaissent aussitôt, mais en dessous le gris de la nuit semble s'attacher aux rochers, et sur ces endroits encore dans l'ombre tout se confond. Paavi explore la pente, cherche vainement les skis, les cannes, les indices dont on lui a parlé. Il monte à la rencontre du soleil, s'élevant dans l'hostilité des terres froides. Ses yeux s'habituent au clair-obscur du matin. Et soudain il sursaute : là-haut, sur la pente, ces fins traits noirs ? Les skis sans doute... à moins que ce ne soit une branche de bouleau ? Où a-t-il la tête ? Les bouleaux ne poussent plus à cette hauteur, ce ne peut être que du bois rapporté... Si seulement le soleil arrivait, qui éclaire toutes choses ! La lumière coule de plus en plus le long de l'Agjiet, le transforme en une masse irradiante ! Si Paavi tournait le dos, il pourrait découvrir l'immensité du paysage lapon figé dans le froid de l'hiver, écrasé par la coupole d'un ciel en plomb. L'ombre se retire de la montagne, le soleil atteint la barre rocheuse et, d'un coup, y fait briller d'un éclat insoutenable la glace bleue qui recouvre le granit. C'est comme une ceinture d'argent posée sur la robe blanche de l'Agjiet, festonnée dans le bas par l'ourlet gris de la forêt...

Paavi voit maintenant tout ce qu'il désirait voir ! Les skis sont là-haut, dispersés à grande distance l'un de l'autre, ainsi que les bâtons qui ont été projetés en deux directions. Plus bas dans l'axe de la chute, une traînée dans la neige souligne une coulée récente. Il n'a plus qu'à suivre ce précieux indice. Il était un peu trop au sud, qu'importe ! Il traverse la pente raide sur une neige durcie où ses skis mordent difficilement, franchit plusieurs plaques où la neige soufflée résonne sous lui comme du carton creux. Il avance avec précaution : ce sont de dangereux passages où la neige peut partir d'un coup et l'entraîner...

Enfin, voici la traînée bien marquée provoquée par la chute de Kristina. Tout est maintenant écrit sur la neige...

D'un coup d'œil, il jauge la longueur de la glissade et son cœur s'arrête de battre. Il n'aurait pas cru cela, Kristina a glissé sur près de deux cents mètres après avoir sauté la barre rocheuse. Il craint le pire. Une rage douloureuse le saisit; il maudit l'Agjiet, il maudit les Scandinaves, il maudit les Lapons, il exhale sa fureur, on lui a pris Kristina.

Il lui faut la retrouver, emporter son corps !

Il ôte ses skis qui le gêneraient et il se laisse glisser, droit debout sur ses skallers en peau de renne, gardant l'équilibre avec ses bâtons, freinant, s'arrêtant pour vérifier les traces laissées dans la coulée. Voici les premiers arbustes, et tout aussitôt la neige devient instable, poudreuse et profonde, et rend toute marche impossible. Il faut chausser à nouveau les skis, mais comme la pente est trop raide il descend pas à pas, en escalier, allant d'un bouleau à l'autre, guidé par le toboggan creusé dans la neige par la chute de Kristina. Et voici que tout cesse ! Il n'y a plus de trace, plus de coulée visible, tout s'arrête contre les branches chargées de neige d'un bouleau émergeant d'un fourré de saules nains à moitié englouti sous l'avalanche.

Kristina est là-dessous !...

Le chasseur expérimenté qu'il est, connaît ces sortes d'abris naturels formés sous la neige par la voûte des branches recourbées; il y a tant de fois surpris des renards, des loups, des gloutons... Mais cette fois, l'impavide et silencieux Finsk connaît le désarroi, ne se décide pas à écarter les branches, à pénétrer sous la voûte, car il craint le pire ! Tant qu'il ne sait pas, il peut encore tout espérer ! Il veut appeler, mais les sons ne sortent pas de sa gorge, et il lui faut faire un grand effort pour prononcer le nom qui brûle ses lèvres, qui se refuse à sortir... Aurait-il perdu l'usage de la parole ? Il s'entend murmurer « Kristina ! » Son cri est inaudible, mais il lui semble le jeter à la face du monde.

Puis brusquement il rejette toute sensibilité, il fait appel à son ascendance lapone, et retrouve son calme avec le fatalisme de sa race. Un faible, un tendre ne peut rien dans ce pays, il l'avait oublié.

Il écarte les branches.

Elle est là ! Dans le clair-obscur du fourré, roulée en boule comme une bête sauvage qui s'y serait réfugiée pour mourir... Elle ne bouge plus, son bonnet s'est détaché et ses cheveux blonds épars, emmêlés aux fils d'argent du givre, couvrent sa figure aux yeux fermés.

Paavi la contemple, bouleversé. Il n'ose pas toucher celle dont il s'approche avec lenteur. Enfin il se décide, effleure de la main le visage, dégage les cheveux, soulève une paupière, sursaute... Ce n'est pas là un œil fixe dont la vie est partie, c'est un œil de dormeur au regard perdu de sommeil. Il écarte le pesk, dénoue le koufte, glisse sa main sous la fourrure, sous le chaud tissu de drap bleu, et frémit de joie en palpant la peau douce et tiède de Kristina.

Elle vit ! Le cœur bat doucement, mais il bat ! Il se relève à moitié. Il lui faut se convaincre de cette réalité : Kristina vit. Mais est-elle sauvée pour autant ?

Il tâte avec précaution les jambes repliées. Elles ne sont pas brisées, il peut les faire jouer, les allonger dans une posture plus favorable, replier les coudes sur la poitrine, secouer la neige en poussière qui s'est infiltrée un peu partout, puis a fondu et regelé. Pendant tout ce temps Kristina ne manifeste aucun signe de vie. Pas un cri, pas un mouvement, pas un réflexe, pas le plus petit battement de cil ! N'était la chaleur de son corps, il croirait s'être trompé. Pourtant elle vit, mais son évanouissement dure depuis de longues heures, et il faut absolument la réveiller. Maintenant qu'il est certain qu'elle n'a aucun membre brisé, il peut agir plus énergiquement, la secouer, lui relever le buste, appuyer sa tête ballante sur le coussin de ses genoux. Il essaie tout, il lui parle doucement en samisk... Comme si ses phrases pouvaient la ranimer !

Lui-même sent tout à coup une fatigue extrême s'emparer de son corps. Il sort de sa besace une bouteille d'alcool, en arrache le bouchon d'un coup de dent, boit une gorgée qui le ranime. Si Kristina pouvait boire ! C'est cela, il faut lui desserrer les dents, écarter ces mâchoires serrées, bloquées nerveusement par l'effort démesuré qu'elle a fait pour lutter contre l'épouvante. Il n'y a pas d'autre moyen... Il dégaine son couteau, hésite, le glisse entre les dents qui s'écartent au seul contact de la lame, puis engage un doigt pour maintenir la bouche entrouverte, et tout à coup, poussé par une impulsion subite, il colle ses lèvres aux lèvres de Kristina et souffle doucement, longuement, comme s'il voulait lui insuffler sa propre vie à travers le plus chaste des baisers.

Inutilement... elle ne donne aucun signe de vie. Se serait-il trompé ? Alors, il s'affole. Ce qu'il va faire, on ne le fait dans les tribus que pour vérifier la mort d'un homme. La méthode est cruelle mais il n'hésite plus : de la pointe aiguë de son poignard, il pique le dessous des ongles de Kristina. De petites gouttelettes de sang perlent, et, miracle, on dirait qu'elle réagit à la douleur, que sa sensibilité nerveuse se réveille : Paavi sent sur sa main une crispation légère de la main de Kristina. C'est un signe qui ne trompe pas...

Dès lors tout ira mieux. Il faut la faire boire. Il réussit à verser dans la bouche entrouverte une rasade d'alcool pur. Et cela provoque chez Kristina une réaction brutale : elle tousse, rejette le liquide de feu, tousse encore... Paavi la sent frémir dans ses bras, la voit ouvrir les yeux, découvre à nouveau son regard, un regard embué de nuit, perdu dans un vague indéfinissable. Qu'importe ! elle renaît. Il pousse un cri sauvage.

Maintenant il faut faire vite. Ayant chaussé ses skis, il la prend à bras-le-corps, sort du fourré et descend lentement, par de grands lacets en pente douce calculés pour ne pas courir le risque d'une chute avec son précieux fardeau. A travers la forêt, il regagne le lieu écarté où il a laissé son renne au repos.

Juste comme il rejoint l'attelage, un vrombissement de moteur vibre sur la taïga, et il reconnaît le bruit du *Piper Cub :* ce sont eux, fidèles au rendez-vous ! Il devrait allumer un feu, signaler sa position... Au contraire, pris de panique, il se dissimule avec sa proie au plus profond d'un fourré; à travers les branches il scrute le ciel où Sven et le docteur tournent inlassablement; il craint surtout l'œil perçant du chasseur de loups, qui aura vite fait de le découvrir... Sa résolution est prise : il faut fuir.

Il ne faut pas que Kristina tombe à nouveau entre leurs mains. Même le docteur qui ne lui veut que du bien, ferait son malheur en la rendant à l'école lapone, à ses parents.

Paavi allonge la jeune fille dans le traîneau. On dirait que les couleurs réapparaissent sur ses joues, puis ses yeux s'ouvrent et se ferment sans raison, et tout à coup elle s'agite, crie des mots incohérents, et il est obligé de la ceinturer de toutes ses forces pour l'empêcher de se lever. Son regard exprime une terreur indéfinissable. Elle se bouche les oreilles, et il comprend qu'elle perçoit le bruit du moteur et que ce bruit réveille en elle des craintes assoupies. Il cherche à saisir le sens de ses paroles, ne peut comprendre que des phrases hachées, des noms, parmi lesquels reviennent sans cesse ceux de Thor, de l'Agjiet... Il soupçonne les raisons du drame de la veille. Il faut laisser passer la crise, attendre qu'elle se calme.

Kristina s'agite de moins en moins, puis, épuisée par son effort, ferme les yeux, paraît dormir. Et peut-être dort-elle.

Le Finsk la roule dans un épais manteau de peau de renne, la sangle sur la barquette, et recouvre son visage d'une étoffe légère qui, formant masque, la protégera des sabots de neige durcie que peut envoyer le renne. Ainsi parée dans l'étrange traîneau-barque, on dirait une momie, et elle rejoint les coutumes anciennes qui voulaient que le pulka serve de tombeau à son propriétaire. Mais Kristina n'est pas morte, le Finsk la sait bien vivante, sous la menace persistante de l'avion qui gronde sur leurs têtes. Il détache son renne et l'entraîne sans ménagement à travers la forêt. Il veut échapper aux recherches, à cet avion rageur qui par instants, descend au ras des bouleaux qu'il courbe sous le vent de l'hélice, et ses manœuvres provoquent des écarts imprévisibles du grand renne gris qui, terrifié, bondit n'importe où, se jette avec son traîneau sur les arbres, s'abat dans la neige profonde, renverse le pulka, continue sa route sans qu'on puisse l'apaiser...

Parfois il tire ainsi le pulka retourné sur de longues distances avant que le Finsk ne réussisse à le remettre sur sa guille. Mais Paavi ne s'inquiète pas, Kristina ne peut être blessée; elle est solidement maintenue par les sangles, les rebords du pulka la protègent, et ce traîneau léger est fait pour chavirer sur la neige comme le kayak des Esquimaux dans les eaux glacées des mers polaires.

Paavi tire vers le nord, atteint une clairière. Il s'y est engagé quand l'avion le découvre. Le Finsk voudrait revenir sur ses pas, mais ne parvient plus à maîtriser son renne qui le traîne au bout de sa longe. Quand il réussit à l'immobiliser il est trop tard, Sven a piqué sur lui en rase-mottes. « C'est le moment de les tromper... » pense le Finsk. Il leur fait un signe d'amitié, puis montre le traîneau, crie que tout va bien, jette son bonnet en l'air pour leur donner confiance. Alors l'avion s'élève, fait un palier à faible hauteur puis repasse sur les fugitifs. De la carlingue tombe un papier lesté que ramasse Paavi. C'est un mot du docteur qui demande des explications : *« Que se passe-t-il exactement ?* écrit-il. *Je crois comprendre que vous avez retrouvé Kristina vivante puisque vous paraissez joyeux. Est-elle blessée ? Devons-nous essayer d'atterrir ? Si ce n'est pas grave, Sven préfère se poser à Suojaurre, mais j'insiste, seulement s'il n'y a ni blessure grave ni fracture surtout. Prévenez-nous par signes : un bras levé immobile voudra dire que nous devons nous poser coûte que coûte, les deux bras levés en forme de V que nous devons aller à Suojaurre. »*

Le Finsk n'hésite pas, il lève les deux bras et les étire de toutes ses forces. Là-haut, Olafsen suit sa mimique, confie ses impressions à Sven :

« Il nous dit de rentrer, de l'attendre à la hutte. Tout paraît pour le mieux... C'est égal, pas même une fracture ! Quelle chance !...

— Les sauteurs à skis franchissent des distances plus considérables et il leur arrive de tomber sur la tête sans se faire de mal, dit Sven. Et ils n'ont pas sur eux l'épaisseur de fourrures des Lapons. La peau de renne amortit les chocs, croyez-moi ! »

Olafsen est joyeux, l'aventure est terminée. Il claque vigoureusement les épaules de son compagnon :

« Je paie à boire en arrivant, Sven, vous l'avez bien gagné... »

Mais l'aviateur est intrigué :

« Voyons, docteur, le Finsk vous a bien demandé de rejoindre directement Suojaurre ?

— Oui.

— Il n'en prend pas le chemin... »

Le docteur profite de ce que l'avion tourne vers la droite pour chercher sous l'aile.

« Bizarre, dit-il. Il prend carrément au nord... »

Sven le regarde, désabusé :

« Même vous et moi ne comprendrons jamais rien au comportement des Lapons. Comment voulez-vous que Fru Ingrid les comprenne ?... Piquons quand même sur Suojaurre, puisque c'est le lieu du rendez-vous... »

Pendant tout le trajet, Olafsen reste silencieux. Il pense à ce que lui a dit Johan Haetta, et songe que le kvaen a vu juste.

Ou plutôt non. C'est lui qui a vu juste. Car il sait, il

vient de comprendre brusquement où le Finsk conduit Kristina.

« Ils ne seront pas au rendez-vous, Sven, dit-il, comme l'aviateur prend son terrain. Mais cela ne vous regarde plus... »

Paavi marcha jusqu'au soir sans prendre un instant de repos. En cours de route, il avait fait des crochets inexplicables, mais qui lui avaient permis d'éviter les lieux fréquentés : il ne voulait personne sur sa route. Et puis il voulait ménager Kristina qui s'était enfin réveillée et qu'il réconfortait à chaque halte. Un moment il avait fait du feu et elle s'était réchauffée, avait peu à peu retrouvé ses couleurs, puis ses forces depuis qu'elle avait pu manger et boire. Boire surtout ! Et de nouveau il était reparti, marchant le long du traîneau.

Comme le soleil déclinait et que la nuit montait vers les sommets, il aborda une dernière côte plongée dans l'ombre; la neige y était beaucoup plus froide et le pulka glissait plus facilement. Le renne se mit tout à coup à tirer avec une ardeur nouvelle, et par ce détail le Finsk sut qu'ils étaient arrivés : la bête avait perçu les effluves du troupeau.

Kristina dormait dans son traîneau, le visage calme et reposé; ont eût dit que ses lèvres esquissaient un sourire enfantin. Jamais elle n'avait paru si jeune.

Quand ils furent presque au sommet de la colline, Paavi arrêta l'attelage, secoua la dormeuse.

« Réveille-toi, Kristina ! »

Elle se dressa péniblement.

« Le grand troupeau ! » s'exclama-t-elle, extasiée.

Puis, elle se tourna vers le Finsk :

« Te souviens-tu du pacte, Paavi ? Moi aussi je tiens ma promesse : il y a deux rennes à toi désormais dans le troupeau.

— Un jour, dit Paavi, je te le promets, nous en aurons 2 000 !

— Oui, conclut-elle, songeuse, nous laisserons les autres partir au Trondlag, s'ils le veulent !... Et alors, Paavi, tu seras le maître du troupeau. »

Cinéma et TV

De nombreux romans publiés par J'ai lu ont été portés à l'écran ou à la TV. Leurs auteurs ne sont pas toujours très connus ; voici donc, dans l'ordre alphabétique, les titres de ces ouvrages :

A la poursuite du diamant vert 1667***	**Joan Wilder**
Alien 1115***	**Alan Dean Foster**
Angélique marquise des anges	**voir page 17**
L'ami Maupassant 2047**	**Guy de Maupassant**
L'Australienne 1969**** & 1970****	**Nancy Cato**
Bigfoot et les Henderson 2292***	**Joyce Thompson**
Blade runner 1768***	**Philip K. Dick**
Bleu comme l'enfer 1971****	**Philippe Djian**
La brute 47***	**Guy des Cars**
Cabaret (Adieu à Berlin) 1213***	**Christopher Isherwood**
Carrie 835***	**Stephen King**
Châteauvallon 1856****, 1936**** & 2140****	**Eliane Roche**
Christine 1866****	**Stephen King**
La couleur pourpre 2123***	**Alice Walker**
Coulisses 2108*****	**Alix Mahieux**
Cujo 1590****	**Stephen King**
Des fleurs pour Algernon 427***	**Daniel Keyes**
2001 l'odyssée de l'espace 349**	**Arthur C. Clarke**
2010 : odyssée deux 1721***	**Arthur C. Clarke**
Le diamant du Nil 1803***	**Joan Wilder**
Dynasty 1697** & 1894***	**Eileen Lottman**
E.T. l'extra-terrestre 1378***	**Spielberg/Kotzwinkle**
E.T. La planète verte 1980***	**Spielberg/Kotzwinkle**
L'exorciste 630****	**William P. Blatty**
Les exploits d'un jeune don Juan 875*	**Guillaume Apollinaire**
Le faiseur de morts 2063***	**Guy des Cars**
Fanny Hill 711***	**John Cleland**
Fletch 1705***	**Gregory Mcdonald**
La folle histoire de l'espace 2294***	**Mel Brooks/J.B. Stine**
Le Gerfaut 2206****** & 2207******	**Juliette Benzoni**
Jonathan Livingston de goéland 1562* illustré	**Richard Bach**
Joy 1467** & **Joy et Joan** 1703**	**Joy Laurey**
Le joyau de la couronne 2293***** & 2330*****	**Paul Scott**

Kramer contre Kramer 1044 ★★★	Avery Corman
Le lendemain du crime 2199 ★★	Eileen Lottman
L'arme fatale 2231 ★★★★	Joel Norst
Le livre de la jungle 2297 ★★	Rudyard Kipling
Love story 412 ★	Erich Segal
Mad Max au delà du dôme du tonnerre 1864 ★★★	Joan D. Vinge
Michigan Mélodie 1289 ★★	Jacqueline Monsigny
9 semaines 1/2 2259 ★★	Elizabeth McNeill
Mission 2092 ★★★	Robert Bolt
Les oiseaux se cachent pour mourir 1021 ★★★★ & 1022 ★★★★	Colleen McCullough
Orphée 2172 ★★	Jean Cocteau
Le paltoquet (On a tué pendant l'escale) 1647 ★★★	F.-R. Falk
Pavillons lointains 1307 ★★★★ & 1308 ★★★★	M.M. Kaye
La petite boutique des horreurs 2202 ★★★ illustré	R. & L. Egan
Peur bleue 1999 ★★★	Stephen King
Platoon 2201 ★★★	Dale A. Dyle
Police 2021 ★★★	Catherine Breillat
Poltergeist I 1394 ★★★	James Khan
Poltergeist II 2091 ★★	James Khan
Pu-Yi / J'étais empereur de Chine 2327 ★★★★★★	Pu-Yi
Qui c'est, ce garçon ? 2043 ★★★	Nicole de Buron
Racines 968 ★★★★ & 969 ★★★★	Alex Haley
Rencontres du troisième type 947 ★★	Steven Spielberg
Robocop 2310 ★★★	Ed Naha
Rosemary's baby 342 ★★★	Ira Levin
Sauve-toi, Lola ! 1678 ★★★★	Ania Francos
Le secret de la pyramide 1945 ★★★	Alan Arnold
Le secret de mon succès 2216 ★★★	Martin Owens
Shining 1197 ★★★★	Stephen King
Le souffle de la guerre 575 ★★★★★, 576 ★★★★★ & 577 ★★★★★	Herman Wouk
Star Trek 1071 ★★	Gene Roddenberry
Terminus 2122 ★★	Patrice Duvic
Thérèse Humbert 1838 ★★	Laurence Oriol
Tous les fleuves vont à la mer 1479 ★★★★ & 1480 ★★★★	Belva Plain
37°2 le matin 1951 ★★★★	Philippe Djian
La tricheuse 125 ★★★	Guy des Cars
Tropique du crabe 2198 ★★★	André Rossfelder
Un mari c'est un mari 823 ★★	Frédérique Hébrard
Vas-y maman 1031 ★★	Nicole de Buron

J'ai lu BD

La bande dessinée est aujourd'hui admise partout. On l'enseigne même à la Sorbonne. La série J'ai lu BD est la première collection de poche consacrée à ce genre. Elle réédite les bandes dessinées françaises et étrangères les plus célèbres. Les dessins ne sont pas réduits mais remontés différemment ; ainsi un album de 48 pages donne 160 pages dans J'ai lu, et le papier est d'une qualité supérieure afin de permettre la reproduction des couleurs. J'ai lu BD est le panorama de la bande dessinée d'aujourd'hui.

ABULI, TOTH & BERNET	***Torpedo - 1*** *BD25 (2★)*
AUTHEMAN	***Vic Valence - 1*** *BD41 (4★ couleur, Alfred 87)*
BARBE	***Cinémas et autres choses*** *BD30 (2★)*
BEAUNEZ	***Mes partouzes*** *BD24 (3★)*
BINET	*Les Bidochon :*
	1 - Roman d'amour *BD4 (3★)*
	2 - Les Bidochon en vacances *BD48 (3★)*
	Kador - 1 *BD27 (3★)*
BOUCQ	***Les pionniers de l'aventure humaine*** *BD34 (6★ c.)*
BRETÉCHER	***Les Gnangnan*** *BD5 (2★)*
BRIDENNE	***Saison des amours*** *BD65 (4★ couleur, avril 88)*
BROWNE	***Hägar Dünor le Viking - 1*** *BD66 (3★, avril 88)*
BRUNEL	***Pastiches - 1*** *BD46 (5★ couleur)*
COMÈS	***Silence*** *BD12 (5★)*
DERMAUT & BARDET	***Les Chemins de Malefosse - 1*** *BD19 (5★ couleur)*
DRUILLET	***Les 6 voyages de Lone Sloane*** *BD60 (5★ c., mars 88)*
ÉDIKA	***Débiloff profondikoum*** *BD38 (3★)*
FALK & DAVIS	***Mandrake le magicien*** *BD58 (4★ couleur, fév.88)*
FOREST	***Barbarella*** *BD49 (5★ couleur)*
FRANQUIN	***Idées noires*** *BD1 (3★)*
	Gaston Lagaffe :
	1 - Gala de gaffes *BD17 (3★ couleur)*
	2 - Gaffes à gogo *BD39 (3★ couleur)*
GIARDINO	***Sam Pezzo - 1*** *BD15 (3★)*
GOTLIB	***Pervers Pépère*** *BD8 (3★)*
	Rhââ Lovely - 1 *BD21 (3★)*
	Rhââ Lovely - 2 *BD55 (3★, fév.88)*
	Gai-Luron - 1 *BD43 (3★)*
GOTLIB, LOB & ALEXIS	***Superdupont*** *BD33 (3★)*

HERMANN & VERNAL	Jugurtha - 1 BD53 (5★ couleur, fév.88)
LAUZIER	Zizi et Peter Panpan BD23 (5★ couleur)
LELONG	Carmen Cru :
	1 - Rencontre du 3e âge BD14 (3★)
	2 - La dame de fer BD64 (3★, avril 88)
LELOUP	Yoko Tsuno/Le trio de l'étrange BD37 (5★ c.)
LIBERATORE	RanXerox à New York BD3 (5★ couleur)
MACHEROT	Chlorophylle contre les rats noirs BD51 (4★ c. fév.88)
MAKYO & VICOMTE	Balade au Bout du monde - 1 BD59 (5★ c., mars 88)
MALLET	Les petits hommes verts BD44 (4★ couleur)
MANARA	HP et Giuseppe Bergman BD20 (5★)
	Le déclic BD31 (4★)
MORCHOISNE, MULATIER, RICORD	Ces Grandes Gueules... BD16 (4★ c.)
MORDILLO	Les meilleurs dessins d'Opus BD10 (4★ couleur)
PÉTILLON	Mr Palmer et Dr Supermarketstein BD13 (5★ c.)
PICHARD & LOB	Blanche Épiphanie BD61 (4★, mars 88)
PRATT (Corto Maltese)	La ballade de la mer salée BD11 (6★)
	Sous le signe du Capricorne BD63 (6★, avril 88)
QUINO	Mafalda BD2 (4★ couleur)
	Encore Mafalda BD54 (4★ couleur, fév.88)
RAYMOND	Flash Gordon BD47 (5★ couleur)
ROSINSKI & VAN HAMME	Thorgal - 1 BD29 (5★ couleur)
SCHETTER	Cargo - 1 BD57 (5★ couleur, fév.88)
SEGRELLES	Le mercenaire - 1 BD32 (4★ couleur)
SERRE	Les meilleurs dessins BD6 (5★ couleur)
	Humour noir BD35 (5★ couleur)
SERVAIS & DEWAMME	Tendre Violette BD42 (5★)
SOKAL	Canardo - 1 BD26 (5★ couleur)
TABARY	L'enfance d'Iznogoud BD9 (5★ couleur)
TARDI	Les Aventures d'Adèle Blanc-Sec :
	- Adèle et la Bête BD18 (4★ couleur)
	- Le démon de la tour Eiffel BD56 (4★ c., fév.88)
	Brouillard au pont de Tolbiac BD36 (4★)
TARDI & FOREST	Ici même BD62 (6★, mars 88)
TILLIEUX	Gil Jourdan/Libellule s'évade BD28 (4★ couleur)
VAN DEN BOOGAARD	Léon-la-Terreur BD45 (5★ couleur)
VEYRON	L'amour propre BD7 (5★ couleur)
	Bernard Lermite BD50 (3★)
WALTHÉRY & GOS	Natacha, hôtesse de l'air BD22 (4★ couleur)
	Natacha et le Maharadjah BD52 (4★ c., fév.88)
WEYLAND	Aria - 1 / La fugue d'Aria BD40 (5★ couleur)

1181
★★★★

Impression Brodard et Taupin à La Flèche (Sarthe)
le 18 décembre 1987
1385-5 Dépôt légal décembre 1987. ISBN 2-277-21181-8
1er dépôt légal dans la collection : mars 1981
Imprimé en France

Editions J'ai lu
27, rue Cassette, 75006 Paris
diffusion France et étranger : Flammarion